# ESTADISTICA en INVESTIGACION SOCIAL

## Ejercicios resueltos

MARIA JOSE MATEO RIVAS

Profesora titular de la
Facultad de Ciencias Políticas
y Sociología de la Universidad
Complutense de Madrid

# ESTADISTICA en INVESTIGACION SOCIAL

## Ejercicios resueltos

1985

PARANINFO S.A.

MADRID

IMPRESO EN ESPAÑA
PRINTED IN SPAIN

ISBN: 84-283-1417-9

Depósito Legal: M. 31.885.—1985

PARANINFO S.A. Magallanes, 25 - 28015 MADRID (3-3369)

Artes Gráficas Benzal, S. A. - Virtudes, 7 - 28010 Madrid

# Indice

# Presentación

El contar con un libro de problemas desarrollados de la Asignatura Estadística Aplicada a las Ciencias Sociales, se ha hecho evidente a través de mi experiencia docente. La dificultad de encontrar problemas sobre temas sociológicos y no de carácter estrictamente económico, ha hecho dificultosa la realización de prácticas docentes adecuadas al programa de la Asignatura.

Ante estas circunstancias, me decidí a recoger una parte del material por mí elaborado a lo largo de los años como profesora de la Asignatura Estadística Aplicada a las Ciencias Sociales y recopilarlo, de manera que pudiese ser un instrumento útil y eficaz, tanto para los alumnos como para personas interesadas en la Estadística Social.

En este primer libro se recogen además una serie de problemas que sirven de introducción a lo que será la segunda parte que se desarrollará en otro libro.

*María José Mateo Rivas*

Medidas
- Nominal: Mo; Rango
- Ordinal: Me, Mo,
- Intervalo: $\bar{X}$; Me, Mo, Des. Med

# 1 Niveles de medición de variables

1. *Esquema de medidas de tendencia central, con sus correspondientes medidas de dispersión y variabilidad, según el nivel de medición.*

| | |
|---|---|
| Nominal | – *Mo* – Rango o amplitud total |
| Ordinal | – *Me, Mo,* Amplitud semiintercuartil |
| Intervalo | $\bar{X}$, *Me, Mo,* Desviación media o desviación estándar. |

2. *Si tuviese unos datos referentes al número de personas a favor de un candidato y debiera clasificarlos según su sexo, ¿qué nivel de medición utilizaría?*

   NOMINAL.

3. *La respuesta afirmativa a la pregunta ¿cree Vd. tener ahora más interés por la política?, de una muestra de 67 personas clasificadas según la posición ideológica ha dado lugar a la siguiente distribución:*

| Posición ideológica | N |
|---|---|
| – Extrema izquierda | 29 |
| – Izquierda | 15 |
| – Centro | 10 |
| – Derecha | 12 |
| – Extrema derecha | 1 |
| | $\Sigma = 67 = N$ |

*¿Qué nivel de medición considera que es el más adecuado?*

– El ordinal.

4. *Se ha tomado una muestra de 65 personas que leen más de 5 revistas al mes y se les ha clasificado según el nivel cultural.*

| Nivel cultural | 5 rev. ó más |
|---|---|
| – Lee sin estudios | 7 |
| – Lee sin primaria | 5 |
| – Primaria | 8 |
| – Bachillerato o similar | 15 |
| – Universitarios | 30 |
| | $\Sigma = 65 = N$ |

*¿Qué nivel de medida podría representar a la distribución dada?*

– El ordinal.

5. *Si tuviese un número de personas y debiera clasificarlo según el nivel de preferencias respecto a un determinado partido, ¿qué nivel de mediación utilizaría? Lo mismo para un grupo de personas según la edad.*

Para nivel preferencias – Ordinal.
Para la edad – Intervalo.

# 2

# Representaciones gráficas

6. *¿Cuáles son los límites reales de los intervalos dados?*

| | |
|---|---|
| 16 – 25 | 14 – 23 |
| 26 – 35 | 24 – 33 |
| 36 – 45 | 34 – 43 |
| 46 – 55 | 44 – 53 |
| | |
| 15,5 – 25,5 | 14,5 – 23,5 |
| 25,5 – 35,5 | 23,5 – 33,5 |
| 35,5 – 45,5 | 33,5 – 43,5 |
| 45,5 – 55,5 | 43,5 – 53,5 |

7. *Dada la estadística siguiente, correspondiente a la edad de la mujer al contraer matrimonio, representar los datos gráficamente.*

| Edad esposa años cumplidos | n.º matrimonios (millares) |
|---|---|
| 15 – 20 | 55 |
| 20 – 25 | 161 |
| 25 – 30 | 66 |
| 30 – 35 | 17 |
| 35 – 40 | 16 |
| 40 – 45 | 17 |
| 45 – 50 | 9 |
| 50 – 55 | 7 |
| 55 – 60 | 7 |
| 60 y más | 2 |
| | $\Sigma = 357$ |

Estadística correspondiente al movimiento de la población en Francia de 1948-1949, después de la Segunda Guerra Mundial.

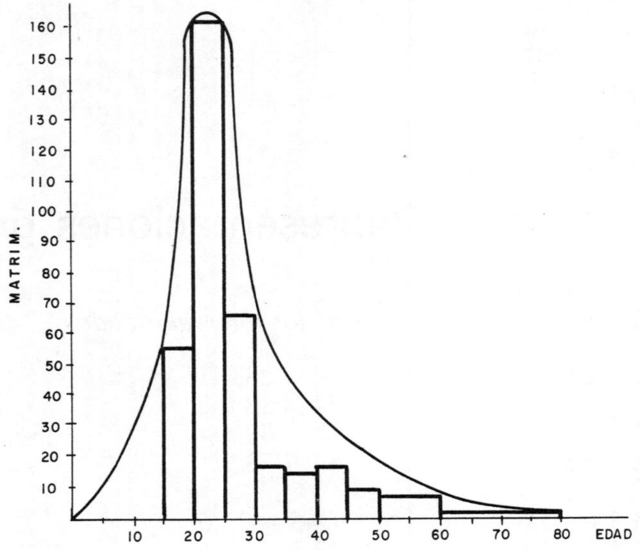


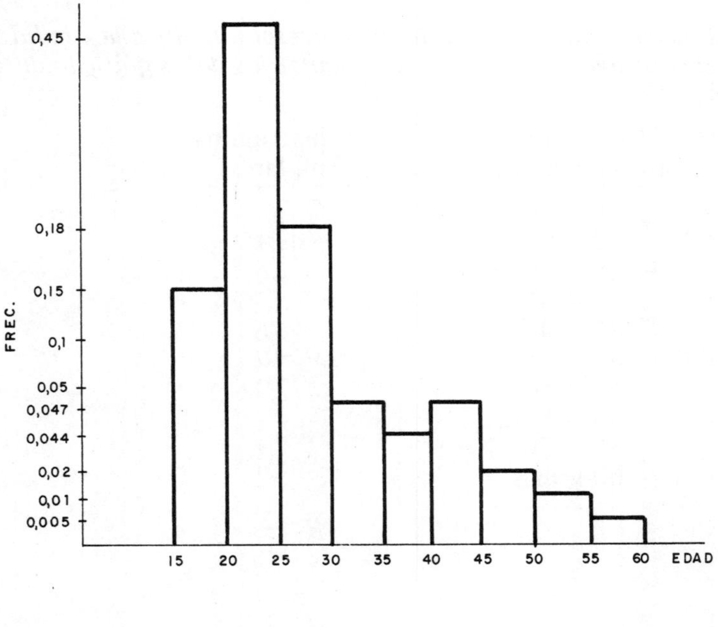

8. *Representar gráficamente la siguiente distribución obtenida de una encuesta sobre el precio de alquiler de una muestra 1.000 viviendas situadas en una provincia española en el año 1950.*

| Alquiler mensual ptas. | n |
|---|---|
| 100 – 200 | 48 |
| 200 – 300 | 53 |
| 300 – 500 | 139 |
| 500 – 700 | 270 |
| 700 – 1.000 | 322 |
| 1.000 – 1.500 | 105 |
| 1.500 – 2.000 | 63 |
| | $\Sigma = 1.000$ |

Las alturas correspondientes a los rectángulos del histograma serán

48 / 100 = 0,48
53 / 100 = 0,53
139 / 200 = 0,70
270 / 200 = 1,35
322 / 300 = 1,07
105 / 500 = 0,21
63 / 500 = 0,13

Conocidas estas alturas podremos elaborar la representación gráfica mediante el histograma.

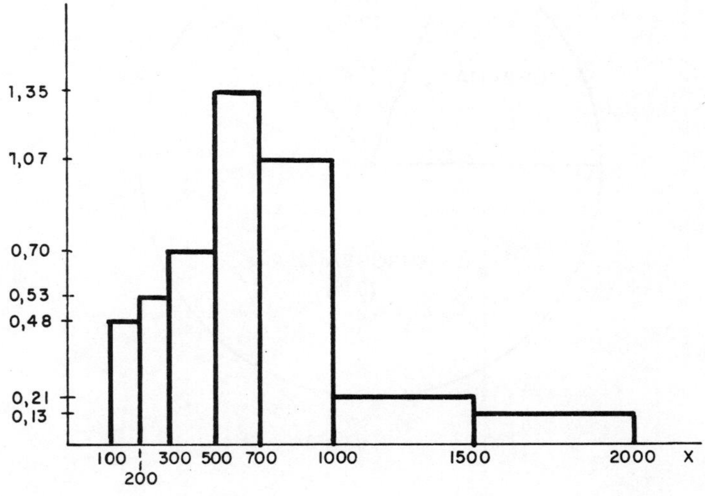

Esta representación gráfica equivale a veces a una distribución de frecuencias ordinaria (bien sean absolutas o relativas) y con variable de tipo continuo, es decir, cuando al menos teóricamente pueden encontrarse valores comprendidos entre dos cualesquiera de los valores observados, y básicamente se refiere a variable de tipo continuo donde la amplitud del intervalo es variable.

9. *Representar mediante un gráfico de sectores la población de 2.000 estudiantes de una determinada universidad, según su extracción, urbana, suburbana o rural.*

| Extracción del estudiante | n | % |
|---|---|---|
| Urbana | 240 | 18 |
| Suburbana | 1.400 | 70 |
| Rural | 360 | 12 |
| | N = 2.000 | 100 |

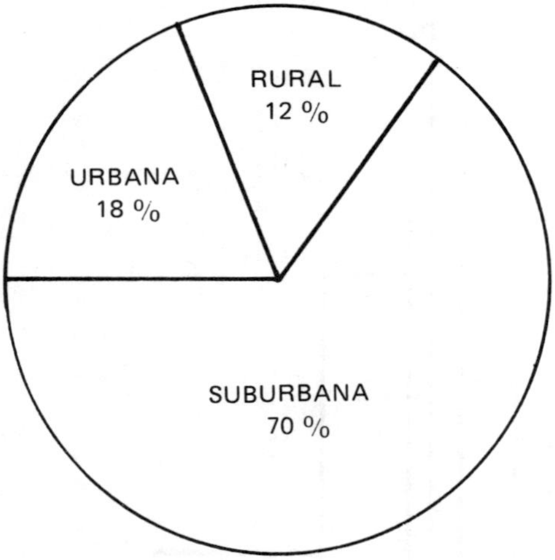

10. *Dadas las edades de los 50 alumnos asistentes a un seminario, dibujar el histograma de frecuencias relativas.*

| x | n | Fr. |
|---|---|---|
| 15 – 20 | 5 | 0,1 |
| 20 – 25 | 30 | 0,6 |
| 25 – 30 | 10 | 0,2 |
| 30 – 35 | 5 | 0,1 |
| | 50 | 1 |

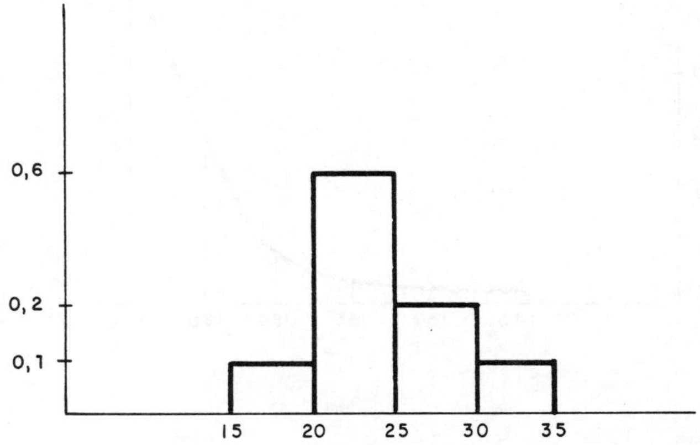


los puntos medios de las bases de los rectángulos corresponderán a las marcas de clase.

11. *Tabla estadística de los varones españoles del reemplazo de 1972. Representar gráficamente el polígono de frecuencia acumulativo.*

FRECUENCIA ACUMULADA ABSOLUTA
FRECUENCIA ACUMULADA PORCENTUAL

| x | n | $N_a$ | $Fr._a$ |
|---|---|---|---|
| menos 150 | 3 | 3 | 0,003 |
| 150 – 155 | 15 | 18 | 0,018 |
| 155 – 160 | 50 | 68 | 0,068 |
| 160 – 165 | 240 | 308 | 0,308 |
| 165 – 170 | 312 | 620 | 0,620 |
| 170 – 175 | 235 | 855 | 0,855 |
| 175 – 180 | 108 | 963 | 0,963 |
| 180 ó más | 37 | 1.000 | 1 |
| | 1.000 | | |

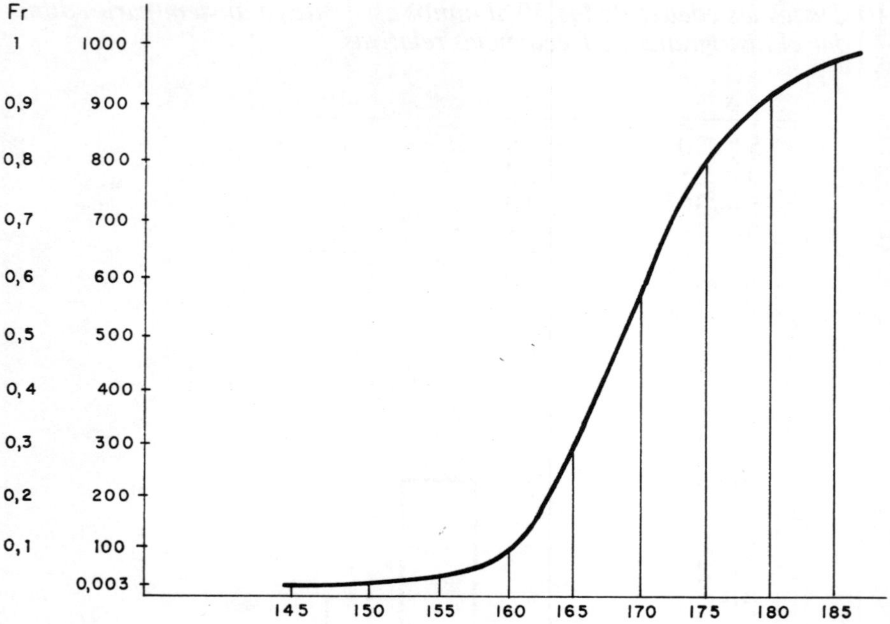


12. *Representar gráficamente la distribución referente a los datos de 100 mujeres españolas de más de 15 años, según el número de hijos que nacieron vivos. Lo mismo para los datos acumulativos.*

Acumulada.

| n.º hijos x | n | Fr |
|---|---|---|
| 0 | 13 | 0,13 |
| 1 | 17 | 0,17 |
| 2 | 25 | 0,25 |
| 3 | 18 | 0,18 |
| 4 | 11 | 0,11 |
| 5 | 7 | 0,07 |
| 6 | 4 | 0,04 |
| 7 | 3 | 0,03 |
| 8 | 2 | 0,02 |
| | 100 | 1 |

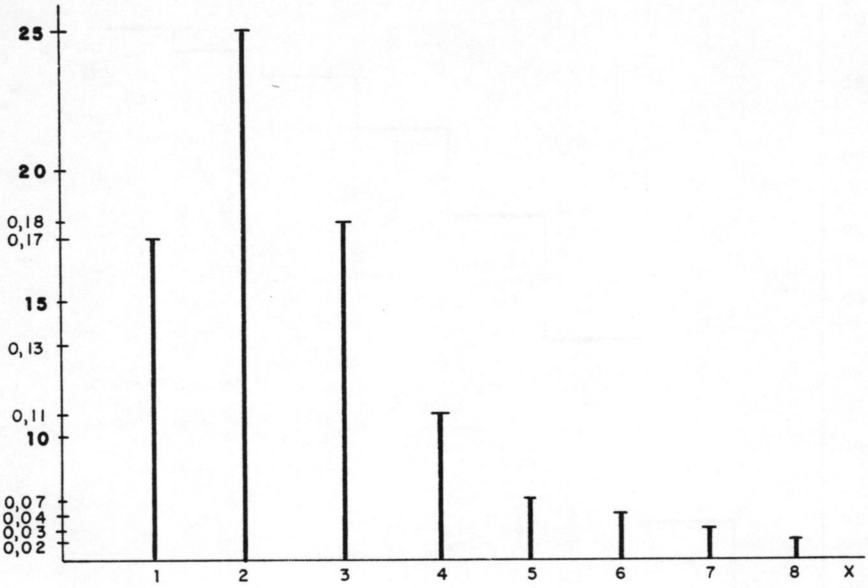


Cuando la variable es de tipo discreto y se hallan las frecuencias acumuladas, la representación gráfica es mediante el diagrama de escalera.

Siguiendo con el mismo ejemplo:

| x | $N_a$ | $Fr._a$ |
|---|---|---|
| 0 | 13 | 0,13 |
| 1 | 30 | 0,3 |
| 2 | 55 | 0,55 |
| 3 | 73 | 0,73 |
| 4 | 84 | 0,84 |
| 5 | 91 | 0,91 |
| 6 | 95 | 0,95 |
| 7 | 98 | 0,98 |
| 8 | 100 | 1,00 |

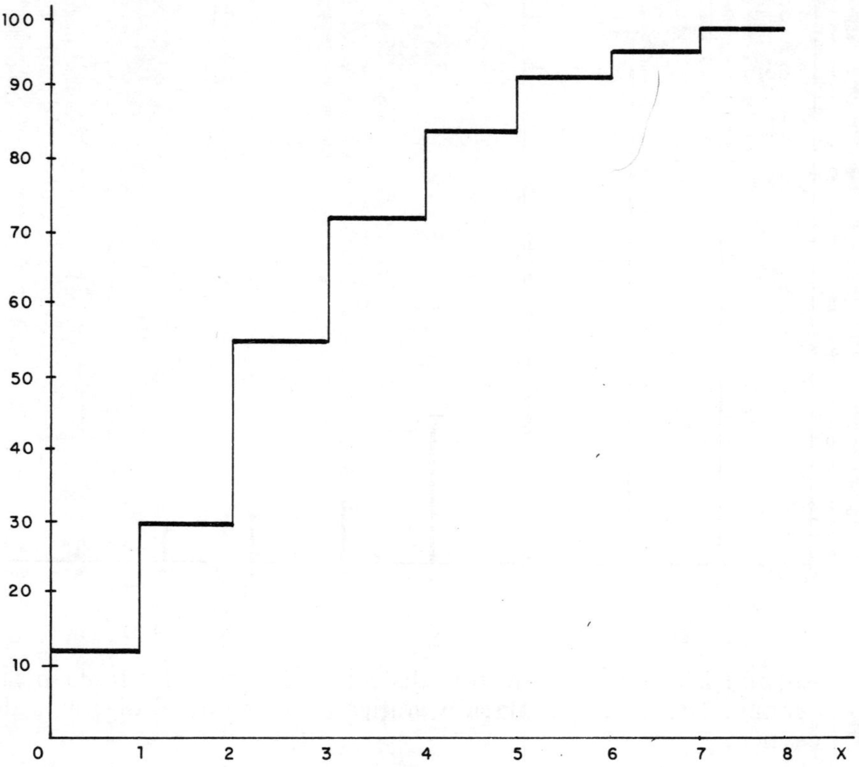


13. *Representa gráficamente la altura de los soldados de una compañía.*

| x | n | $N_a$ |
|---|---|---|
| 160 | 6 | 6 |
| 165 | 25 | 31 |
| 170 | 30 | 61 |
| 175 | 12 | 73 |

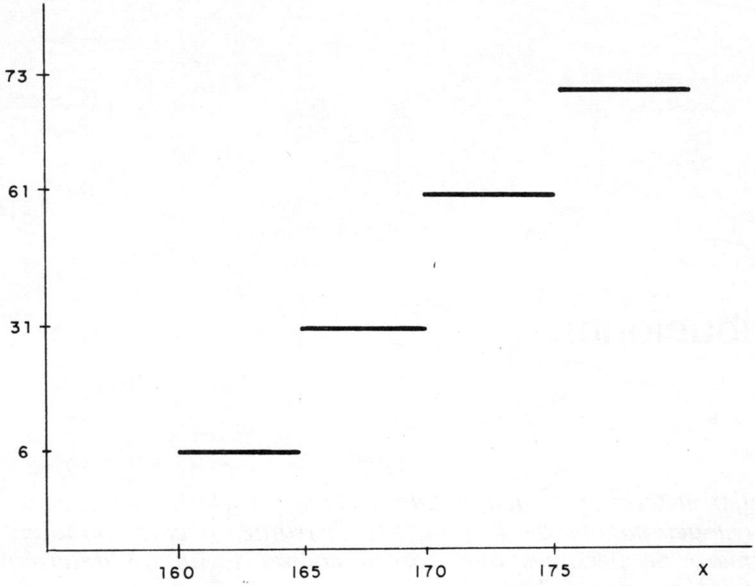


Si la frecuencia es relativa se calcula igualmente.

14. *De una población de 90.000, el número de hombres es de 44.000, aproximadamente, y el de mujeres de 46.000. ¿Cuál es la razón de sexos en dicha población?*

$$R = \frac{44.000}{46.000} = \frac{44}{46}$$

# 3

# Distribuciones

15. *Hallar la frecuencia acumulada, frecuencia relativa y frecuencia relativa acumulada de la siguiente distribución correspondiente al número de personas que poseen coches según un determinado precio (sin determinar primera o segunda mano) de una muestra de 825 personas.*

| x (miles) | n | $N_a$ | Fr. | $Fr._a$ | Porcentaje |
|---|---|---|---|---|---|
| 150 | 12 | 12 | 0,014 | 0,014 | 1,4 % |
| 250 | 38 | 50 | 0,046 | 0,060 | 4,6 % |
| 350 | 56 | 106 | 0,067 | 0,127 | 6,7 % |
| 450 | 120 | 226 | 0,147 | 0,272 | 14,5 % |
| 550 | 145 | 371 | 0,175 | 0,447 | 17,5 % |
| 650 | 163 | 534 | 0,197 | 0,644 | 19,7 % |
| 750 | 182 | 716 | 0,220 | 0,864 | 22 % |
| 850 | 75 | 791 | 0,090 | 0,954 | 9 % |
| 950 | 34 | 825 | 0,041 | 0,995 $\simeq$ 1 | |
| | 825 | | 0,995 $\simeq$ 1 | | |

La frecuencia relativa si se refiere a un atributo se llama proporción.

La frecuencia relativa $\times$ 100 = Porcentaje.

Lo que se acumula son las frecuencias, no los valores de la variable.

16. *La respuesta afirmativa a la pregunta ¿ha sido víctima de algún delito o de algún intento de delito a lo largo de su vida?, de una muestra de 56 personas clasificadas según la edad, ha dado la tabla estadística siguiente:*

| x | n |
|---|---|
| 15 – 25 | 10 |
| 25 – 35 | 13 |
| 35 – 45 | 12 |
| 45 – 55 | 12 |
| 55 – 65 | 9 |
| | $\Sigma = 56 = N$ |

*Se pide:*

1. *Desarrollar una tabla estadística derivada (incluye Fr., porcentajes, frecuencias acumuladas, frecuencias relativas acumuladas y % de $Fr._a$). Calcular la medida de tendencia central y dispersión más adecuadas.*
2. *Indicar qué tipo de tabla estadística es la indicada.*
3. *Determinar:*
   a) *Lo que significa $N_a$ para el intervalo 45 – 55.*
   b) *Porcentaje para el intervalo 35 – 45.*
   c) *Recorrido de la variable, así como su amplitud y número de clases.*
4. *Representar gráficamente los datos de la tabla estadística primaria y explicar el significado de la representación gráfica.*

1.

Clases →

| x | n | $N_a$ | Fr. | % |
|---|---|---|---|---|
| 15 – 25 | 10 | 10 | 10/56 = 0,17 | 17 |
| 25 – 35 | 13 | 23 | 13/56 = 0,23 | 23 |
| 35 – 45 | 12 | 35 | 12/56 = 0,21 | 21 |
| 45 – 55 | 12 | 47 | 12/56 = 0,21 | 21 |
| 55 – 65 | 9 | 56 | 9/56 = 0,16 | 16 |
| | $\Sigma = 56 = N$ | | 0,98 ≃ 1 | 100 |

absoluta

| $Fr._a$ | $Fr_a \times 100$ | $X_c$ $m_c$ |
|---|---|---|
| 0,17 | 0,17% | 20 |
| 0,40 | 0,41% | 30 |
| 0,61 | 0,61% | 40 |
| 0,82 | 0,81% | 50 |
| 0,98 | 0,98% | 60 |



AMPLITUD = RECORRIDO DE LA VARIABLE = LS CLASE SUP − LI CLA INF

2. Tabla estadística univariada (1 variable) con variable de tipo continuo y cuantitativa, tipo III.

3. Son 47 las personas que han sufrido algún delito entre 55 y menos años.

   Para el intervalo 35 – 45 el porcentaje es del 21 %.

   Rv = 65 – 15 = 50

   a = 10 = Constante

   n.º clases = 5

4.

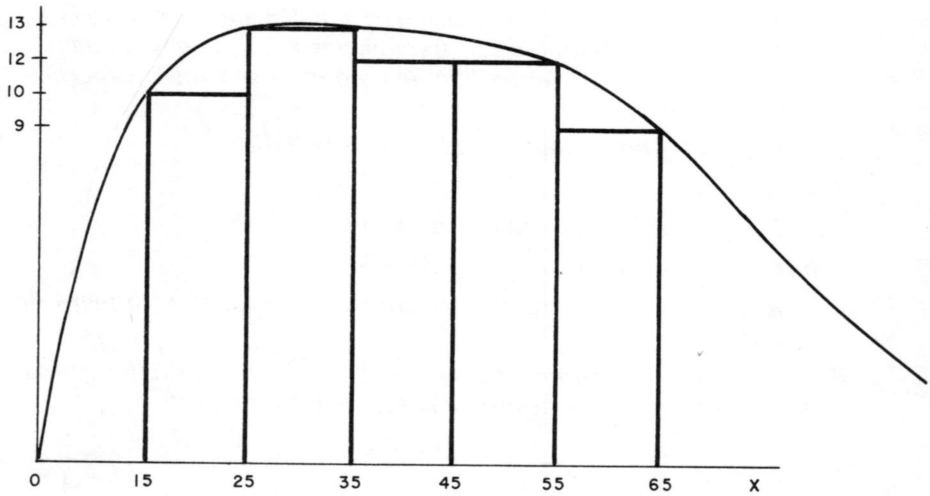


Histograma de rectángulos yuxtapuestos o diagrama de columnas.

1) Variable de tipo continuo de amplitud constante.

2) Frecuencia ordinaria absoluta.

Si trazásemos un polígono, el área bajo el polígono sería igual al área del histograma.

Tiene cierta asimetría hacia la derecha. La Mo. estaría la izquierda de la media aritmética $\overline{X}$.

Los datos se encontrarán concentrados respecto a un valor, curtosis; mesocúrtica normal.

# 4

# Medidas de tendencia central, dispersión, concentración, asimetría y Kurtosis

17. *Las edades de un grupo de 6 Boys-scouts son las siguientes: 12, 13, 14, 15, 16, 17. Calcular su edad media.*

$$\bar{x} = \frac{\Sigma X n}{N}$$

| x | n |
|---|---|
| 12 | 1 |
| 13 | 1 |
| 14 | 1 |
| 15 | 1 |
| 16 | 1 |
| 17 | 1 |
| 87 | 6 |

$\bar{x} = \frac{87}{6} = 14{,}5$ es la edad media de los Boys-scouts.

18. *Dada la encuesta realizada por el C.I.S., en noviembre 1979, sobre: ¿cree Vd. que en España hay verdadera democracia y libertad política o que continúa todo igual que antes?.*

*Tabulamos la respuesta "continúa igual que antes" según la edad y obtuvimos la siguiente tabla de distribución. Calcúlese la edad media de la indicada respuesta.*

| x | n | Xc mc | Xc n |
|---|---|---|---|
| 15 – 21 | 36 | 18 | 684 |
| 21 – 25 | 42 | 23 | 966 |
| 25 – 35 | 36 | 30 | 1.080 |
| 35 – 45 | 29 | 40 | 1.160 |
| 45 – 60 | 25 | 52,5 | 1.312,5 |
| 60 – 70 | 21 | 65 | 1.365 |
| | 189 | | 6.531,5 |

$$\bar{x} = \frac{\Sigma\, x \cdot n}{N} = \frac{6.531,5}{189} = 34,5$$

es la edad media de las personas que opinan que todo continúa igual que antes en el año 1979.

19. *Ante la pregunta: ¿cree Vd. que dentro de un año la situación política será igual que ahora?*

*Se toma una muestra de 186 personas siendo la clasificación según la edad. Calcular la edad media de edad ante dicha respuesta.*

| x | n | $X_c\ m_c$ | $X_c \cdot n$ |
|---|---|---|---|
| 15 – 20 | 29 | 17,5 | 507,5 |
| 20 – 25 | 35 | 22,5 | 787,5 |
| 25 – 35 | 36 | 30 | 1.080 |
| 35 – 45 | 34 | 40 | 1.360 |
| 45 – 60 | 31 | 52,5 | 1.627,5 |
| 60 – 70 | 21 | 65 | 1.365 |
| | 186 | | 6.727,5 |

$$\bar{x} = \frac{\Sigma\, x \cdot n}{N} = \frac{6.727,5}{186} = 36,16$$

$\bar{x}$ = 36,16 es la edad media de las personas que respondienron IGUAL a la pregunta sobre la situación política dentro del año.

20. *Tenemos un grupo de 15 personas que realizaron un examen de sociología calificado de 0 a 20, tabulados los datos se ha obtenido la siguiente tabla. Calcular la nota media.*

| x | n | $X_c \cdot n$ |
|---|---|---|
| 1 | 1 | 1 |
| 3 | 2 | 6 |
| 5 | 1 | 5 |
| 7 | 3 | 21 |
| 8 | 1 | 8 |
| 11 | 2 | 22 |
| 12 | 1 | 12 |
| 15 | 2 | 30 |
| 16 | 1 | 16 |
| 19 | 1 | 19 |
| | 15 | 140 |



$\bar{x} = \frac{140}{15}$

$$\overline{x} = \frac{\Sigma\, x \cdot n}{N} = \frac{140}{15} = 9{,}3$$ es la nota media de las 15 personas.

21. *Calcular en la siguiente distribución de edades correspondiente a personas (varones) que contrajeron matrimonio durante el año 1961 en España (en miles) la edad media.*

| Edad x | n | $X_c$ | $X_c \cdot n$ |
|---|---|---|---|
| 21 – 25 | 41 | 23 | 943 |
| 26 – 30 | 123 | 28 | 3.444 |
| 31 – 35 | 44 | 33 | 1.452 |
| 36 – 40 | 13 | 38 | 494 |
| 41 – 50 | 7 | 45,5 | 318,5 |
| 51 – 60 | 3 | 55,5 | 166,5 |
| | Σ = 231 = N | | 6.818 |

$$x = \frac{\Sigma\, x \cdot n}{N} = \frac{6.818}{231} = 29{,}5$$

darse

valor alrededor del cual fluctuarán todas las puntuaciones, en este caso todas las edades.

22. *Dados los siguientes datos relativos a una muestra de 100 personas asistentes a películas subtituladas y clasificadas según la edad, se obtuvo la siguiente distribución.*

| x | n | Xc | $X_c \cdot n$ |
|---|---|---|---|
| 10 – 20 | 40 | 15 | 600 |
| 20 – 30 | 30 | 25 | 750 |
| 30 – 50 | 20 | 40 | 800 |
| 50 – 70 | 10 | 60 | 600 |
| | Σ = 100 | | 2.750 |

*Se pide hallar la edad media de las personas que asisten a este tipo de películas.*

$$\overline{x} = \frac{\Sigma\, x \cdot n}{N} = \frac{2.750}{100} = 27{,}5$$

es la edad media de las personas que asisten a películas subtituladas.

23. *Se ha tomado una muestra de 233 personas solteras que siguen algún tipo de estudio en la UNED, y se las ha clasificado según la edad:*

*1. Calcular la medida de tendencia central adecuada de las personas que cursan estudios.* $= \bar{X}$

| Edad x | n | $X_c$ | $X_c \cdot n$ |
|---|---|---|---|
| 18 – 20 | 70 | 19 | 1.330 |
| 21 – 25 | 97 | 23 | 2.231 |
| 26 – 31 | 34 | 28,5 | 969 |
| 32 – 40 | 16 | 36 | 576 |
| 41 – 60 | 12 | 50,5 | 606 |
| 61 – 70 | 4 | 65,5 | 262 |
| | $\Sigma = N = 233$ | | 5.974 |

Media aritmética: $\bar{x} = \frac{\Sigma\, x \cdot n}{N} = \frac{5.974}{233} = 25{,}6$

edad media alumnos solteros UNED.

24. *De las 283 personas encuestadas en el año 1977 sobre si se encontraban afiliados a algún sindicato, 86 dieron una respuesta afirmativa. Con los resultados afirmativos y clasificada según la edad hemos obtenido la siguiente tabla de distribución.*

*Calcular la medida de tendencia central adecuda.* $= \bar{X}$

| x | n | xc | $x_c \cdot n$ |
|---|---|---|---|
| 25 – 35 | 45 | 30 | 1.350 |
| 36 – 45 | 23 | 40,5 | 931,5 |
| 46 – 55 | 15 | 50,5 | 757,5 |
| 56 – 65 | 3 | 60,5 | 181,5 |
| | 86 | | 3.220,5 |

Media aritmética → datos intervalo

$$\bar{x} = \frac{\Sigma\, x \cdot n}{N} = \frac{3.220{,}5}{86} = 37{,}44$$

edad media de las personas que en el año 1977 se encontraban afiliados a algún sindicato.

Medidas de tendencia Central { Mo Me $\bar{x}$ = adecuada

25. *De un total de 100 números, 20 eran de 4, 40 eran de 5, 30 eran de 6 y el resto eran de 7.*

*Hallar la media de los números.*

| x | n | x · n |
|---|---|---|
| 4 | 20 | 80 |
| 5 | 40 | 200 |
| 6 | 30 | 180 |
| 7 | 10 | 70 |
| | 100 = N | 530 |

$$\bar{x} = \frac{\Sigma\, x \cdot n}{N} = \frac{530}{100} = 5{,}3$$ Es la media de los números dados.

26. *Una población industrial tiene 5 fábricas de papel. Los 128 obreros de la fábrica A ganan 574 ptas./hora, los 47 de la fábrica B 681 ptas./h., los 29 de la C 812 ptas./h., los 62 de la D 625 pesetas/h., y los 73 de la E 764 ptas./h. Hallar el ingreso medio de los obreros de dicha población que trabajen en la industria del papel.*

| | n | ptas./h. x | x · n |
|---|---|---|---|
| A | 128 | 574 | 73.472 |
| B | 47 | 681 | 32.007 |
| C | 29 | 812 | 23.548 |
| D | 62 | 625 | 38.750 |
| E | 73 | 764 | 55.772 |
| | | | 223.549 |

$$\bar{x} = \frac{\Sigma\, x \cdot n}{N} = \frac{223.549}{339} = 659{,}44 \text{ ptas./hora.}$$

es el salario medio hora de las 5 fábricas de papel de una población industrial.

27. *Calcular la edad media de un grupo de niños asistentes a una película de Walt Disney.*

| x | n | $X_c$ $m_c$ | $X_c \cdot n$ |
|---|---|---|---|
| 0 – 5 | 3 | 2,5 | 7,5 |
| 5 – 10 | 12 | 7,5 | 90 |
| 10 – 15 | 4 | 12,5 | 50 |
| 15 – 20 | 1 | 17,5 | 17,5 |
| | N = 20 | | 165,0 |

$$\bar{x} = \frac{\Sigma\, x \cdot n}{N} = \frac{165}{20} = 8{,}2$$

es la edad media de los niños asistentes.

28. *Haciendo un estudio sobre el número de crímenes, clasificados según la edad del delincuente en un sector de población, nos ha dado los siguientes datos. Calcular la media aritmética.*

| Edad | n.º crímenes | $X_c$ $m_c$ | $X_c \cdot n$ |
|---|---|---|---|
| 15 – 25 | 378 | 20 | 7.560 |
| 25 – 45 | 324 | 35 | 11.340 |
| 45 – 75 | 108 | 60 | 6.480 |
| | N = 810 | | 25.380 |

$$\bar{x} = \frac{\Sigma\, x \cdot n}{N} = \frac{25.380}{810} = 31{,}33$$

es la edad media del delincuente.

29. *Si a cada producto x se le asigna un número y de ellos hay n en cada estantería. Calcular la media de los productos.*

| x | n | x · n |
|---|---|---|
| 2 | 2 | 4 |
| 8 | 3 | 24 |
| 17 | 1 | 17 |
| 12 | 3 | 36 |
| 3 | 2 | 6 |
| | 11 = N | 87 |

$$\bar{x} = \frac{\Sigma\, x \cdot n}{N} = \frac{87}{11} = 7{,}9$$

es la media de los productos por estantería.

30. *La temperatura registrada por 57 estaciones meteorológicas durante el verano 1962 han sido las siguientes. Calcular la temperatura media mediante el método reducido (comprobar por el método normal).*

| temp. °C | $X_c$ $m_c$ | n | d | d · n | $X_c \cdot n$ |
|---|---|---|---|---|---|
| 15 – 17 | 16 | 1 | –3 | –3 | 16 |
| 17 – 19 | 18 | 9 | –2 | –18 | 162 |
| 19 – 21 | 20 | 8 | –1 | –8 | 160 |
| 21 – 23 | 22 | 11 | 0 | 0 | 242 |
| 23 – 25 | 24 | 19 | 1 | 19 | 456 |
| 25 – 27 | 26 | 7 | 2 | 14 | 182 |
| 17 – 29 | 28 | 2 | 3 | 6 | 56 |
| | | 57 | | $\Sigma = 10$ | $\Sigma X_c n = 1.274$ |

$$C = \frac{\Sigma d \cdot n}{N} = \frac{10}{57} = 0{,}17$$

$$\bar{x} = A + C \cdot a$$

$$\bar{x} = 22 + 0{,}17 \cdot 2 = 22 + 0{,}34 \rightarrow \bar{x} = 22{,}34$$

$$\bar{x} = \frac{\Sigma x \cdot n}{N} = \frac{1.274}{57} = 22{,}34$$

31. *Se desea conocer la media de edad de las 3 aulas A, B y C.*

$\bar{X}_A = 11{,}9$ $\qquad N_A = 24$

$\bar{X}_B = 14{,}2$ $\qquad N_B = 30$

$\bar{X}_C = 10{,}8$ $\qquad N_C = 28$

$\bar{X}$ Edad media de cada aula.

N número de personas por aula.

$$\bar{X} = \frac{24 \cdot 11{,}9 + 30 \cdot 14{,}2 + 28 \cdot 10{,}8}{24 + 30 + 28} = \frac{1.014}{82} = 12{,}4$$

edad media de las 3 aulas.

32. *El nivel educativo de los miembros de una comunidad A se distribuyen de la manera siguiente:*

| | $X_A$ | $n_A$ |
|---|---|---|
| Analfabetos | 1 | 20 |
| Primaria | 2 | 150 |
| F. profesional | 3 | 90 |
| Bachiller | 4 | 60 |
| Licenciados | 5 | 30 |
| Doctores | 6 | 10 |

*Calcular la $\overline{X}$. Explicar su resultado.*

*Ahora tenemos otra comunidad B cuyos datos relativos al nivel educativo son los siguientes:*

| $X_B$ | $n_B$ |
|---|---|
| 1 | 80 |
| 2 | 220 |
| 3 | 175 |
| 4 | 30 |
| 5 | 10 |
| 6 | 2 |

*Calcular el nivel medio educativo de las dos comunidades y explicar el resultado.*

$$\overline{X}_A = \frac{\Sigma X_A \cdot n_A}{N_A} = \frac{1.040}{360} = 2,8$$

$$\overline{X}_B = \frac{\Sigma X_B \cdot n_B}{N_B} = \frac{1.227}{517} = 2,37$$

$$\overline{X}_{AB} = \frac{\overline{X}_A \cdot N_A + \overline{X}_B \cdot N_B}{N_A + N_B} =$$

$$= \frac{2,8 \cdot 360 + 2,37 \cdot 517}{360 + 517} = \frac{2.233,23}{877}$$

$$\overline{X}_{AB} = 2,8$$

Por lo tanto podemos situar el nivel medio educativo conjunto en la Formación Profesional.

33. *Calcular la media aritmética combinada de 3 grupos de edad asistentes a diferentes centros universitarios.*

| Centro A | Centro B | Centro C |
|---|---|---|
| $\overline{X}_A = 20$ | $\overline{X}_B = 23$ | $\overline{X}_C = 19$ |
| $N_A = 100$ | $N_B = 80$ | $N_C = 120$ |

*Explicar el resultado obtenido.*

$$\overline{X}_{ABC} = \frac{20 \cdot 100 + 23 \cdot 80 + 19 \cdot 120}{100 + 80 + 120} =$$

$$= \frac{2.000 + 1.840 + 2.280}{300} = \frac{6.426}{300} = 21{,}4$$

es la media de edad de los tres Centros A, B y C.

34. *Se desea conocer la media de edad de las aulas A, B y C, dados los siguientes datos:*

Grupo A

| x | n | x · n |
|---|---|---|
| 2 | 6 | 12 |
| 3 | 7 | 21 |
| 4 | 8 | 34 |
| 5 | 9 | 45 |
| | 30 | 110 |

$\overline{X}_A = 3{,}8$

$N_A = 30$

Grupo B

| x | n | x · n |
|---|---|---|
| 5 | 1 | 5 |
| 7 | 2 | 14 |
| 2 | 1 | 2 |
| 3 | 1 | 3 |
| | 5 | 24 |

$\overline{X}_B = 4{,}8$

$N_B = 5$

Grupo C

| x | n | x · n |
|---|---|---|
| 7 | 2 | 14 |
| 9 | 3 | 27 |
| 2 | 9 | 18 |
| 13 | 1 | 13 |
| | 15 | 72 |

$\overline{X}_C = 4{,}8$

$N_C = 15$

$$\overline{X} = \frac{3{,}6 \cdot 30 + 4{,}8 \cdot 5 + 4{,}8 \cdot 15}{30 + 5 + 15} = \frac{204}{50} = 4{,}08$$

es la edad media correspondiente a las tres aulas A, B y C.

35. *El precio y la cantidad de las mercancías A, B, C y D son los que se dan en la tabla adjunta. Obtener el precio medio por los métodos de la media aritmética simple y ponderada.*

| Mercancía | p | q |
|---|---|---|
| A | 2 | 10 |
| B | 7 | 8 |
| C | 3 | 15 |
| D | 4 | 5 |

$$\overline{X} = \frac{\Sigma\ x \cdot n}{N}$$

$$\overline{X}_p = \frac{\Sigma\ Xi\ Wi}{N}$$

$$\overline{X}_{simple} = \frac{2 + 7 + 3 + 4}{4} = 4$$

$$\overline{X}_{ponderada} = \frac{2 \cdot 10 + 7 \cdot 3 + 3 \cdot 15 + 4 \cdot 5}{10 + 8 + 15 + 5} = 3{,}7$$

36. *Se ha tomado una muestra de 65 personas que leen más de 5 revistas al mes y se ha clasificado según el nivel cultural. Calcular la Me.*

| Nivel cultural | 5 rev. ó más | $N_a$ |
|---|---|---|
| 1. Lee sin estudios | 7 | 7 |
| 2. Lee sin primaria | 5 | 12 |
| 3. Primarios | 8 | 20 |
| 4. Bachiller o similares | 15 | 35 |
| 5. Universitarios | 30 | 65 |
| | $\Sigma = 65 = N$ | |

$N/2 = 65/2 = 32{,}4$

Med = 4

El 50% de las personas que leen 5 revistas o más al mes quedará por debajo del nivel cultural bachiller y el 50% por encima.

37. *Calcular la mediana del salario de una determinada empresa con 34 empleados.*

| x | n | $N_a$ |
|---|---|---|
| 20.000 | 1 | 1 |
| 30.000 | 3 | 4 |
| 40.000 | 3 | 7 |
| 30.000 | 15 | 22 |
| 60.000 | 6 | 28 |
| 70.000 | 2 | 30 |
| 80.000 | 4 | 34 |
| | $\Sigma = 34$ | |

$N/2 = 34/2 = 17$

30.000 ptas. es el salario mediano de dicha empresa $\simeq$ el 50% de los salarios quedarán por encima y el 50% por debajo.

38. *Calcular la mediana del salario de la empresa A con 24 empleados en función de la siguiente distribución:*

| x ptas. | n.º empl. | $N_a$ |
|---|---|---|
| 15.000 | 1 | 1 |
| 20.000 | 2 | 3 |
| 25.000 | 5 | 8 |
| 30.000 | 10 | 18 |
| 40.000 | 4 | 22 |
| 50.000 | 2 | 24 |
| | 24 = N | |

$$\frac{N}{2} = 12$$

Me $\simeq$ 30.000 ptas. sería el salario mediano de una empresa de 24 empleados, de manera que dejaría igual número de empleados que cobran más e igual número de empleados que cobran menos.

39. *Hallar la mediana de la siguiente distribución correspondiente a la edad de las mujeres españolas en edad laboral de una muestra de 10.100.*

| Edad x | $X_c$ $m_c$ | n (miles) | $N_a$ |
|---|---|---|---|
| 15 – 25 | 20 | 2,3 | 2,3 |
| 25 – 35 | 30 | 2,4 | 4,7 |
| 35 – 45 | 40 | 2,1 | 6,8 |
| 45 – 55 | 50 | 1,8 | 8,6 |
| 55 – 65 | 60 | 1,5 | 10,1 |
| | | 10,1 | |

$$\frac{N}{2} = \frac{10,1}{2} = 5,05$$

$$Me = Li + \frac{N/2 - N_{a-1}}{n} C$$

$$Me = 35 + \frac{5,05 - 4,7}{2,1} 10 = 35 + \frac{0,35}{2,1} 10 =$$

$$= 3.570,16 \cdot 10 = 1,6 + 35 \rightarrow Me = 36,6$$

valor mediano de manera tal que el 50% de las mujeres estarán por encima de ese valor y el 50% por debajo.

40. *Se ha tomado una muestra de 45 personas que asisten a los conciertos del Teatro Real y se ha clasificado según la edad obteniéndose la siguiente distribución. Calcular la edad mediana.*

| Años | n.º pers. | $N_a$ |
|---|---|---|
| 14 – 19 | 10 | 10 |
| 20 – 26 | 8 | 18 |
| 27 – 32 | 6 | 24 |
| 33 – 40 | 4 | 28 |
| 41 – 50 | 4 | 32 |
| 51 – 60 | 10 | 42 |
| 61 – 69 | 3 | 45 |
| | $\Sigma = 45$ | |

$$N/2 = 45/2 = 22{,}5$$

$$Me = Li + \frac{N/2 - N_{a-1}}{n} C$$

$$Me = 27 + \frac{22{,}5 - 18}{6} 5 = 30{,}75$$

30,75 ≃ 31 es la edad mediana de las personas que asisten al Teatro Real. Es un valor tal que el 50% de los casos son valores inferiores y el 50% superiores.

41. *Los varones que entre 20 y 60 años contrajeron matrimonio durante el año 1961 en España presentan la siguiente distribución por edades. Calcular el valor mediano y el cuartil primero, tercero y cuarto, y decil segundo y el centil 37.*

| Edad | n | $N_a$ |
|---|---|---|
| 20 – 25 | 41 | 41 |
| 25 – 30 | 123 | 164 |
| 30 – 35 | 44 | 208 |
| 35 – 40 | 13 | 221 |
| 40 – 50 | 7 | 228 |
| 50 – 60 | 3 | 231 |
| | 231 | |

*Calcular la mediana.*

$$\frac{N}{2} = \frac{231}{2} = 115,5$$

$$Me = Li + \frac{N/2 - N_{a-1}}{n} C = 25 + \frac{115,5 - 41}{123} 5 =$$

$$= 25 + \frac{74,5}{123} 5 = 25 + 0,60 \cdot 5 = 25 + 3 = 28$$

$$Me = 28$$

Este es el valor que deja un número igual por arriba que por debajo, de la variable. El 50% de los varones quedarían por debajo de esas edades y el 50% por encima.

*Hallar los cuartiles.*

$$\frac{N}{4} = 57,75$$

$$q_1 = L_1 + \frac{N/4 - N_{a-1}}{n} C = 25 + \frac{57,75 - 41}{123} 5 =$$

$$= 25 + 0,68 = 25,68$$

valor de la variable tal que el 25% de los casos estarán por debajo de este valor y el 75% por encima.

$$q_2 = Me = 115,5$$

$$Me = Li + \frac{N/2 - N_{a-1}}{n} C = 25 + \frac{115,5 - 41}{123} 5 = 28$$

$q_3$

$$\frac{3}{4} N = \frac{231 \cdot 3}{4} = \frac{693}{4} = 173,25$$

$$q_3 = 30 + \frac{173,25 - 164}{44} 5 = 30 + \frac{9,25}{44} 5 = 31,05$$

Valor de la variable tal que el 75% de los casos se encuentran por debajo de ese valor y el 25% por encima.

$q_4 = 60$, el 100% a su izquierda corresponde con el valor máximo de la variable.

$$D_2 = L_1 + \frac{N/5 - N_{a-1}}{n} C$$

$$N\ 2/10 = N\ 1/5 = 231/5 = 46{,}2$$

$$D_2 = 25 + \frac{46{,}2 - 41}{123} 5 = 25{,}2$$

valor de la variable tal que el 20% de los casos tienen edades por debajo de ese valor y el 80% por encima.

$$C \frac{37}{100} = N \frac{37}{100} = \frac{231 \cdot 37}{100} = 85{,}47$$

$$C_{37} = 25 + \frac{85{,}47 - 41}{123} 5 = 26{,}80$$

26,8 es la edad tal que el 35% de los casos quedan por debajo de esa edad y el 65% por encima.

También podemos calcular el valor de la variable que deja a su izquierda el porcentaje determinado de casos, es decir, conocido el Rango percentil, calcular el valor de la variable.

$$P_{35} = Li - \left(\frac{\frac{N \cdot 35}{100} - Na_{-1}}{n}\right) a =$$

$$= 25{,}5 - \left(\frac{80{,}85 - 41}{100}\right) 5 = 23{,}9$$

$P_{35} = 23{,}9$ sería el valor de la variable que deja al 35% de los casos por debajo y el 65% por encima.

*Ahora conociendo el valor de la variable, calcular el Rango percentil.*

$$23{,}9 = L_1 - \left[\frac{\frac{N \cdot x}{100} - Ni_{-1}}{n}\right] a$$

$$23{,}9 = 25{,}5 - \left[\frac{\frac{231x}{100} - 41}{123}\right] 5$$

$$23{,}9 - 25{,}5 = -\left[\frac{\frac{231x}{100} - 41}{123}\right] 5$$

$$-\frac{1{,}6}{5} = -\left[\frac{\frac{231x}{100} - 41}{123}\right]$$

$$0{,}32 = \frac{231x - 4.100}{12.300}$$

$$0{,}32 \cdot 12.300 = 231x - 4.100$$

$$3.936 = 231x - 4.100$$

$$3.936 + 4.100 = 231x \rightarrow 8.036 = 231x \rightarrow$$

$$\rightarrow x = \frac{8.036}{231} = 34{,}78 \simeq 35.$$

Otro ejemplo.

*Calcular el valor del percentil 24.*

$$P_{24} = \frac{N \cdot 24}{100} = \frac{231 \cdot 24}{100} = 55{,}44$$

$$P_{24} = 25{,}5 + \left[\frac{\frac{N \cdot 24}{100} - 41}{123}\right] 5 = 25{,}5 + \left[\frac{55{,}44 - 41}{123}\right] 5 =$$

$$= 25{,}5 + \frac{14{,}44}{123} 5 = 25{,}5 + 0{,}586 = 26{,}086$$

Ahora queremos conocer el Rango percentil.

$$26{,}086 = 25{,}5 + \left[\frac{\frac{N \cdot x}{100} - 41}{123}\right] 5$$

$$26{,}086 - 25{,}5 = \left[\frac{\frac{231x}{100} - 41}{123}\right] 5 \rightarrow$$

$$\rightarrow \frac{0{,}586}{5} = \frac{2{,}31x - 41}{123}$$

$$0{,}1172 = \frac{2{,}31x - 41}{123}$$

$$14{,}4156 + 41 = 2{,}31x \rightarrow 55{,}4156 = 2{,}31x \rightarrow$$

$$\rightarrow X = 23{,}98 \simeq 24$$

42. *Dada la siguiente distribución de edades, calcular el $P_{24}$.*

| x | n | $N_a$ |
|---|---|---|
| 2 – 5 | 5 | 5 |
| 6 – 9 | 7 | 12 |
| 10 – 13 | 11 | 23 |
| 14 – 17 | 18 | 41 |
| 18 – 21 | 37 | 78 |
| 22 – 25 | 20 | 98 |
| 26 – 29 | 13 | 111 |
| 30 – 33 | 8 | 120 |
| 34 – 37 | 9 | 128 |

$\Sigma = 128 = N$

$$P_{24} = Li + \left[\frac{\frac{N \cdot 24}{100} - Na_{-1}}{n}\right] a$$

$$\frac{N \cdot 24}{100} = 30{,}72$$

$$P_{24} = 13{,}5 + \left[\frac{30{,}72 - 23}{18}\right] 4 = 15{,}215$$

*Calcular el Rango percentil de un valor determinado de la variable.*

$$15{,}215 = 13{,}5 + \left[\frac{\frac{128x}{100} - 23}{18}\right] 4$$

$$\frac{15{,}215 - 13{,}5}{4} = \frac{\frac{128x}{100} - 23}{18}$$

$$0{,}42875 = \frac{\frac{128x}{100} - 23}{18}$$

$$0{,}42875 = \frac{1{,}28x - 23}{18}$$

$$7{,}7175 + 23 = 1{,}28x$$

$$30{,}7175 = 1{,}28x \rightarrow x = \frac{30{,}7175}{1{,}28} = 23{,}8 \simeq 24$$

43. *El número de varones clasificados según la edad en el censo de 1887 era el siguiente: Calcular la desviación típica.*

| x | n (miles) |
|---|---|
| 19 | 127 |
| 20 | 120 |
| 21 | 112 |
| 22 | 130 |
| 23 | 120 |

| $x \cdot n$ | $x^2 n$ |
|---|---|
| 2.413 | 45.847 |
| 2.400 | 48.000 |
| 2.351 | 49.392 |
| 2.860 | 62.920 |
| 2.760 | 63.480 |
| 12.785 | 269.639 |

$$\overline{x} = \frac{\Sigma\, x \cdot n}{N} = \frac{12.785}{609} \rightarrow \overline{x} = 20{,}9$$

$$\sigma = \sqrt{\frac{\Sigma\, x^2 n}{N} - \left(\frac{\Sigma\, (x \cdot n)}{N}\right)^2} =$$

$$= \sqrt{\frac{269.639}{609} - (\frac{12.785}{609})^2} =$$

$$= \sqrt{442,75 - 436,81} = \sqrt{5,94} = 2,43$$

44. *Los ingresos anuales de 4 personas son: 60.000, 75.000, 65.000 y 150.000 ptas.*

*La media aritmética de estos valores, ¿puede ser representativa?*

Para responder a la pregunta formulada será necesario calcular el coeficiente de variación.

| Xi | Xi/1.000 | (Xi/1.000)² |
|---|---|---|
| 60.000 | 60 | 3.600 |
| 75.000 | 75 | 5.625 |
| 65.000 | 65 | 4.225 |
| 150.000 | 150 | 22.500 |
| | | 35.950 |

$$\bar{x} = \frac{350}{4} 1.000 = 87.500$$

$$Sx^2 = 1.000^2 \left[\frac{35.950}{4} - (\frac{350}{4})^2\right] = 1.331.250.000$$

$$Sx = \sqrt{1.331.250.000} = 36.486,3$$

$$Cv = \frac{Sx}{\bar{x}}$$

$$CV = \frac{36.486,3}{87.500} = 41,70\%$$

A la vista de este resultado vemos que la media aritmética no carece en este caso de representatividad, aunque tampoco posee plenamente la misma.

45. *Una fábrica de neumáticos produce 2 modelos A y B. El modelo A presenta un recorrido medio de 10.000 km con una desviación típica de 200 km. El modelo B presenta un recorrido medio de 11.000 km con una desviación típica de 1.000 km.*

*Se desea saber si B es mejor que A.*

Para comparar fenómenos se utilizan las medidas de dispersión relativa. Podemos utilizar el coeficiente de variación de Pearson por tener la desviación típica y la media aritmética. Este coeficiente se expresa en porcentaje. Permite la comparación de distribuciones estadísticas donde las unidades son diferentes.

A. $$Cv = \frac{Sx}{\overline{x}} = \frac{2.000}{10.000} = 0{,}20 = 20\%$$

B. $$Cv = \frac{Sx}{\overline{x}} = \frac{1.000}{11.000} = 0{,}09 = 9\%$$

El segundo coeficiente es inferior al primero, en consecuencia, el producto B es preferible al A.

46. *Los asalariados de una oficina cobran los siguientes sueldos mensuales:*

| Sueldo (miles ptas.) | n.º empleados |
|---|---|
| 10 – 20 | 40 |
| 20 – 30 | 30 |
| 30 – 50 | 20 |
| 50 – 70 | 10 |

*Se pide:*

1. *Sueldo medio del asalariado.*
2. *Hallar la mediana de la distribución de salarios y explicar su significado.*
3. *Analizar la dispersión de la distribución, mediante el coeficiente de variación.*
4. *Calcular el coeficiente de Gini y dibujar la curva de Lorenz.*
5. *Asimetría de Pearson y significación.*
6. *Coeficiente directo de asimetría.*

| x | x · n | N | $x - \overline{x}$ | $(x - \overline{x})^2$ | $(x - \overline{x})^2$ n |
|---|---|---|---|---|---|
| 15 | 600 | 40 | –12,5 | 156,25 | 6.250 |
| 25 | 750 | 70 | –2,5 | 6,25 | 1.875 |
| 40 | 800 | 90 | 12,5 | 156,25 | 3.125 |
| 60 | 600 | 100 | 32,5 | 1.056,25 | 10.562,5 |
| | | | | 1.375 | 21.812,5 |

1. $\overline{x} = \frac{\Sigma x \cdot n}{N} = \frac{2.750}{100} = 27,5$

Es una media efectiva.

2. $\frac{N}{2} = \frac{100}{2} = 50$

$$Me = Li + \frac{N/2 - N_{a-1}}{n} C = 20 + \frac{50 - 50}{30} 10$$

$$Me = 23,3$$

$$Mo = Media - 3(\overline{x} - Me)$$

$$Mo = 27,5 - 3(27,5 - 23,3) = 27,5 - 82,5 + 69,9 \rightarrow$$

$$Mo = 14,9$$

3. $Cv = \frac{Sx}{\overline{x}}$

$$Sx = \sqrt{\frac{\Sigma (x - \overline{x})^2 n}{N}} = \sqrt{\frac{21.812,5}{100}} = \frac{147,6}{10} = 14,76$$

$$Cv = \frac{14,76}{27,5} = 0,53 = 53\%$$

No puede considerarse demasiado representativo el valor medio.

4.

| xnr% | Pi | qi | Pi – qi |
|---|---|---|---|
| 21,8 | 40 | 21,8 | 18,2 |
| 27,2 | 70 | 49 | 21 |
| 29,09 | 90 | 78,09 | 11,91 |
| 21,8 | 100 | 99,89 | |
| | | | 51,11 |

$$G = \frac{\sum_{i=1}^{N-1} (p_i - q_i)}{\sum_{i=1}^{N-1} (p_i)}$$

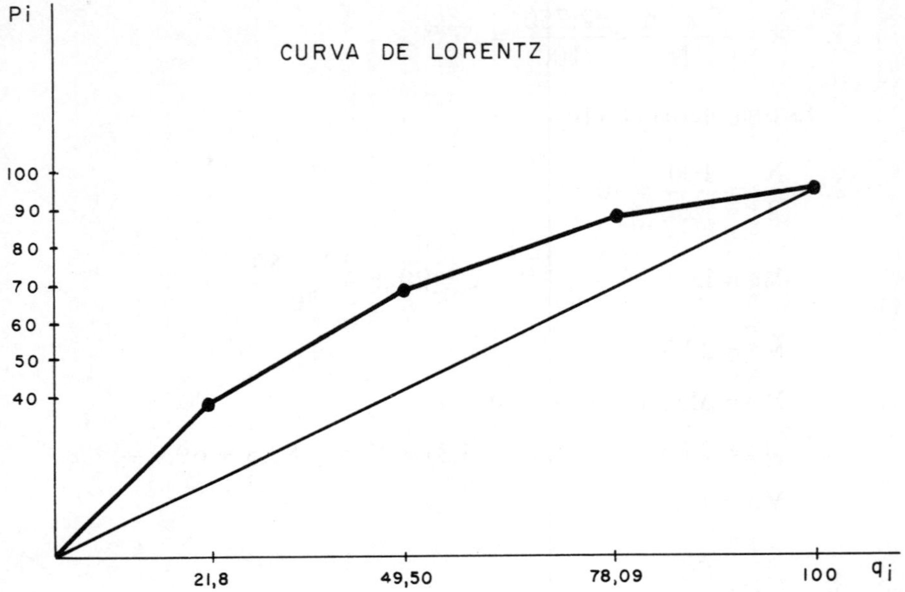


$$G = \frac{5,11}{200} = 0,25$$

$$G = 2 \cdot A$$

$$0,25 = 2 \cdot A$$

$$A = \frac{0,25}{2} = 0,125$$

El coeficiente de Gini es igual al doble del área comprendida entre la curva y la diagonal.

5. $C = \frac{\overline{x} - Mo}{Sx} = \frac{27,5 - 14,9}{14,79} = \frac{12,6}{14,76} = 0,85$

Asimétrica a la derecha por ser valor positivo, es decir, la media se encuentra a la derecha de la moda (Mo Me $\overline{X}$). Existe una mayor concentración que cuando la asimetría es a izquierdas.

6. $$g = \frac{\sum_{i=1}^{r} \frac{(x - \overline{x})^3 \, ni}{N}}{Sx^3}$$

$$Sx^3 = (14{,}76)^3 = 47.461{,}9$$

| $(x - \overline{x})^3$ n |
|---|
| − 78,125 |
| − 4.687,5 |
| −39.062,5 |
| 343.281,25 |
| 299.531,25 |

$$g = \frac{\frac{299.531{,}25}{100}}{47.461{,}9} = 0{,}06$$

Por ser valor positivo, asimetría a derechas, éste es el coeficiente más fiable.

47. *Dada la siguiente distribución relativa a una muestra de 100 personas que emigran de una zona rural a una urbana clasificada según la edad.*

*Calcular: la Me y el recorrido intercuartílico como medida de dispersión o variable, entre otras, como DMe, además de $\overline{X}$, DM, Sx, $Sx^2$.*

| x | n | Na | Xi mc | x · n |
|---|---|---|---|---|
| 11 – 20 | 40 | 40 | 15,5 | 620 |
| 21 – 30 | 30 | 70 | 25,5 | 765 |
| 31 – 50 | 20 | 90 | 40,5 | 810 |
| 51 – 70 | 10 | 100 | 60,5 | 605 |
| | Σ = 100 = N | | | 2.800 |

| $x - \overline{x}$ | $\lvert x - \overline{x} \rvert$ n | $x^2$ | $x^2 \cdot n$ |
|---|---|---|---|
| −12,5 | 500 | 240,25 | 9.620 |
| −2,5 | 75 | 650,25 | 19.507,5 |
| 12,5 | 250 | 1.640,25 | 32.805 |
| 32,5 | 325 | 3.630,0625 | 36.300,625 |
| | 1.150 | 6.160,8125 | 98.233,123 |

$Mo = 15{,}5$

$$Mo = \overline{x} - 3\,(\overline{x} - Me) = 28 - 3\,(26 - 23{,}8) = \\ = 28 - 12{,}6 = 15{,}4$$

$A = Max.\ V. - Mini.\ V. = 70 - 11 = 59$

$$Me = Li + \left(\frac{N/2 - N_{a-1}}{n}\right) a$$

$$\frac{N}{2} = \frac{100}{2} = 50$$

$$Me = 20{,}5 + \frac{50 - 40}{30} 10 = 23{,}8$$

$$Q = \frac{Q_3 - Q_1}{2}$$

$$Q_3 = \frac{100 \cdot 3}{4} = 75$$

$$Q_3 = 30{,}5 + \left[\frac{75 - 70}{20}\right] 20 = 30{,}5 + 5 = 35{,}5$$

$$Q_1 = \frac{N}{4} = \frac{100}{4} = 25$$

$$Q_1 = 10{,}5 + \left(\frac{25 - 0}{40}\right) 10 = 16{,}7$$

$$Q = 35{,}5 - 16{,}7 = 9{,}4$$

Si los puntos están juntos en la distribución, los cuartiles estarán juntos y Q será pequeña, por tanto la medida de tendencia central será más representativa.

Si las puntuaciones están muy separadas, los cuartiles estarán separados y Q será grande, con lo cual la medida será menos representativa.

$$\overline{X} = \frac{\Sigma\, x \cdot n}{N} = \frac{2.800}{100} = 28$$

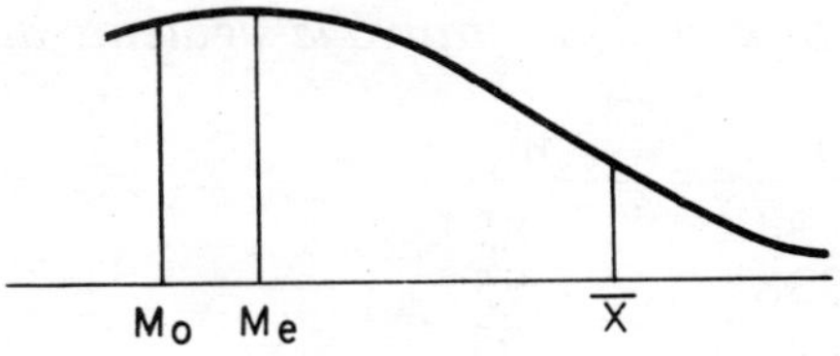


$$D_{Me} = \frac{\Sigma\,|\,X - Me\,|\,n}{N} = \frac{1.084}{100} = 10{,}84$$

$$Dm = \frac{\Sigma\,|\,x - \overline{x}\,|\,n}{N} = \frac{1.150}{100} = 11{,}5$$

$$S = \sqrt{\frac{\Sigma\, x^2 n}{N} - \overline{x}^2}$$

$$S = \sqrt{\frac{98.233{,}125}{N} - 784} = \sqrt{982{,}33125 - 784} = 14{,}08$$

$$\nu = 198{,}2464$$

La medida más fiable de dispersión y más teniendo una escala de intervalo, es la desviación típica o estándar que nos da un valor 14,08. Teniendo en cuenta que la $\overline{x}$ es 28, podemos decir que los datos se encuentran bastante dispersos.

Mediante el coeficiente de variación de Pearson, podemos ver la variación de la distribución en %; es una medida de dispersión relativa y nos permite comparar la dispersión de dicha distribución con la dispersión de otras distribuciones.

$$Cv = \frac{Sx}{\overline{x}} \times 100; \qquad Cv = \frac{14{,}08}{28} \times 100 \qquad 50\%$$

48. *De una muestra de 1.000 personas, realizada en 1978 en Madrid, encuestadas sobre los precios que consideraban debían existir*

*para un determinado producto, se obtuvo la siguiente distribución.*

| x | n | $m_c$ |
|---|---|---|
| 80 – 90 | 34 | 85 |
| 90 – 100 | 238 | 95 |
| 100 – 110 | 221 | 105 |
| 110 – 120 | 160 | 115 |
| 120 – 130 | 82 | 125 |
| 130 – 140 | 74 | 135 |
| 140 – 150 | 41 | 145 |
| 150 – 160 | 51 | 155 |
| 160 – 170 | 39 | 165 |
| 170 – 180 | 39 | 175 |
| 180 – 190 | 21 | 185 |
| | 1.000 | |

*Calcular el valor modal.*

$$Mo = Li + \frac{n_{i+1}}{n_{i+1} + n_{i-1}} C$$

$$Mo = 90 + \frac{221}{221 + 34} 10 = 90 + 0{,}986 \cdot 10 = 90 + 8{,}6 \rightarrow$$

$$\rightarrow Mo = 98{,}6$$

es el valor de la variable que tiene mayor frecuencia.

49. *Observadas 8.846 familias y agrupadas en clases según el número de elementos que las componen, se ha obtenido la siguiente tabla de distribución.*

| n.º personas | $X_c$ $m_c$ | $n_i$ |
|---|---|---|
| 0 – 4 | 2 | 3.952 |
| 4 – 6 | 5 | 4.094 |
| 6 – 9 | 7,5 | 706 |
| 9 – 12 | 10,5 | 94 |
| | | 8.846 |

*Calcular el valor modal.*

$$Mo = 4 + \frac{706 \cdot 4}{706 \cdot 4 + 3.952 \cdot 3} 2 = 4 + \frac{2.824}{2.824 + 11.856} 2 =$$

$$= 4 + 0,19 \cdot 2 = 4 + 0,38 = 4,38$$

$$Mo = 4,38 \simeq 4$$

4 miembros es lo que más predomina en las 8.846 familias encuestadas.

50. *De las 183 personas encuestadas en 1977 sobre si se encontraban afiliadas a algún sindicato, 36 tuvieron respuesta afirmativa. Con los resultados afirmativos y clasificados según la edad, hemos obtenido la siguiente tabla de distribución. Hallar algunas medidas de tendencia central y de dispersión absolutas y relativas.*

| Edad | n Si | n No |
|---|---|---|
| 25 – 35 | 14 | 41 |
| 35 – 45 | 10 | 34 |
| 45 – 55 | 11 | 40 |
| 55 – 65 | 1 | 32 |
| | N = 36 | |

Recorrido o rango

$$65 - 25 = 40$$

Desviación media

$$Dm = \frac{\Sigma \mid x - \overline{x} \mid n}{N}$$

| $x_c$ $m_c$ | $x \cdot n$ | $x - \overline{x}$ | $\mid x - \overline{x} \mid n$ |
|---|---|---|---|
| 30 | 420 | −9,7 | −135,8 |
| 40 | 400 | 0,3 | 3 |
| 50 | 550 | 10,3 | 113,3 |
| 60 | 60 | 20,3 | 20,3 |
| | 1.430 | | 272,4 |

$$\overline{x} = \frac{\Sigma\, x \cdot n}{N} = \frac{1.430}{36} = 39{,}72$$

$$Dm = \frac{272{,}4}{36} = 7{,}5$$

$$Me = Li + \frac{N/2 - Ni_{-1}}{n} C = 35 + \frac{4}{10} 10$$

| Ni |
|---|
| 14 |
| 24 |
| 35 |
| 36 |

$$Me = 39$$

$$Dm_e = \frac{\Sigma \mid x - Me \mid n}{N}$$

Desviación media respecto de la mediana.

| $\mid x - Me \mid$ | $\mid x - Me \mid n$ |
|---|---|
| 9 | 126 |
| 1 | 10 |
| 11 | 121 |
| 21 | 21 |
| | 278 |

$$Dm = \frac{278}{36} = 7{,}72$$

Desviación típica.

$$\sigma = \sqrt{\frac{\Sigma\,(x - \overline{x})^2\, n}{N}} \qquad \sigma = \sqrt{\frac{\Sigma\, nx^2}{N} - \left(\frac{\Sigma\, nx}{N}\right)^2}$$

| $(x-\bar{x})^2$ | $(x-\bar{x})^2\,n$ |
|---|---|
| 94,09 | 1.317,26 |
| 0,09 | 0,9 |
| 106,09 | 1.166,99 |
| 412,09 | 412,09 |
| 612,36 | 2.897,24 |

Desviacion media respecto < Mediana / Media $\bar{x}$

Desviación típica respecto < Mediana / $\bar{x}$

$$\sigma = \sqrt{\frac{2.897,24}{36}} = \sqrt{80,478888} = 8,97$$

| $x^2$ | $x^2 n$ | $nx$ |
|---|---|---|
| 900 | 12.600 | 420 |
| 1.600 | 16.000 | 400 |
| 2.500 | 27.500 | 550 |
| 3.600 | 3.600 | − 60 |
| | 59.700 | 1.430 |

$$\left(\frac{\Sigma\, nx}{N}\right)^2 = \left(\frac{1.430}{36}\right)^2 = (39,7)^2 = 1.576,09$$

$$\sigma = \sqrt{\frac{59.700}{36} - \left(\frac{1.430}{36}\right)^2} =$$

$$= \sqrt{1.658,33 - 1.576,09} = \sqrt{82,24}$$

$$\sigma = 9,06$$

$$Dm = \frac{4}{5}\sigma = \frac{4}{5}\, 9,06 = 7,2 \qquad \sigma^2 = 82,24$$

$$V \text{ sheppard} = 82,24 - \frac{100}{12} = 82,24 - \frac{100}{12} =$$

$$= 82,24 - 8,83 = 73,91$$

$$v. \text{ sheppard} = \sigma^2 - \frac{C^2}{12}$$

Entre $\bar{x} \pm 1\sigma$ es decir, entre 30,8 y 48,6 se encuentran $\cong$ el 68% de los valores de la variable, y entre $\bar{x} \pm 2\sigma \simeq$ el 95%.

$$\overline{x} \pm 2\sigma = 39{,}7 - 17{,}8 \text{ y } 39{,}7 - 17{,}8$$

$$21{,}9 \text{ y } 57{,}5 \simeq 95\%$$

Rango semiintercuartil.

$$q_3 = Li + \frac{3N/4 - N_{a-1}}{n} C = 45 + \frac{27 - 24}{11} 10 =$$

$$= 45 + \frac{3}{11} 10 = 47{,}72$$

$$q_1 = 25 + \frac{9 - 0}{14} 10 = 25 + \frac{90}{14} = 25 + 6{,}42 = 31{,}42$$

$$Q = \frac{47{,}72 - 31{,}42}{2} = \frac{16{,}3}{2} = 8{,}15$$

$$Cv = \frac{Sx}{\overline{x}} = \frac{8{,}97}{39{,}72} = 0{,}22 = 22\%$$

$$Me \pm Q$$

$$39 - 8{,}15 \text{ y } 39 + 8{,}15$$

$$30{,}85 \qquad 47{,}15$$

$$\left(\frac{35 - 30{,}85}{10}\right) 14 + 10 + \left(\frac{47{,}15 - 45}{10}\right) 11 =$$

$$= 5{,}81 + 10 + 2{,}75 + 18{,}56$$

$$18{,}56 \frac{6}{36} \times 100 = 51{,}5\%$$

*Comparar el ejemplo dado con las edades de las personas que se encuentran afiliadas a un sindicato en Alemania de una muestra similar a la española con*

$$\overline{x} = 30$$

$$\sigma = 5$$

$$Cv = \frac{5}{30} = 0{,}16 = 16\%$$

Es más significativo esta distribución.

51. *Dados los salarios/hora de 40 obreros sin cualificar y de 40 cualificados, calcular respecto a los primeros las medidas de dispersión absolutas y relativas. Comparar mediante el coeficiente de variación relativo de Pearson la variabilidad de ambos grupos de obreros.*

| sin cualificar | | obreros cualificados | |
|---|---|---|---|
| salario/hora | n | salario/hora | n |
| 110 – 120 | 10 | 150 – 200 | 10 |
| 120 – 126 | 9 | 200 – 220 | 11 |
| 126 – 130 | 11 | 220 – 250 | 9 |
| 130 – 140 | 10 | 250 – 260 | 10 |
| | 40 | | 40 |

Recorrido o rango

$$140 - 110 = 30$$

| $x_c$ $m_c$ | $x \cdot n$ | $x - \bar{x}$ | $(x - \bar{x})^2\, n$ |
|---|---|---|---|
| 115 | 1.150 | −10,3 | 1.060,9 |
| 123 | 1.107 | −2,3 | 47,61 |
| 128 | 1.408 | 2,7 | 80,19 |
| 135 | 1.350 | 9,7 | 940,9 |
| | 5.015 | | 2.129,6 |

$$\bar{x} = \frac{\Sigma\, x \cdot n}{N} = \frac{5.015}{40} = 125,37$$

$$\text{Varianza} \quad Sx^2 = \frac{\Sigma\,(x - \bar{x})^2\, n}{N} = \frac{2.129,6}{40} = 53,24$$

$$Sx = \sqrt{\frac{\Sigma\,(x - \bar{x})^2\, n}{N}} = \sqrt{53,24} = 7,29$$

Recorrido intercuartílico

$$\frac{N}{4} = \frac{40}{4} = 10$$

$$q_1 = Li + \frac{N/4 - N_{a-1}}{n_i} C = 110 + \frac{10 - 0}{10} 10 =$$

$$= 110 + 10 = 120$$

$$q_3 = Li + \frac{3N/4 - N_{a-1}}{n} C = 126 + \frac{30 - 19}{11} 4 =$$

$$= 126 + 4 = 130$$

$$q_3 - q_1 = 130 - 120 = 10$$

$$q_2 = Me = Li + \frac{N/2 - N_{a-1}}{n} C = 126 + \frac{20 - 19}{11} 4 =$$

$$= 126 + \frac{1}{11} 4 = 126 + 0{,}36 = 126{,}36$$

Medidas de dispersión relativas

$$Cv = \frac{Sx}{\overline{x}} = \frac{7{,}29}{125{,}37} = 0{,}058 \qquad Cv = 5{,}8\%$$

$$\frac{q_3 - q_1}{q_3 + q_1} = \frac{130 - 120}{130 + 120} = \frac{10}{250} = 0{,}04$$

$$\text{Coeficiente de apertura: } \frac{140}{110} = 1{,}27$$

$$\text{recorrido relativo} = \frac{140 - 110}{125{,}37} = \frac{30}{125{,}37} = 0{,}23$$

Obreros cualificados

| Xcmc | x · n | $(x - \overline{x})$ | $(x - \overline{x})^2$ | $(x - \overline{x})^2$ n |
|---|---|---|---|---|
| 175 | 1.750 | −43,12 | 1.859,3 | 18.593 |
| 210 | 2.310 | −8,12 | 65,9 | 724,9 |
| 235 | 2.115 | 16,88 | 284,9 | 2.564,1 |
| 255 | 2.550 | 36,88 | 360,1 | 3.601 |

$$\overline{x} = \frac{\Sigma\, x \cdot n}{N} = \frac{8.725}{40} = 218{,}12$$

$$Sx = \sqrt{\frac{\Sigma (x - \overline{x})^2 \, n}{N}} = \sqrt{\frac{25.482}{40}} = \sqrt{637{,}07} \rightarrow$$

$$\rightarrow = Sx = 25{,}24$$

$$Cv = \frac{Sx}{\overline{x}} = \frac{25{,}24}{218{,}12} = 0{,}115$$

$$Cv = 11{,}5\,\%$$

El coeficiente de variación es mucho mayor en los obreros cualificados, con lo cual está mucho mejor equilibrada la retribución respecto de los obreros no cualificados y su media es mucho más representativa.

52. *¿Qué tipo de curva con respecto a lo normal sería la que pudiera dibujarse con los siguientes datos?*

$$g_1 = \alpha_3 = 1{,}5$$

$$g_2 = \alpha_4 = 2{,}5$$

Asimétrica a la derecha y leptocúrtica.

53. *La distribución de salarios de una pequeña empresa es la siguiente:*

| miles ptas. x | n |
|---|---|
| 10 – 20 | 40 |
| 20 – 30 | 30 |
| 30 – 50 | 20 |
| 50 – 70 | 10 |

*a) Calcular el salario medio.*

*b) Representatividad de la $\overline{x}$ en %.*

*c) Indicar el tipo de curva mediante el coeficiente directo de asimetría.*

*a)*

| Xcmc | x · n | $x^2$ | $x^2 \cdot n$ |
|---|---|---|---|
| 15 | 600 | 225 | 9.000 |
| 25 | 750 | 625 | 18.750 |
| 40 | 800 | 1.600 | 32.000 |
| 60 | 600 | 3.600 | 36.000 |
| | 2.750 | | 95.750 |

$$\overline{x} = \frac{\Sigma\, x \cdot n}{N} = \frac{2.750}{100} = 27{,}5$$

*b*) $$\sigma = \sqrt{\frac{\Sigma\, nx^2}{N} - (\frac{\Sigma\, nx}{N})^2} = \sqrt{\frac{95.750}{100} - (\frac{2.750}{100})^2} =$$

$$= \sqrt{957{,}5 - 756{,}25} = 14{,}1$$

$$Cv = \frac{\sigma}{\overline{x}} = \frac{14{,}1}{27{,}5} = 0{,}51 = 51\%$$

| $x - \overline{x}$ | $(x - \overline{x})^3\, n$ |
|---|---|
| −12,5 | −78,125 |
| −2,5 | −468,75 |
| 12,5 | 39.062,5 |
| 32,5 | 342.281,25 |
| | 3.037,50 |

$$q = \frac{\sum_{i=1}^{r} \frac{(x - \overline{x})^3\, n}{N}}{\sigma^3} = \frac{\frac{3.037{,}50}{100}}{2.803{,}22} = 1{,}08$$

Ligeramente asimétrica a la derecha por ser valor positivo.

Vamos a ver cómo se presenta con respecto al apuntamiento o Kurtosis.

$$g_2 = \frac{\frac{\sum_{i=1}^{r} (x - \overline{x})^4\, n}{N}}{Sx^4} - 3$$

$$Sx^4 = 700.537{,}64$$

| $(x - \overline{x})^4\, n$ |
|---|
| 976.562,5 |
| 11.718,75 |
| 488.281,25 |
| 11.156.640 |
| 12.623.202,50 |

$$m_4 = \frac{\Sigma(x-\bar{x})^4 n / N}{S_x^4} - 3$$ >0 LEPTOCÚRTICO, =0 MESOCÚRTICA, <0 PLATICÚRTICA

$$g_2 = \frac{126.231{,}0250}{700.537{,}64} - 3 = 0{,}18 - 3 = -2{,}82$$

Es platicúrtica por ser valor negativo.

54. *Distribución de la renta personal para el año 1970 en España.*

| Ingresos (miles Ptas.) | n.º hogares |
|---|---|
| 60 – 120 | 3.433.103 |
| 120 – 180 | 2.129.198 |
| 180 – 240 | 1.002.469 |
| 240 – 500 | 748.196 |
| 500 – 1.000 | 167.814 |
| 1.000 – 2.000 | 70.025 |
| 2.000 – 3.000 | 16.477 |
| 3.000 – 4.000 | 16.919 |
| 4.000 – 5.000 | 3.411 |

*Los intervalos se han hecho sobre amplitud variable ya que interesa por ser más signifitivos.*

*Calcular:*

*a) Marca de clase.*

*b) Frecuencia relativa × 100 (porcentaje).*

*c) Masa de salarios.*

*d) Porcentaje de masa de estadística.*

*e) Porcentaje acumulado de hogares.*

*f) Porcentaje acumulado de la masa estadística.*

| $x_c$ $m_c$ | x · n | Fr × 1.00 | x · n% |
|---|---|---|---|
| 90 | 315.581 | 45,3 | 21,7 |
| 150 | 320.387 | 28 | 14,7 |
| 210 | 214.810 | 13,2 | 19,7 |
| 370 | 287.346 | 9,8 | 8,7 |
| 750 | 126.949 | 2,2 | 7,4 |
| 1.500 | 107.590 | 0,9 | 2,8 |
| 2.500 | 41.192 | 0,2 | 1,6 |
| 3.500 | 24.216 | 0,09 | 1,05 |
| 4.500 | 15.349 | 0,04 | |
| | 1.453.420 | | |

$$\overline{x} = \frac{\Sigma\, x \cdot n}{N} = \frac{1.453.420}{7.577.612} = 190.000 \text{ ptas.}$$

| $P_i$ | $q_i$ | $P_i - q_i$ |
|---|---|---|
| 45,3 | 21,7 | 23,6 |
| 73,3 | 43,7 | 29,6 |
| 86,5 | 58,4 | 28,1 |
| 96,3 | 78,1 | 18,2 |
| 98,5 | 86,8 | 11,7 |
| 99,4 | 94,2 | 5,2 |
| 99,6 | 97 | 2,6 |
| 99,69 | 98,6 | 1,09 |
| 99,73 | 99,65 | – |
| 698,58 | | Σ 120,09 |

$$G = \frac{\sum_{i=1}^{N-1} (p_1 - q_1)}{\sum_{i=1}^{N-1} (p_1)} = \frac{120,09}{698,59} = 0,17$$

Podemos decir que según nuestros datos, el índice de concentración definitivo es igual a 0,17 con lo cual no existe demasiada concentración.

$$G = 2A$$

$$0,17 = 2A \quad \rightarrow \quad A = \frac{0,17}{2} = 0,085$$

$$G = 2A$$

$$A = \frac{C}{2} = \frac{0,1}{2} = 0,05$$ Respecto de la empresa A

$$A = \frac{C}{2} = \frac{0,54}{2} = 0,27$$ Respecto de B.

El índice de Concentración de Gini es el doble del área comprendida entre la curva de concentración y la diagonal.

El área vale 0 si la curva coincide con la diagonal.

G oscila entre 0 y 1.

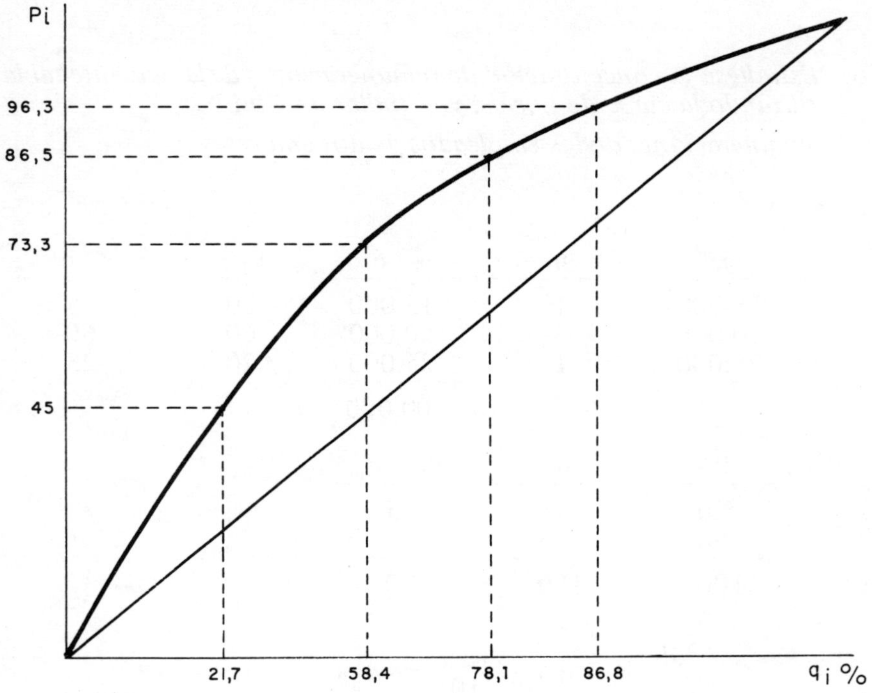
Pi
96,3
86,5
73,3
45
21,7
58,4
78,1
86,8
qi %

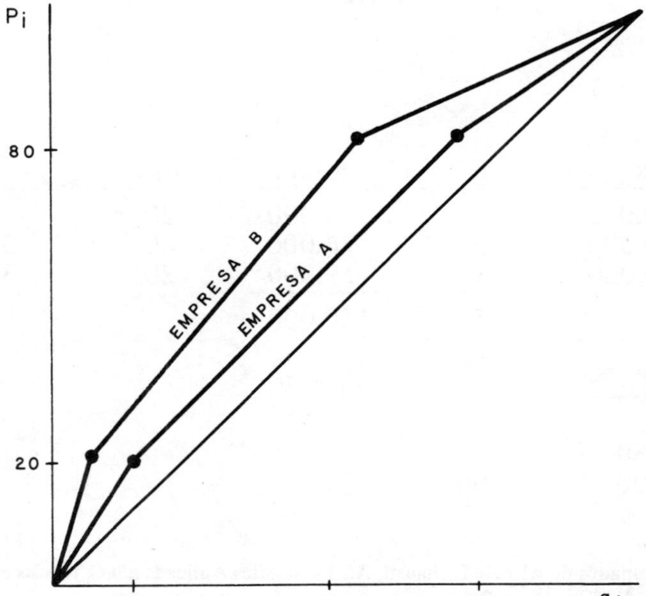
Pi
80
20
EMPRESA B
EMPRESA A
15
41
75
qi

55. **Estúdiese la concentración de remuneraciones de la siguiente tabla utilizando la curva de Lorenz y el índice de Gini.*

*Remuneraciones de los empleados de dos empresas.*

A

| x | n | x · n | Fr % | x · n% |
|---|---|---|---|---|
| 15.000 | 1 | 15.000 | 20 | 15 |
| 20.000 | 3 | 60.000 | 60 | 60 |
| 25.000 | 1 | 25.000 | 20 | 25 |
| | | 100.000 | | |

| $P_i$ | $q_i$ | $P_i - q_i$ |
|---|---|---|
| 20 | 15 | 5 |
| 80 | 75 | 5 |
| 100 | 100 | 10 |

$$G_i = \frac{\sum_{i=1}^{N-1} (P_i - q_i)}{\sum_{i=1}^{N-1} P_i} = \frac{10}{100} = 0,1$$

B

| x | n | x · n | Fr% | x · n% |
|---|---|---|---|---|
| 50.000 | 1 | 5.000 | 20 | 5 |
| 120.000 | 3 | 36.000 | 60 | 36 |
| 59.000 | 1 | 59.000 | 20 | 39 |
| | 5 | 100.000 | | |

| $P_i$ | $q_i$ | $P_i - q_i$ |
|---|---|---|
| 20 | 5 | 15 |
| 80 | 41 | 39 |
| 100 | 100 | 54 |

* Datos tomados de Alcaide Inchausti, A.: Estadística Aplicada a las Ciencias Sociales. Editorial Pirámide, Madrid, 1976, pág. 124.

$$G_i = \frac{\sum_{i=1}^{N-1} (P_i - q_i)}{\sum_{i=1}^{N-1} P_i} = \frac{54}{100} = 0,54$$

Están mucho más equilibrados en la empresa A, hay menos concentración. Está más distribuido.

56. *Calcular la media aritmética de los siguiente datos obtenidos de una investigación en un establecimiento benéfico que tiene acogidos a 112 personas de diversas edades y coeficiente de Gini.*

| Años | ni | mc | x · n |
|---|---|---|---|
| 40 – 20 | 13 | 45 | 585 |
| 50 – 60 | 24 | 55 | 1.320 |
| 60 – 70 | 29 | 65 | 1.885 |
| 70 – 80 | 35 | 75 | 2.625 |
| 80 – 90 | 11 | 85 | 935 |
| | 112 | | 7.350 |

$$\overline{x} = \frac{\Sigma\, x \cdot n}{N} = \frac{7.350}{112} = 65,625$$

es la edad media de las personas acogidas en dicho centro.

| $\% \, n_i$ | $\% \, x_i \, n_i$ | $P_i$ | $q_i$ | $P_i - q_i$ |
|---|---|---|---|---|
| 11,6 | 7,95 | 11,6 | 7,95 | 3,65 |
| 21,4 | 17,9 | 33 | 25,85 | 7,15 |
| 25,8 | 25,6 | 58,8 | 51,45 | 7,35 |
| 31,25 | 35,7 | 90,05 | 87,15 | 2,9 |
| 9,82 | 12,72 | 99,87 | 99,87 | 0 |
| | | 193,45 | | 21,05 |

$$G = \frac{\sum_{i-1}^{N-1} (P_i - q_1)}{\sum_{i=1}^{N=1} P_i} = \frac{21,05}{193,45} = 0,10$$

Hay poca concentración dada la cuantía del índice.

57. *A la pregunta ¿cómo cree que será la situación política de este país dentro de 1 año?. la respuesta igual ha sido tabulada y clasificada según la edad, obteniendo la siguiente tabla de distribución:*

| x | n |
|---|---|
| 15 – 21 | 36 |
| 21 – 25 | 40 |
| 25 – 35 | 39 |
| 35 – 45 | 36 |
| 45 – 60 | 30 |
| 60 – 70 | 26 |
| | 207 |

*Calcular la Mo, Me, $\overline{X}$, asimetría y Kurtosis de la distribución de frecuencias.*

| $N_a$ | $X_c$ $m_c$ | $x \cdot n$ | $x^2$ | $x^2 \cdot n$ | $N_a$ |
|---|---|---|---|---|---|
| 36 | 18 | 648 | 324 | 11.664 | 36 |
| 76 | 23 | 920 | 529 | 21.160 | 76 |
| 115 | 30 | 1.170 | 900 | 35.100 | 115 |
| 151 | 40 | 1.440 | 1.600 | 57,600 | 151 |
| 181 | 52,5 | 1.575 | 2.756,25 | 82.687,5 | 181 |
| 207 | 65 | 1.690 | 4.225 | 1.150,50 | 207 |
| | | Σ = 7.443 | | 318.061,5 | |

$$\overline{x} = \frac{\Sigma\, x \cdot n}{N} = 35{,}95$$

Edad media de las personas que respondieron igual.

$$Mo = Li + \frac{n_{i+1}}{n_{i+1} + n_{i-1}}\, C =$$

$$= 21 + \frac{39 \cdot 6}{39 \cdot 6 + 36 \cdot 10}\, 4 = 22{,}575$$

Mo: edad de máxima frecuencia

$$\sigma = \sqrt{\frac{\Sigma\, (x - \overline{x})^2\, n}{N}}$$

$$\sigma = \sqrt{\frac{\Sigma\, x^2 n}{N} - (\frac{\Sigma\, xn}{N})^2}$$

$$\sigma = \sqrt{\frac{318.061{,}5}{207} - (\frac{7.443}{207})^2} =$$

$$= \sqrt{1.536{,}5289 - 1.292{,}4025}$$

$\sigma = 15{,}62$ desviación típica

$$Me = Li + \frac{N/2 - N_{a-1}}{n} C$$

$$\frac{N}{2} = \frac{207}{2} = 103{,}5$$

$$Me = 25 + \frac{103{,}5 - 76}{39} 10 = 25 + 7 = 32 \qquad Me = 32$$

32 es el valor mediano, deja 50% por encima, 50% por debajo de los casos.

$$\alpha_3 = \frac{\dfrac{\sum_{i=1}^{N-1} (x - \overline{x})^3\, n}{N}}{\sigma^3}$$

$$\sigma^3 = 3.811{,}0363$$

$$\alpha_3 = \frac{512.805{,}64/207}{3.811{,}0363} = \frac{2.477{,}3219}{3.811{,}0363} = 0{,}65$$

$$\sigma^4 = (15{,}62)^4 = 59.528{,}387$$

$$\alpha_4 = \frac{\dfrac{\sum_{i=1}^{r} (x - \overline{x})^4\, n}{N}}{\sigma^4} - 3 = \frac{\dfrac{26.854.090}{207}}{59.528{,}387} - 3 =$$

$$= \frac{129.729{,}9}{59.528{,}387} - 3 = 2{,}17 - 3$$

$\alpha_4 = -0,8$

Asimétrica a la derecha y platicúrtica.

58. *Las calificaciones de 150 alumnos en una determinada asignatura se distribuyen de la siguiente manera. Calcular la asimetría y la Kurtosis por distintos métodos.*

| x | n | x | x · n | $x - \overline{x}$ |
|---|---|---|---|---|
| 0 – 2 | 30 | 1 | 30 | –3,54 |
| 2 – 5 | 52 | 3,5 | 182 | –1,04 |
| 5 – 7 | 38 | 6 | 222 | 1,46 |
| 7 – 9 | 25 | 8 | 200 | 3,46 |
| 9 – 10 | 5 | 9,5 | 47,5 | 4,96 |
| | 150 | | 681,5 | 5,3 |

| $(x - \overline{x})^2$ | $(x - \overline{x})^2$ n |
|---|---|
| 12,53 | 375,9 |
| 1,08 | 56,16 |
| 2,13 | 80,94 |
| 11,9 | 297,5 |
| 24,60 | 123 |
| 52,24 | 933,5 |

$$\overline{x} = \frac{681,5}{150} = 4,5$$

$$Mo = Li + \frac{n_{i+1} C_{i-1}}{n_{i+1} C_{i-1} + n_{i-1} C_{i+1}} C =$$

$$= 2 + \frac{38 \cdot 2}{38 \cdot 2 + 30 \cdot 2} 3 = 2 + \frac{76}{76 + 60} 3 =$$

$$= 2 + \frac{76}{136} 3 = 2 + 0,55 \cdot 3 = 3,65$$

$$Sx = \sqrt{\frac{(x - \overline{x})^2 n}{N}} = \sqrt{\frac{933,5}{150}} = \sqrt{6,22} = \sqrt{2,49}$$

Coeficiente de asimetría de Pearson.

$$P = \frac{4,54 - 3,65}{2,49} = \frac{0,89}{2,49} = 0,35$$

Coeficiente de Booley.

$$B = \frac{Q_3 + q_1 - 2\ Me}{q_3 - q_1}$$

$$150/4 = 37,5$$

$$150\frac{3}{4} = \frac{450}{4} = 112,5$$

$$q_1 = Li + \frac{N/4 - Ni_{-1}}{n} C = 2 + \frac{37,5 - 30}{52} 3 = 2,43$$

$$q_3 = Li + \frac{3N/4 - Ni_{-1}}{n} C = 5 + \frac{112,5 - 82}{38} 2 =$$

$$= 5 + 1,60 = 6,60$$

$$q_2 = Me = 2 + \frac{75 - 30}{52} 3 = 2 + \frac{40}{52} 3 = 2 + 2,30 = 4,30$$

$$B = \frac{6,60 + 2,43 - 2\ (4,30)}{6,60 - 2,43} = \frac{9,03 - 8,6}{4,17} = \frac{0,43}{4,17} = 0,10$$

Coeficiente directo de asimetría.

$$g_1 = \frac{\dfrac{\sum_{i=1}^{r} (x - \overline{x})^3\ n}{N}}{Sx^3}$$

| $(x - \overline{x})^3\, n$ |
|---|
| $-1.330{,}6$ |
| $-58{,}40$ |
| $118{,}1$ |
| $1.029{,}35$ |
| $6.101{,}08$ |
| $368{,}53$ |

$$g_1 = \frac{\dfrac{368{,}53}{150}}{15{,}43} = \frac{2{,}45}{15{,}43} = 0{,}15$$

$Sx = 2{,}49$

$Sx^3 = (2{,}49)^3 = 15{,}43$

Es asimétrica a derechas.

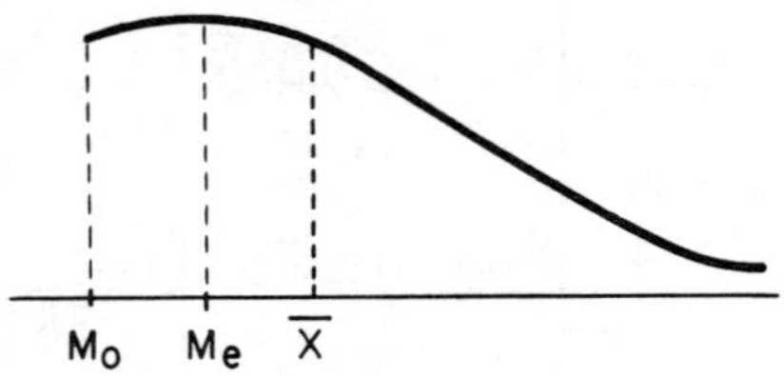


Se trataría de estudiar la Kurtosis, es decir, la forma que presenta esa asimetría.

Se mide mediante el coeficiente de exceso.

$$g_2 = \frac{\dfrac{\Sigma\,(x - \overline{x})^4\, n}{N}}{Sx^4} - 3$$

$g_2 > 0$ leptocúrtica o apuntada ($> 3$)

$g_2 = 0$ normal mesocúrtica ($= 3$)

$g_2 < 0$ platicúrtica achatada ($< 3$)

| $(x - \bar{x})^4\ n$ |
|---|
| 4.710,3 |
| 60,73 |
| 172,4 |
| 3.561,5 |
| 30.261,35 |
| 38.766,28 |

$$g_2 = \frac{\frac{38.766,38}{150}}{38,44} - 3 =$$

$$= \frac{258,44}{38,44} - 3 = 6,72 - 3 = 3,72$$

$$Sx^4 = (2,49)^4 = 38,44$$

$g_2 > 0$ luego se presenta lógicamente apuntada o leptocúrtica.

59. *Se han seleccionado una muestra de 176 personas que han respondido mejor a la pregunta: ¿cree Vd. que dentro de un año la situación política será mejor, igual o peor que ahora? Se ha clasificado la respuesta según la edad del entrevistado. (Centro de Investigaciones Sociológicas, septiembre 1981.)*

*a) Desarrollar la distribución.*

*b) Calcular medidas de tendencia central, de variabilidad o dispersión.*

*c) Calcular las unidades Z para los siguientes valores: (18, 23, 29, 35, 44, 69).*

*d) Calcular la asimetría y Kurtosis.*

*a)*

| x | n | Ne | fr | % | % acumulado |
|---|---|---|---|---|---|
| 15 – 18 | 10 | 10 | 0,05 | 5,7 | 5,7 |
| 19 – 21 | 9 | 19 | 0,05 | 5,1 | 10,8 |
| 22 – 25 | 19 | 38 | 0,10 | 10,8 | 21,6 |
| 26 – 35 | 27 | 65 | 0,15 | 15,3 | 36,9 |
| 36 – 45 | 42 | 107 | 0,23 | 23,9 | 60,8 |
| 46 – 60 | 42 | 149 | 0,23 | 23,9 | 84,7 |
| 61 – 70 | 27 | 176 | 0,15 | 15,3 | 100 |
| | | | $0,96 \simeq 1$ | 100% | |

*b)* MODA

$$Mo = \frac{36 + 45}{2} = 40,5$$

$$Mo = \frac{46 + 60}{2} = 53$$

MEDIANA

$$Me = \lim fr + [\frac{N/2 - Na_{-1}}{n}]\ a_r$$

$$N/2 = \frac{176}{2} = 88$$

$N_{a-1} = 65$

$n = 42$

$a_r = 10$

| x | x | n | Na |
|---|---|---|---|
| 14,5 – 18,5 | 15 – 18 | 10 | 10 |
| 18,5 – 21,5 | 19 – 21 | 9 | 19 |
| 21,5 – 25,5 | 22 – 25 | 19 | 38 |
| 25,5 – 35,5 ← | 26 – 35 ← | 27 ← | 65 |
| 35,5 – 45,5 ← | 36 – 45 ← | 42 ← | 107 |
| 45,5 – 60,5 | 46 – 60 | 42 | 149 |
| 60,5 – 70,5 | 61 – 70 | 37 | 176 |

$$Me = 35,5 + [\frac{88 - 65}{42}]\ 10 = 40,97$$

En este caso se han tomado los límites reales, pero puede realizarse indistintamente.

MEDIA ARITMETICA

| x | n | Ximc | Ximc · n |
|---|---|---|---|
| 15 – 18 | 10 | 16,5 | 165 |
| 19 – 21 | 9 | 20 | 180 |
| 22 – 25 | 19 | 23,5 | 446,5 |
| 26 – 35 | 27 | 30,5 | 823,5 |
| 36 – 45 | 42 | 40,5 | 1.701 |
| 46 – 60 | 42 | 53 | 2.226 |
| 61 – 70 | 27 | 65,5 | 1.768,5 |
| | | | Σ = 7.310,5 |

$$\overline{x} = \frac{\Sigma\, x \cdot n}{N} = \frac{7.310,5}{176} = 41,53$$

RANGO

$$\Delta = 70 - 15 = 55$$

DESVIACION MEDIA RESPECTO A MEDIANA

$$Dm\ Me = \frac{\Sigma\ |\ X - Me\ |\ n}{N} = \frac{2.235,36}{176} = 12,78$$

| X – Me | \| X – Me \| n |
|---|---|
| 16,5 – 40,97 = 24,47 | 244,7 |
| 20 – 40,97 = 20,97 | 188,73 |
| 23,5 – 40,97 = 17,47 | 331,93 |
| 30,5 – 40,97 = 10,47 | 282,69 |
| 40,5 – 40,97 = 0,47 | 19,74 |
| 53 – 40,97 = 12,03 | 505,26 |
| 65,5 – 40,97 = 24,53 | 662,31 |
| | Σ = 2.235,36 |

DESVIACION MEDIA CON RESPECTO
A LA MEDIA ARITMETICA

| $x - \overline{x}$ | n | $\|x - \overline{x}\|\ n$ |
|---|---|---|
| 16,5 – 41,53 = 25,03 | 10 | 250,3 |
| 20 – 41,53 = 21,53 | 9 | 193,77 |
| 23,5 – 41,53 = 18,03 | 19 | 342,57 |
| 30,5 – 41,53 = 11,03 | 27 | 297,81 |
| 40,5 – 41,53 = 1,03 | 42 | 43,26 |
| 53 – 41,53 = 11,47 | 42 | 481,74 |
| 65,5 – 41,53 = 23,97 | 27 | 647,19 |
| | | 2.256,64 |

$$Dm\ \overline{x} = \frac{|\ x - \overline{x}\ |\ n}{N} = \frac{2.256,64}{176} = 12,82$$

RANGO SEMIINTERCUARTILICO

$$Q = \frac{Q_3 - Q_1}{2}$$

$$Q_3 = \frac{N \cdot 3}{4} = \frac{176 \cdot 3}{4} = 132$$

$$Q_3 = \lim fr + [\frac{\frac{N \cdot 3}{4} - Na_{-1}}{n}]$$

$$Q_3 = 45{,}5 + \frac{132 - 107}{42} 15 = 54{,}42$$

$$Q_1 = \frac{N \cdot 1}{4} = \frac{176}{4} = 44$$

$$Q_1 = \lim fr + [\frac{\frac{N \cdot 1}{4} - Na_{-1}}{n}] a_r$$

$$Q_1 = 25{,}5 + \frac{44 - 38}{27} 10 = 27{,}72$$

$$Q_1 = \frac{Q_3 - Q_1}{2} = \frac{54{,}42 - 27{,}72}{2} = 13{,}35$$

DESVIACION STANDARD O TIPICA

$$Sx = \sqrt{\frac{\Sigma\, (Ximc)^2\, n}{N} - \overline{x}^2}$$

$\overline{x} = 41{,}53$ $\qquad$ $\overline{x}^2 = 1.724{,}740$

| Ximc | $(Ximc)^2$ | n | $(ximc)^2$ n |
|---|---|---|---|
| 16,5 | 272,25 | 10 | 2.722,5 |
| 20 | 400 | 9 | 3.600 |
| 23,5 | 552,25 | 19 | 10.492,75 |
| 30,5 | 930,25 | 27 | 25.116,75 |
| 40,5 | 1.640,25 | 42 | 68.890,5 |
| 53 | 2.809 | 42 | 117.978 |
| 65,5 | 4.290,25 | 27 | 115.836,75 |
| | | | 344.637,25 |

$$Sx = \sqrt{\frac{344.637,25}{176} - 1.724,740} = 15,278$$

VARIANZA

$$S^2 = \frac{\Sigma\ (Ximc)^2\ n}{N} - \overline{x}^2$$

$$S^2 = \frac{344.637,25}{176} - 1.724,740 = 233,426$$

COEFICIENTE DE VARIACION DE PEARSON

$$Cv = \frac{Sx}{x}\ 100$$

$$Cv = \frac{15,27}{41,53}\ 100 = 36,768\%$$

COEFICIENTE DE VARIACION MEDIA
RESPECTO A LA MEDIA

$$Cvm\ Me = \frac{Dm\ Me}{Me}\ 100 = \frac{12,76}{40,97}\ 100 = 30,998$$

*c)* UNIDADES Z

$$Z = \frac{x - \overline{x}}{S}$$

$$Z_{18} = \frac{18 - 42,53}{15,27} = -1,540$$

$$Z_{23} = \frac{23 - 41,53}{15,27} = -1,231$$

$$Z_{29} = \frac{29 - 41,53}{15,27} = -0,820$$

$$Z_{35} = \frac{35 - 41,53}{15,27} = -0,427$$

$$Z_{44} = \frac{44 - 41,53}{15,27} = 0,161$$

$$Z_{69} = \frac{69 - 41,53}{15,27} = 1,798$$

*d)* ASIMETRIA

$$Q_3 = \frac{\dfrac{\sum_{i=1}^{r} (x - \overline{x})^3\, n}{N}}{Sx^3}$$

| $(x - \overline{x})^3$ | n | $(x - \overline{x})^3$ n |
|---|---|---|
| 15.681,317 | 10 | −156.813,17 |
| 9.980,030 | 9 | − 89.820,315 |
| 5.681,208 | 19 | −111.362,95 |
| 1.341,919 | 27 | − 36.231,813 |
| 1,092 | 42 | − 45.864 |
| 1.509,003 | 42 | + 63.378,126 |
| 13.772,224 | 27 | +371.850,04 |
| | | 875.320,4 |

$$Q_3 = \frac{4.973,411}{(15,27)^3} = \frac{4.973,411}{3.560,550} = 1,396$$

asimétrica a la derecha

KURTOSIS

| $(x - \overline{x})^4$ | n | $(x - \overline{x})^4$ n |
|---|---|---|
| 392.503,36 | 10 | 3.926.033,6 |
| 214.870,15 | 9 | 1.933.831,3 |
| 105.677,58 | 19 | 2.007.874 |
| 14.801,366 | 27 | 399.636,88 |
| 1,124 | 42 | 47,208 |
| 17.308,264 | 42 | 726.947,08 |
| 330.120,2 | 27 | 8.913.245,4 |
| | | Σ = 17.906.615,288 |

$$\frac{17.906.615}{176} = 101.742,13$$

$$Q_4 = \frac{\dfrac{\sum_{i=1}^{r} (x - \overline{x})^4 \, n}{N}}{Sx^4} - 3$$

$$Q_4 = \frac{101.742,13}{(15,27)^4} - 3 = 1,871 - 3 = -1,129 \text{ platicúrtica}$$

60. *La respuesta afirmativa a la pregunta: ¿ha sido v¿ctiva de algún delito o de algún intento de delito, a lo largo de su vida?, de una muestra de 56 personas clasificadas de acuerdo a la edad, ha dado la tabla de distribución siguiente:*

| X Valores | n = Frecuencia abs. |
|---|---|
| 15 – 25 | 10 |
| 25 – 35 | 13 |
| 35 – 45 | 12 |
| 45 – 55 | 12 |
| 55 – 65 | 9 |
| | $\Sigma = N = 56$ |

*Se pide:*

*a) Desarrollar tabla estadística derivada.*

*b) Calcular las medidas de tendencia central.*

*c) Calcular medidas de dispersión (indicar las más adecuadas).*

*a)* TABLA ESTADISTICA DERIVADA:

| Valores | n | fr | $N_a$ | $Fr._a$ | $X_c$ $m_c$ |
|---|---|---|---|---|---|
| 15 – 25 | 10 | 0,178 | 10 | 0,178 | 20 |
| 25 – 35 | 13 | 0,232 | 23 | 0,410 | 30 |
| 35 – 45 | 12 | 0,214 | 36 | 0,624 | 40 |
| 45 – 55 | 12 | 0,214 | 47 | 0,838 | 50 |
| 55 – 65 | 9 | 0,160 | 56 | $0,998 \simeq 1$ | 60 |
| | N = 56 | $\Sigma = 0,998 \simeq 1$ | | | |

- fr = *frecuencia relativa* $fr = \frac{n}{N}$

| fr% |
|---|
| 17,8 |
| 23,2 |
| 21,4 |
| 21,4 |
| 16 |

Indica la proporción (o porcentaje expresado en tanto por 100) de aquéllos que dentro de una determinada edad responden afirmativamente.

Ej.: Entre los 15 y 25 años, un 17,8% responde afirmativamente.

- $N_a$ = *frecuencia acumulada.* Obtenida por la suma de las frecuencias absolutas anteriores. Indica p.ej. cuándo requiere el valor: 35, que desde 15 a 45 años hay 35 personas que responden "sí" a la pregunta, de aquí que su último valor sea igual al N = 56, es de tipo descendente.

- $Fr._a$ = *frecuencia relativa acumulada:* $Fr._a = \frac{N_a}{N}$

 Ej.: Indica en su segundo valor p.ej., que desde los 15 hasta los 35 años hay una proporción de 0,410 respuestas afirmativas.

- $X_c$ $m_c$ = *marca de clase.*

 Valor promedio del intervalo.

 Ej.:

 15 – 25 $x_i = \frac{15 + 25}{2} = 20$

*b*) MEDIDAS DE TENDENCIA CENTRAL: Permiten resumir los datos en una cifra significativa.

1. MEDIA ARITMETICA. $\overline{X}$: Esta es la más adecuada ya que se trata de una escala intervalor.

| $X_c$ = marca de clase | $X_c\ m_c \cdot n$ |
|---|---|
| 20 | 200 |
| 30 | 390 |
| 40 | 480 |
| 50 | 600 |
| 60 | 540 |
| | $\Sigma = 2.210$ |

$$\overline{x} = \frac{\Sigma\, x_i n}{N}$$

$$\overline{x} = \frac{2.210}{56} = 39{,}46 \text{ años}$$

La edad media es 39,46 años.

2. MEDIANA – Me

$$Me = Li + \frac{N/2 - N_{a-1}}{n}\, i$$

Es el valor correspondiente a la observación central de una distribución de frecuencias.

Observación central: $\frac{N}{2} = \frac{56}{2} = 28$

Intervalo mediano: 35 – 45

$$Me = 35 + \frac{28 - 23}{12}\, 10 = 39{,}16$$

Me = 39,16 años.

- Medidas derivadas de la mediana:

*a*) CUARTILES: $Q_1 - Q_2 - Q_3$

la $Q_4$ correspondería con el último valor de la variable.

Dividen la población en 4 sectores.

$$Q_1 = Li + \frac{N/4 - N_{a-1}}{n}\, C$$

$$Q_1 = 25 + \frac{14 - 10}{13} 10 = 28,07 \qquad Q_1 = 28,07$$

$$\frac{N}{4} = \frac{56}{4} = 14 \qquad 25 - 35$$

El $Q_1$ indica que de la muestra encuestada, la 4.ª parte (25%) tiene 28,07 ó menos años, mientras que las 3/4 partes restantes la superan (75%).

| 39'16 | |
|---|---|
| 28'07 | 50'83 |

$$Q_2 = Me \qquad Q_2 = 39,16$$

es el valor medio tal que el 50% de las personas tienen edades superiores a ese valor y el otro 50% inferiores al mismo.

$$Q_3 = Li + \frac{3N/4 - N_{a-1}}{n} C$$

$$\frac{3N}{4} = \frac{168}{4} = 42 \qquad 45 - 55$$

$$Q_3 = 45 + \frac{42 - 35}{12} 10 = 50,83$$

$$Q_3 = 50,83$$

El 75% tiene edades superiores a 50,83 y el 25% mayores a dicha edad.

*b*) PERCENTILES: Pa = Na/100 dividen la población en 100 sectores. Así el $P_{50}$ devide a la población en dos partes iguales y por tanto sería igual a 39,16 = Me.

3. MODA – Mo

$$Mo = Li + \frac{N_{i+1}}{N_{i+1} + N_{i-1}} C$$

Es el valor correspondiente a la mayor frecuencia abs.

Intervalo modal: 25 – 35

$$Mo = 25 + \frac{12}{12 + 10} \cdot 10 = 30{,}45$$

$$Mo = 30{,}45$$

Indica lo que más se lleva, la edad (30,45 años) en la que se encuentra el mayor número de entrevistados.

*c*) MEDIDAS DE DISPERSION

1. RECORRIDO: Diferencia entre los valores extremos de la variable.

$R = 65 - 15 = 50$ $\qquad$ $R = 50$ poco significativa

2. RANGO INTERCUARTIL:

$$I = Q_3 - Q_1$$

$$I = 22{,}73$$

$$I = 50{,}8 - 28{,}07 = 22{,}73 \text{ años}$$

En este recorrido entra el 50% de la población muestral. A mayor amplitud menor representatividad de la mediana.

3. RANGO SEMIINTERCUARTIL:

$$Q = \frac{Q_3 - Q_1}{2}$$

$Q = \frac{22{,}73}{2} = 11{,}35$ $\qquad$ $Q = 11{,}35$

4. DESVIACION MEDIA:

$$Dm = \frac{\Sigma \mid x_1 - \overline{x} \mid n}{N}$$

Indica la desviación media de los valores respecto a la media aritmética.

| $\lvert x - \bar{x} \rvert$ | $\lvert x - \bar{x} \rvert n$ |
|---|---|
| 19,4 | 194 |
| 9,4 | 122,2 |
| 0,6 | 7,2 |
| 10,6 | 127,2 |
| 20,6 | 185,4 |
| | 636 |

$$Dm = \frac{636}{56} = 11{,}35 \qquad Dm = 11{,}35$$

La variabilidad promedio respecto a la media es de 11,35 años.

5. DESVIACION TIPICA O STANDARD

$$S = \sqrt{\frac{\Sigma (x - \bar{x})^2 n}{N}}$$

| $(x - \bar{x})^2$ | $(x - \bar{x})^2 n$ |
|---|---|
| 376,3 | 3.763 |
| 88,3 | 1.147,9 |
| 0,3 | 3,6 |
| 112,3 | 1.347,6 |
| 424,3 | 3.818,7 |
| | $\Sigma = 10.080{,}8$ |

$$S = \sqrt{\frac{10.080{,}8}{56}} = 13{,}4$$

Sx = 13,4 años.

Indica la variabilidad respecto al promedio $\bar{x}$

6. COEFICIENTE DE PEARSON

$$Cv = \frac{Sx}{x}$$

$$Cv = \frac{13{,}4}{39{,}46} = 0{,}33$$

$Cv = 0{,}33 \times 100 = 33\%$ de dispersión de valores en tantos por ciento.

*d*) MEDIDAS DE ASIMETRIA: Indican la forma (simétrica o asimétrica) que adopta la distribución sin necesidad de una representación gráfica previa.

1. PRIMER COEFICIENTE ASIMETRIA DE PEARSON:

$$A = \frac{\overline{x} - Mo}{S}$$

$$A = \frac{39{,}46 - 30{,}45}{13{,}4} = \frac{9{,}01}{13{,}4} = 0{,}67 \qquad A = 0{,}67$$

2. COEFICIENTE DIRECTO DE ASIMETRIA

$$\alpha_3 = \frac{\dfrac{\sum_{i=1}^{r} (x - \overline{x})^3\, n}{N}}{Sx^3}$$

| $(x - \overline{x})^3$ | $(x - \overline{x})^3\, n$ |
|---|---|
| 7.300,2 | − 73.002 |
| 830,02 | − 10.790,2 |
| 0,16 | 2,1 |
| 1.190,3 | 14.284,5 |
| 8.740,5 | 78.665,2 |
| | $\Sigma = 9.159{,}6$ |

$$\alpha_3 = \frac{163{,}56}{2.411{,}49} = 0{,}067$$

Ambos valores son positivos (> 0) en consecuencia, la distribución adopta una pequeña asimetría a la derecha.

*e*) MEDIDAS DE APUNTAMIENTO: Indican la concentración de los valores respecto a un punto. Expresan el apuntamiento o achatamiento de la distribución respecto de una distribución normal.

1. COEFICIENTE DE EXCESO

$$\alpha_4 = \frac{\dfrac{\sum_{i=1}^{r} (x - \overline{x})^4\, n}{N}}{S^4} - 3 = \frac{\dfrac{8.009.427{,}7}{56}}{32.241{,}79} - 3 = 1{,}43$$

$\alpha_4 = 1{,}43$

El resultado es positivo, en consecuencia la gráfica es *leptocúrtica*, es decir, apuntada.

| $(x - \overline{x})^4$ | $(x - \overline{x})^4\, n$ |
|---|---|
| 141.623,9 | 1.416.238 |
| 7.802 | 101.426 |
| 0,09 | 1,08 |
| 12.617,1 | 151.404 |
| 704.484,3 | 6.340.358,7 |
| | $\Sigma = 8.009.427{,}7$ |

# 5

# Análisis combinatorio y probabilidades

61. *¿De cuántas maneras pueden sentarse 5 personas en una fila?*

$$P_5 = n! = 5! = 5 \cdot 4 \cdot 3 \cdot 2 \cdot 1 = 120$$

62. *¿Cuántos números de 3 cifras distintas se pueden formar con los números 1, 2, 3, 4, 5?*

$$V_{5,3} = \frac{m!}{(m-n)!} = \frac{5!}{(5-3)!} = \frac{5 \cdot 4 \cdot 3 \cdot 2 \cdot 1}{2!} = 60$$

63. *En una clase hay 40 alumnos y se forman equipos de trabajo de 5 alumnos. ¿Cuántos equipos se pueden formar?*

$$C_{40,5} = \frac{V_{40,5}}{P_5} = \frac{\not{40}^2 \cdot 39 \cdot 38 \cdot 37 \cdot \not{36}^6}{\not{5} \cdot \not{4} \cdot \not{3} \cdot \not{2} \cdot 1} = 54.834$$

*¿Cuántos números se pueden escribir de 3 cifras con las cifras 1, 2, 3, 4, 5, 6 sin que se repitan?*

$V_{6,3} = 6 \cdot 5 \cdot 4 = 120$ números.

*Repitiéndose*

$V_{6,3} = 6^3 = 216$ números.

64. *La siguiente tabla de mortalidad indica el número de supervivientes de varias edades desde el nacimiento de un grupo de 100.000 españoles valores.*

| Edad X | Supervivientes n |
|---|---|
| 0 | 100.000 |
| 10 | 96.403 |
| 20 | 94.682 |
| 30 | 92.116 |
| 40 | 88.376 |
| 50 | 82.427 |
| 60 | 69.516 |
| 70 | 48.712 |
| 80 | 19.832 |
| 90 | 2.612 |
| 100 | 60 |

*1. Estimar la probabilidad de que un recién nacido alcance los 60 años.*

*2. Estimar la probabilidad de que una persona de 20 años viva hasta los 50 del grupo de edad.*

*3. Probabilidad de elegir una persona que alcance los 60 años y otra de 70.*

1. $P(A) = \dfrac{69.516}{100.000} = 0{,}69516$

2. B – Suceso persona tiene 20 años.
   C – Suceso alcanzar los 50 años.

la probabilidad pedida viene dada por:

$$P(C/B) = \frac{P(C \cap B)}{P(B)}$$

$$P(B) = \frac{94.682}{100.000} = 0{,}94682$$

$$P(C \cap B) = \frac{82.427}{100.000} = 0{,}82427$$

$$P(C/B) = \frac{0{,}82427}{0{,}94682} = 0{,}87$$

igualmente podríamos haber llegado al resultado:

$$P(C/B) = \frac{\text{casos favorables}}{\text{casos posibles}} = \frac{82.427}{94.682} = 0{,}87$$

$$P(C/B) = 0{,}87$$

3. $P(A \cap B) = P(A) \cdot P(B) = 0{,}69516 \cdot 0{,}48712 = 0{,}33$

# 6

# Distribución binomial

65. *La probabilidad de que un alumno se gradúe es 0,3. Determinar la probabilidad de que de 6 estudiantes 2 se gradúen.*

$n = 6$

$x = 2$

$p = 0,3$

$q = 0,7$

$$P\,(x = 2) = \binom{6}{2}\,(0,3)^2\;(0,7)^4 = 0,3241 = 32,41\%$$

Probabilidad de que ninguno se gradúe

$$P\,(x = 0) = \binom{6}{0}\,(0,3)^0\;(0,7)^6 = 0,1176 = 11,76\%$$

66. *En una determinada población se encontró que el 30% de 1.603 personas tomadas como muestra, tenían sólo estudios primarios. Con objeto de realizar una investigación en la zona se seleccionan 6 personas y se desea conocer:*

*1. Número medio de personas que se espera tengan estudios primarios de las 6 elegidas.*

*2. Probabilidad de que 3 de las 6 tengan estudios.*

*3. Probabilidad de que ninguno tenga estudios primarios.*

1. $\mu = NP = 6 \cdot 0,30 = 1,8$

2. $P(x=3) = \binom{6}{3} (0{,}30)^3 (0{,}70)^3 = 0{,}1852 \rightarrow 18{,}52\%$

3. $P(x=0) = \binom{6}{3} (0{,}30)^0 (0{,}70)^6 = 0{,}1176 \rightarrow 11{,}76\%$

67. *En un determinado país la probabilidad de que un nacido sea niña es del 45%.* Determinar la probabilidad de que de 5 nacimiento al menos uno sea niño.

$n = 5$

$p = 0{,}45$

$q = 0{,}55$ probabilidad de que sea niño

$P(x \geqslant 1) = 1 - P(0)$

$\boxed{P(x) = \binom{n}{x} p^x q^{n-x}}$

$P(x \geqslant 1) = 1 - \binom{5}{0} (0{,}55)^0 (0{,}45)^5 = 1 - 0{,}018 = 0{,}982$

68. *Averiguar la probabilidad de que una familia que quiera tener 4 hijos, tenga uno que sea niña, μ y forma.*

$P(x) = \binom{n}{x} p^x q^{n-x}$ $n = 4$ $x = 1$ $p = 0{,}5$ { suponemos 1/2 probabilidad de nacimiento de una niña

$q = 1 - 0{,}5 = 0{,}5$

$P(1) = \binom{4}{1} (0{,}5)(0{,}5)^3 = 0{,}25 = 25\%$

1/2 según tablas igual 0,25

$\mu_B = np = 4 \cdot 0{,}5 = 2$ $\boxed{\mu = 2}$

$\sigma_B = \sqrt{npq} = \sqrt{4 \cdot 0{,}5 \cdot 0{,}5} = 1$ $\boxed{\sigma = 1}$ $\boxed{\sigma^2 = 1}$

$\alpha_B{}^3 = \dfrac{q - p}{\sqrt{npq}} = \dfrac{0{,}5 - 0{,}5}{1} = 0$ NORMAL

$$\alpha_B{}^4 = 3 + \frac{1 - 6pq}{npq} = \frac{1 - 6 \cdot 0{,}5 \cdot 0{,}5}{4 \cdot 0{,}5 \cdot 0{,}5} = 3 + \frac{1 - 1{,}5}{1} =$$

$$= \frac{3 + 1 - 1{,}5}{1} = 2{,}5 \quad \text{PLATICURTICA}$$

El triángulo de Pascal cuando p = q = 0,5 puede ayudarnos a resolver el problema.

$n = 4$ $\quad p(x) = \binom{n}{x} \cdot p^x \cdot q^{n-x}$

$p = 0{,}5$ $\quad q = 0'5$

| | |
|---|---|
| $x = 0$ | $P(X_0) = 0{,}0625$ |
| $x = 1$ | $P(X_1) = 0{,}25$ |
| $x = 2$ | $P(X_2) = 0{,}3750$ |
| $x = 3$ | $P(X_3) = 0{,}25$ |
| $x = 4$ | $P(X_4) = 0{,}0625$ |

simétrica por ser p = 0,5

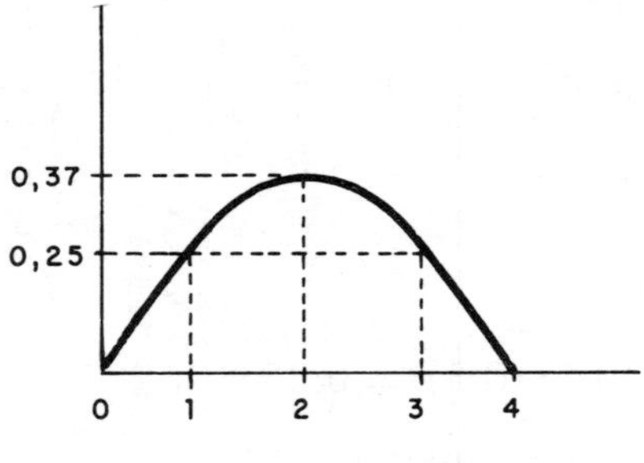


69. *En una ciudad se encontró que el 20% de los hogares habían sufrido un delito contra la propiedad. Con objeto de establecer una encuesta sobre la delincuencia en el área, se seleccionarán 4 hogares al azar.*

*Se pide:*

*1. Número medio de hogares que hayan sufrido un delito y* $\sigma_B$.

*2. Probabilidad de que dos hayan sufrido delito.*

*3. Probabilidad de que al menos 3 hayan sufrido delito.*

*4. Ninguno lo haya sufrido.*

*5. Alguno lo haya sufrido.*

*6. Forma.*

$P(A) = 0{,}20 \qquad n = 4$

$P = 0{,}20$

$q = 1 - p = 1 - 0{,}2 = 0{,}80$

1. $\mu = n \cdot p = 4 \cdot 0{,}20 = 0{,}8$

$\sigma\beta = \sqrt{npq} = \sqrt{4 \cdot 0{,}20 \cdot 0{,}80} = 0{,}8$

2. $P(2) = \binom{4}{2} (0{,}20)^2 \; (0{,}80)^2 =$

$$= \frac{4 \cdot 3 \cdot 2 \cdot 1}{2 \cdot 1 \cdot 2 \cdot 1} = 0{,}04 \cdot 0{,}64 = 0{,}1536$$

3. $P(x \geqslant 3) = P(x = 3) + P(x = 4)$

$P(A \cup B) = P(A) + P(B)$

$P(x = 3) = \binom{4}{3} (0{,}20)^3 \; (0{,}80) =$

$$= \frac{4 \cdot 3 \cdot 2 \cdot 1}{3 \cdot 2 \cdot 1} = 0{,}008 \cdot 0{,}8 = 0{,}0256$$

$P(x = 4) = \binom{4}{4} (0{,}20)^4 \; (0{,}80)^0 = 1 \cdot 0{,}016 = 0{,}0016$

$P(x \geqslant 3) = 0{,}0256 + 0{,}0016 = 0{,}0272 = 2{,}72\%$

4. $P(x = 0) = \binom{4}{0} (0{,}20)^0 \; (0{,}80)^4 =$

$$= \frac{4 \cdot 3 \cdot 2 \cdot 1}{0! \; 4 \cdot 3 \cdot 2 \cdot 1} = 1 \cdot 0{,}4096 = 0{,}4096$$

5. $P(x > 0) = 1 - P(x = 0) = 1 - 0{,}4096 = 0{,}5904$

$P(\overline{A}) = 1 - P(A)$

$P(x > 0) = P(x = 1) + P(x = 2) + P(x = 3) + P(x = 4) =$

$= 0{,}5901$

6. $\alpha_3 = \frac{q - p}{\sqrt{npq}} = \frac{0,80 - 0,20}{\sqrt{4 \cdot 0,2 \cdot 0,8}} = \frac{0,60}{0,80} = 0,75$ asimétrica a la derecha

$$\alpha_4 = 3 + \frac{1 - 6pq}{npq} = 3 + \frac{1 - 6 \cdot 0,20 \cdot 0,80}{0,64} =$$

$$= \frac{1,92 + 1 - 0,96}{0,64} = 3,06 \quad \text{LEPTOCURTICA}$$

70. *En una ciudad se encontró que el 20% de los hogares estagan asegurados contra incendios. Con objeto de establecer una encuesta en el área, una compañía de seguros selecciona 5 hogares al azar.*

*Se pide:*

*1. Número medio de hogares que se espera estén asegurados.*

*2. Probabilidad de que 2 hogares estén asegurados.*

*3. Probabilidad de que al menos 3 estén asegurados.*

*4. Probabilidad de que ninguno esté asegurado.*

*5. Probabilidad de que alguno esté asegurado.*

*6. Forma.*

$P(A)$ estar asegurado $= 0,20$

$P(\bar{A}) = q = 1 - p = 0,80$ no estar asegurado.

1. $\mu = np = 5 \cdot 0,20 = 1$

2. $P(2) = \binom{5}{2} (0,20)^2 (0,80)^3 = 0,2048$

3. $P(x \geqslant 3) = P(x = 3) + P(x = 4) + P(x = 5) = 0,0579$

$P(3) = \binom{5}{3} (0,20)^3 (0,80)^2 = 0,0512$

$P(4) = \binom{5}{4} (0,20)^4 (0,80) = 0,0064$

$P(5) = \binom{5}{5} (0,20)^5 (0,80)^0 = 0,0003$

4. $P(x = 0) = \binom{5}{0} (0,20)^0 (0,80)^5 = 0,3277$

5. $P(x > 0) = 1 - P(x = 0) = 1 - 0{,}3277 = 0{,}6723 = 67{,}23\%$

6. $\sigma = \sqrt{npq} = \sqrt{5 \cdot 0{,}2 \cdot 0{,}8} = 0{,}89 \qquad \sigma^2 = 0{,}8$

$$\alpha_3 = \frac{0{,}80 - 0{,}20}{\sqrt{npq}} = \frac{0{,}60}{0{,}89} = 0{,}67 \quad \text{asimétrica a la derecha}$$

$$\alpha_4 = 3 + \frac{1 - 6pq}{npq} = 3 + \frac{1 - 6 \cdot 0{,}2 \cdot 0{,}8}{0{,}8} =$$

$$= 3 + \frac{0{,}04}{0{,}8} = \frac{2{,}4 - 0{,}04}{0{,}8} = \frac{2{,}36}{0{,}8} = 2{,}95$$

PLATICURTICA CASI NORMAL

71. *Puede decirse que el 30% de una muestra de 1.603 personas tomada de una población, se encuentra cercana a grupos ecologistas. Con objeto de realizar una encuesta en un determinado sector se desea seleccionar a 6 personas. Se pide:*

*1. Número medio de personas que se encuentran cercanos a este grupo.*

*2. Probabilidad de que 3 estén cercanos.*

*3. Probabilidad de que al menos 3 estén cercanos.*

*4. Probabilidad de que ninguno esté cercano.*

*5. Probabilidad de que alguno esté cercano.*

*6. Forma.*

1. $\mu = N \cdot P = 6 \cdot 0{,}30 = 1{,}8$

2. $P(x = 3) = \binom{6}{3} (0{,}30)^3 (0{,}70)^3 =$

$$= \frac{6 \cdot 5 \cdot 4 \cdot 3 \cdot 2 \cdot 1}{3 \cdot 2 \cdot 1 \cdot 3 \cdot 2 \cdot 1} 0{,}02 \cdot 0{,}343 =$$

$$= 20 \cdot 0{,}027 \cdot 0{,}343 = 0{,}1852 \qquad 18{,}52\%$$

3. $P(x \geqslant 3) = P(x = 3) + P(x = 5) + P(x = 6)$

$P(x = 3) = 0{,}1852$

$P(x=4) = \binom{6}{4}(0,30)^4\ (0,70)^2 =$

$= 15 \cdot 0,0081 \cdot 0,49 = 0,059 \qquad 5,9\%$

$P(x=5) = \binom{6}{5}(0,30)^5\ 0,70) = 0,0030618 \qquad 0,3\%$

$P(x=6) = \binom{6}{6}(0,30)^6\ (0,70)^0 = (0,30)^6 = 0,0002187;\ 0,02\%$

$P(x \geqslant 3) = 0,1852 + 0,059 + 0,0030618 + 0,000218 =$

$= 0,24; \quad 24\%$

4. $P(x=0) = \binom{6}{0}(0,30)^0\ (0,70)^6 = 0,1176$

5. $P(A) = 1 - P(\bar{A}) = 1 - 0,1176 = 0,8824$

6. $\sigma\beta = \sqrt{npq} = \sqrt{6 \cdot 0,30 \cdot 0,70} = 1,12$

$\alpha_3\beta = \dfrac{q-p}{\sqrt{npq}} = \dfrac{0,70 - 0,30}{1,12} = \dfrac{0,4}{1,12} = 0,357$ asimétrica a la derecha

$\alpha_4 = 3 + \dfrac{1 - 6pq}{npq} = 3 + \dfrac{1 - 6 \cdot 0,30 \cdot 0,70}{1,26} =$

$= 3 + \dfrac{1 - 1,26}{1,26} = \dfrac{3,78 - 1 - 1,26}{1,26} = 1,2$

PLATICURTICA

# 7

# Aproximación binomial a normal

## Ejemplo en test con una muestra

72. *Un investigador sostiene que menos del 60% de una determinda zona estaría dispuesto a votar en las próximas elecciones. De una muestra de 200 individuos, 100 estarían dispuestos a votar. Determinar si es cierta la aseveración del investigador al* $N_s = 0{,}01$.

1. $H_0 = P = 0{,}60$

   $H_1 = P < 0{,}60$

2. $\simeq$ binomial unilateral

3. $N_s = 0{,}01$

4. Cálculo prueba

$$Z = \frac{X - \mu}{\sigma} = \frac{X - NP}{\sqrt{npq}} \qquad \begin{array}{l} x < np + 0{,}5 \\ x > Np - 0{,}5 \end{array}$$

$$\mu = np = 200 \cdot 0{,}60 = 120$$

$$\sigma = \sqrt{npq} = \sqrt{200 \cdot 0{,}60 \cdot 0{,}40} = 6{,}92$$

$$Z = \frac{100 + 0{,}5 - 120}{6{,}92} = \frac{100{,}5 - 120}{6{,}92} = -2{,}81$$

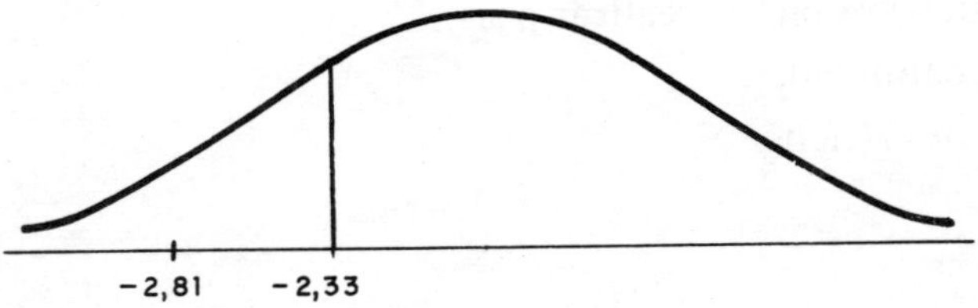

5. Establecimiento zonas de aceptación y rechazo.

$$Z \begin{matrix} \text{unilateral} \\ n_s = 0{,}01 \end{matrix} -2{,}33$$

6. Interpretación:

Se rechaza $H_0$

Se acepta $H_1$

Este ejemplo se puede probar por proporciones

$$\left[ Z = \frac{P_s - P}{\sigma_P} \right]$$

$$Z = \frac{0{,}50 - 0{,}60}{0{,}034641} = -2{,}886 \simeq -2{,}89$$

$$P_s = \frac{100}{200} = 0{,}50$$

$$\sigma_P = \sqrt{\frac{0{,}60 \cdot 0{,}40}{200}} = 0{,}034641$$

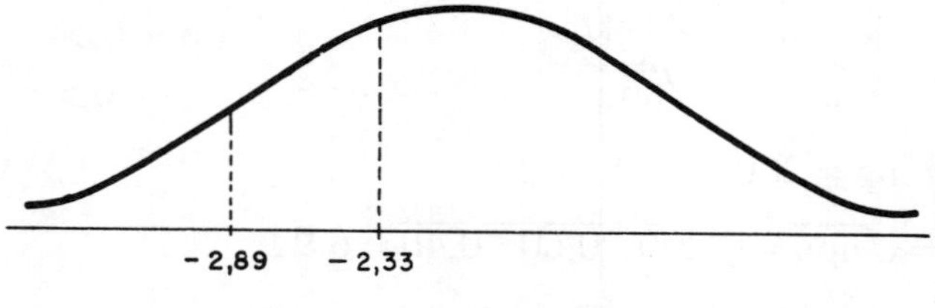


La prueba se puede realizar por:

*a*) Probabilidad.

*b*) Valor crítico.

*c*) Z

*a*) $P(Z \leqslant -2{,}89) = 0{,}50 - 0{,}4981 = 0{,}0019$

$1 - 0{,}50 + 0{,}4981 = 0{,}0019$

luego $H_0$ : 0,19% es menor que 0,01 (1%) se rechaza $H_0$.

*b*) El punto crítico será:

$P' = P_0 - 2{,}33 \cdot 0{,}34641$

$P' = 0{,}60 - 0{,}0807135 = 0{,}51$

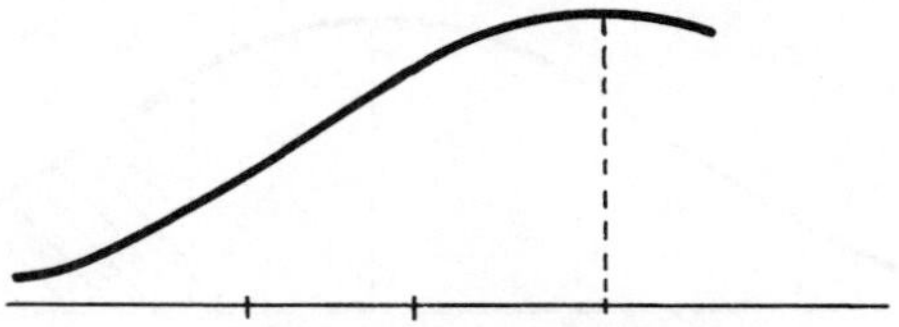


$P_s < P^1$ luego se rechaza $H_0$

El resultado de Z según hemos visto anteriormente es = –289.

$|Z_e| > |Z_c|$ Se rechaza $H_0$

73. *La probabilidad de que un estudiante de 1.º de carrera antes de dos meses deje alguna asignatura para septiembre es ≃ 14,5%. Averiguar la probabilidad de que de 240 estudiantes 38 ó más dejen alguna asignatura para septiembre.*

$N = 240$ $NP = 240 \cdot 0{,}145 = 34{,}8$

$P = 0{,}145$ $\mu = NP = 34{,}8$

$P(X \geqslant 38)$ $\sigma = \sqrt{Npq} = \sqrt{240 \cdot 0{,}145 \cdot 0{,}885} = 5{,}4547$

$$Z = \frac{X - \mu}{\sigma}$$

$$Z = \frac{38 - 34,8}{5,4547} = 0,5867$$

$$P\,(Z \geqslant 0,5867)$$

Area pedida: área entre

$$[(Z = 0,\ Z = 3) - (Z = 0,\ Z = 0,5867)] =$$

$$= 0,50 - 0,2190 = 0,281$$

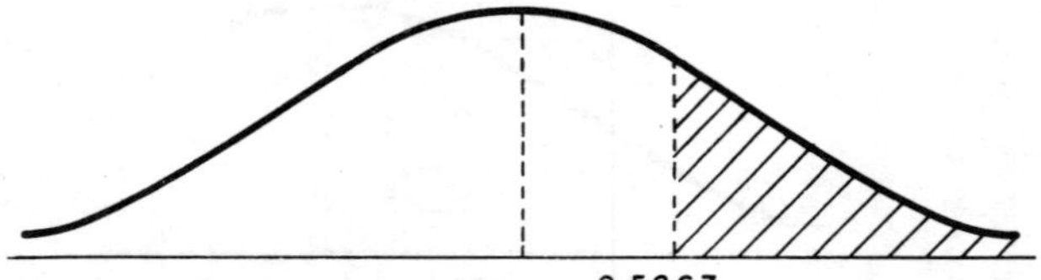


28,1% es la probabilidad de que al elegir 240 estudiantes, 38 ó más dejen alguna asignatura para septiembre.

# 8

# Distribución normal

74. *De una muestra de 1.000 personas en paro, la edad media ha resultado ser 25 años, con una desviación típica de 6. Indicar en Unidades "Z" la desviación que respecto de la media tiene la edad 30.*

$N = 1.000$

$\bar{X} = 25$

$S = 6$

$X = 30$

$$Z = \frac{X - \bar{X}}{S} = \frac{30 - 25}{6} = 0,83$$

0,83 unidades de desviación típica se desvia la edad 30 años de la edad media 25.

75. *De una muestra de 40 personas residentes en un centro antialcohólico se observó que la edad media era de 32 años con una desviación típica de 4. ¿Qué desviación representa respecto de la media una persona residente en dicho centro, que tenga 40 años?*

$N = 40$

$\bar{X} = 32$

$S = 4$

$X = 40$

$$Z = \frac{X - \bar{X}}{S} = \frac{40 - 32}{4} = 2$$

En 2 unidades de desviación se encuentra la persona de 40 años con respecto a la media de dicho centro.

76. *De una muestra de 100 personas se ha obtenido una media de ingreso mensual de 106,6 (en miles) y una desviación típica de 40. Determinar en unidades Z ó de desviación típica el valor para X = 90 (miles).*

$$Z = \frac{X - \bar{X}}{S} = \frac{90 - 106{,}6}{40} = \frac{-16{,}6}{40} = -0{,}415$$

77. *Un estudiante obtuvo una puntuación en el examen final de matemáticas de 84, con una puntuación media en la asignatura de 76 y una desviación típica de 10. En el examen final de física con una media general de 82 y una desviación típica de 16, él obtuvo una puntuación de 90. ¿En qué asignatura obtuvo un puesto relativo más alto?*

$$Z = \frac{X - \bar{X}}{S}$$

Matemáticas $\quad Z = \frac{84 - 76}{10} = 0{,}8$ $\quad$ EN MATEMATICAS

Física $\quad Z = \frac{90 - 82}{10} = 0{,}5$

78. *Dadas la media y la desviación típica de una distribución de C.I. (Coeficiente de Inteligencia), situar cualquier valor en la distribución normal estandarizada. $\bar{X} = 98$, $S = 15$.*

En valor X = 115 por ejemplo.

Si $\bar{X} = 98$

$S = 15$

$$Z = \frac{115 - 98}{15} = 1{,}13$$

Este valor de coeficiente de inteligencia X = 115, se desvía de la media en 1,13 unidades de desviación típica, unidades Z.

79. *Dadas la media de edades $\bar{X} = 25$ y la $S = 12$, de una distribución, medir en unidades Z el valor para X = 33.*

$$Z = \frac{X - \bar{X}}{S} = \frac{33 - 25}{12} = \frac{8}{12} = 0{,}6$$

Es decir, la edad X = 33, de la distribución se encuentra a 0,6 unidades de desviación típica respecto a la media.

80. *Si la media de ingresos en un distrito de una ciudad es 90.000 ptas. con una S = 6.000 ptas. ¿Qué valor en unidades Z supone un ingreso de 85.000 ptas.?*

$$Z = \frac{X - \overline{X}}{S}; \qquad Z = \frac{85.000 - 90.000}{6.000} = -0{,}83$$

En 0,83 unidades Z a la izquierda de la media se desvia dicho ingreso.

81. *Conocido el valor de la variable en unidades de desviación, calcular X. $Z = 1{,}25$, $\overline{X} = 25$, $S = 12$.*

$\overline{X} = 25$

$S = 12$

$Z = 1{,}25$

$$Z = \frac{X - \overline{X}}{S} \qquad 1{,}25 = \frac{X - 25}{12}$$

$X = \overline{X} + ZS$

$X = 25 + 1{,}25 \cdot 12$

$X = 25 + 15 = 40$

$X = 40$

82. *Se pide el intervalo de valores que cubre un punto situado a 1,40 de desviación estándar o típica.*

$\overline{X} = 25; \qquad S = 12$

$\overline{X} \pm 1{,}40S \qquad 25 \pm 1{,}40 \cdot 12$

$25 \pm 16{,}8 = (8{,}2,\ 41{,}8)$

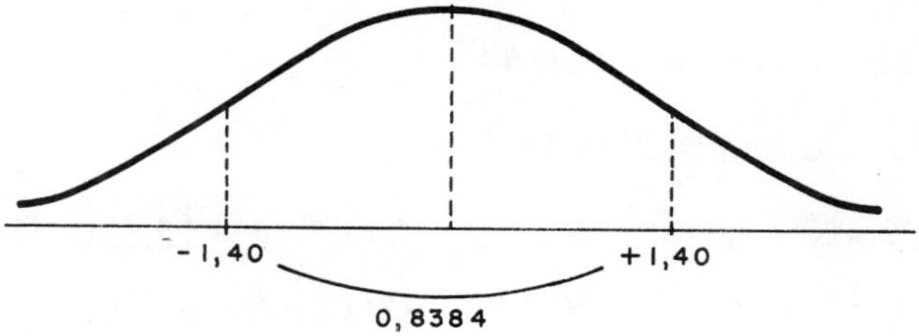

$$\text{Area entre } (Z = 0,\ Z = 1{,}40) = 0{,}4192 \Rightarrow$$

$$\Rightarrow 0{,}4192 + 0{,}4192 = 0{,}8384$$

Puede realizarse también mediante

$$X = \overline{X} + ZS$$

$$X = 25 + 1{,}40 \cdot 12 = 25 + 16{,}8 = 41{,}8$$

$$X = \overline{X} - ZS = 25 - 1{,}40 \cdot 12 = 25 - 16{,}8 = 8{,}2$$

El intervalo será (8,2, 41,8)

83. *Conociendo el área que queda cubierta entre un intervalo de valores, realizar el intervalo de valores para dicha área, sabiendo que el área es 0,4554;* $\overline{X} = 12$, $S = 6$.

$$\overline{X} \pm ZS \simeq 0{,}4554$$

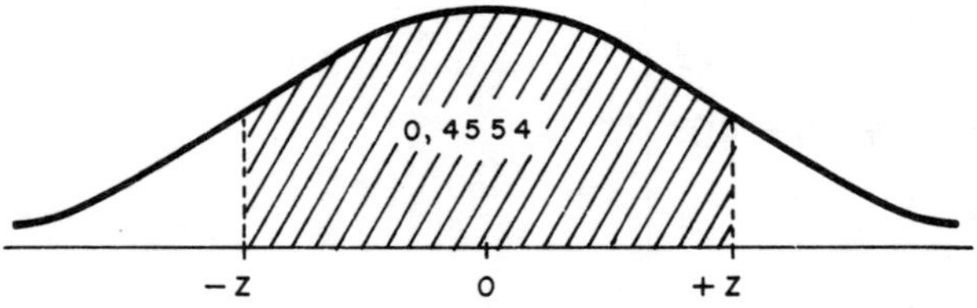


El área entre 0 y Z será 0,4554 : 2 = 0,227

Para este área 0,2277 el punto Z es Z = 0,605

Interpretado entre 0,6 y 0,61 será

$$\overline{X} \pm 0{,}605S \simeq 0{,}4554$$

$$12 \pm 0{,}605 \cdot 6 \simeq 0{,}4554$$

El intervalo será (8,370, 15,630)

$$X = \overline{X} + ZS \qquad X = 12 + 0{,}605 \cdot 6 = 15{,}630$$

$$X = \overline{X} - ZS \qquad X = 12 - 0{,}605 \cdot 6 = 8{,}370$$

84. *Se desea conocer el porcentaje de personas en edades comprendidas entre 40 y 62 en una distribución.*

Se sabe que la media es 50 y la S = 8.

$$Z = \frac{X - \overline{X}}{S}$$

$$Z_1 = \frac{40 - 50}{8} = -1{,}25$$

$$Z_2 = \frac{62 - 50}{8} = 1{,}5$$

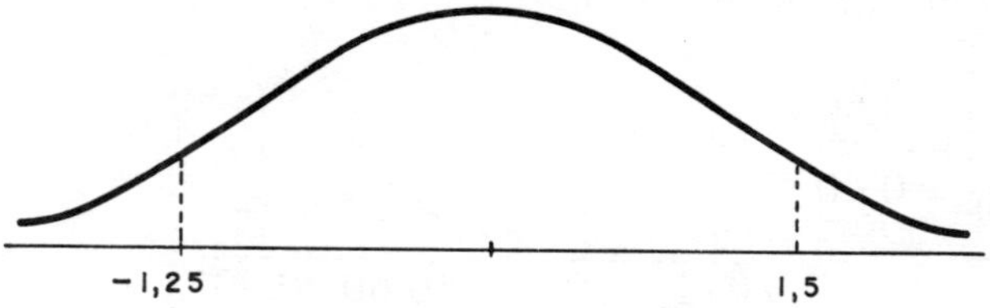


Area entre Z = 0 y Z = −1,25 + área entre Z = 0 y Z = 1,5

Area pedida = 0,3944 + 0,4332 = 0,8276 o sea el 82,76%

El 82,76% de los casos estarán comprendidos entre las edades 40 y 62.

85. *Supongamos que la distribución de puntuaciones según un test de inteligencia propuesto a los alumnos de un determinado centro tiene de media 100 y de desviación típica 16. Se extrae una muestra al azar de 36 alumnos de esta población. El problema consiste en conocer cuál es la probabilidad de que la media de esta muestra sea igual o inferior a un cierto valor, por ejemplo 96.*

$$\sigma X = \frac{\sigma}{\sqrt{N}}$$

$$\sigma \bar{X} = \frac{16}{\sqrt{36}} = \frac{16}{6} = 2,67$$

$$Z = \frac{\bar{X} - \mu}{\sigma X} = \frac{96 - 100}{2,67} = \frac{-4}{2,67} = -1,50$$

En las tablas Z = 1,50 le corresponde un área de 0,4332

$$0,50 - 0,4332 = 0,0668 = 6,68\%$$

86. *Considerando que el 60% de una población está a favor de la educación laica, ¿qué probabilidad hay de que, al elegir una muestra de 36 personas, el porcentaje de los que están a favor esté comprendido entre el 40% y el 50%?*

$$P_\mu = 0,60$$

$$q_\mu = 0,40$$

$$\sigma_{dif} \cdot p = \sqrt{\frac{P(1 - P)}{N}} = \sqrt{\frac{0,60 \cdot 0,40}{36}} = 0,08$$

$$Z = \frac{Ps - P_\mu}{\sigma_{dif} \cdot p} = \frac{0,40 - 0,60}{0,08} = -2,5$$

$$Z = \frac{Ps - Pr}{\sigma_{dif}} = \frac{0,50 - 0,60}{0,08} = -1,25$$

Area pedida: Area entre Z = 0 y Z = −2,5 menos Area

entre Z = 0 y Z = −1,25;  $0,4938 - 0,3944 = 0,994 = 9,94\%$

87. *En una población estudiantil el coeficiente de inteligencia medio es 52 y su desviación típica 8. Si suponemos que la población distribuye normalmente, averiguar qué porcentaje de gente tiene un C.I. superior a 60.*

$$\bar{X} = 52$$

$$S = 8$$

$X > 60$

$$Z = \frac{60 - 52}{8} = 1; \qquad Z > 1$$

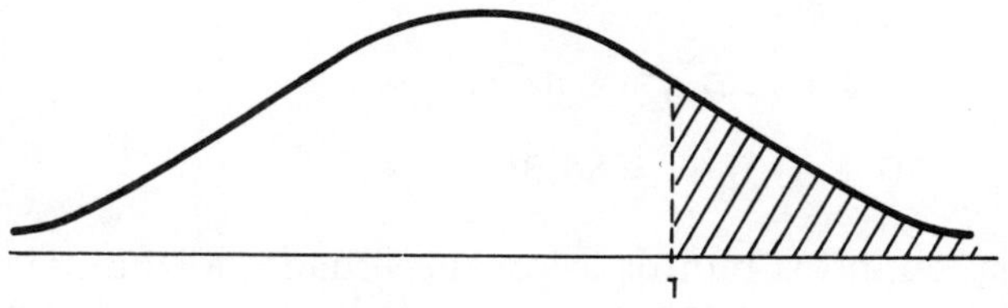


Area pedida: (Area entre $Z = 0$ y $Z = 3$) – (Area entre

$Z = 0$ y $Z = 1$) =

$= 0{,}5 - 0{,}3413 = 0{,}1587 = 15{,}87\%$

88. *Averiguar qué distancia hay que tomar a ambos lados de la media para que el área comprendida entre ambos puntos sea el 50% de los casos.* $\overline{X} = 50$; $S = 8$.

$\overline{X} = 50$

$S = 8$

$$Z_1 = \frac{X_1 - 50}{8}; \qquad X_1 = 50 + 8Z_1$$

$$Z_2 = \frac{X_2 - 50}{8}; \qquad X_2 = 50 + 8Z_2$$

Para hallar Z recurrimos a la tabla y buscamos el área más próxima a 0,25 (25%) y a qué Z corresponde.

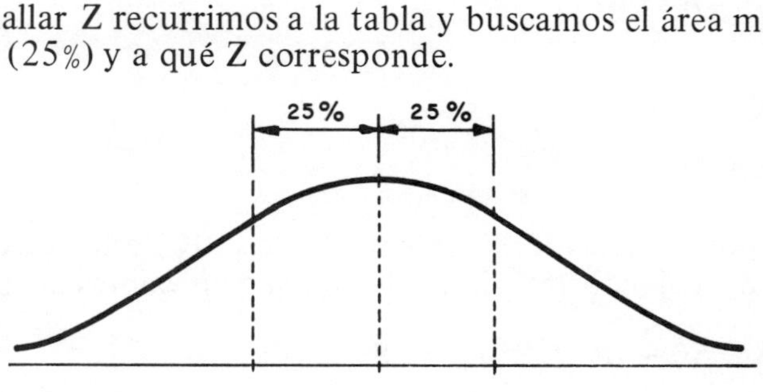

Para $Z = 0,67$ se da el área más próxima a 0,25.

$$Z_1 = -0,67 \qquad y \qquad Z_2 = 0,67$$

Por tanto

$$X_1 = 50 + 8\,(-0,67) = 44,64$$

$$X_2 = 50 + 8 \cdot 0,67 = 55,36$$

Es decir, serán los puntos a los que situados a izquierda y derecha de la $\overline{X}$ le corresponderán a ambos lados un área de un 25% aproximadamente.

89. *¿Cuál es el punto que deja tras de sí el 80% de los casos en una distribución normal de $\overline{X} = 50$ y $S = 8$.*

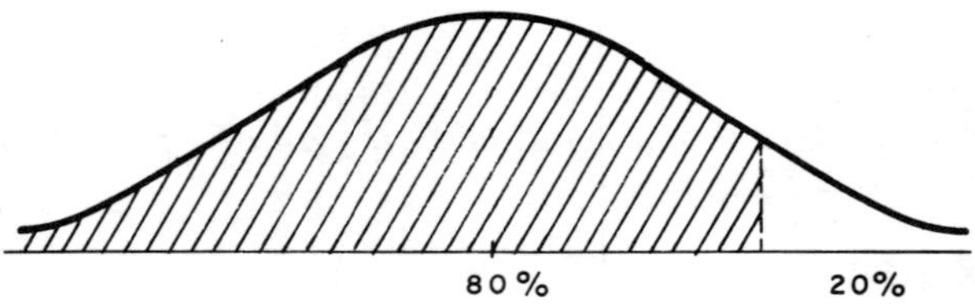


hay que buscar un valor de Z que cubra $\simeq$ un 30% de los casos, en las tablas, para poder seguir operando.

$$Z = 0,85$$

$$Z = \frac{X - \overline{X}}{S}$$

$$X = \overline{X} + ZS$$

$$X = 50 + 8Z$$

La Z por encima de la cual se dan el 20% de los casos (0,20) es $Z = 0,85$ dejando tras de sí el 80%, que en valores de la variable es

$$X = 50 + (8 \cdot 0,85) = 56,8$$

90. *La puntuación media de un examen final fue 70 y la S = 6. El 15% superior de los alumnos reciben la calificación A. ¿Cuál es la puntuación mínima que un estudiante debe tener para recibir A?*

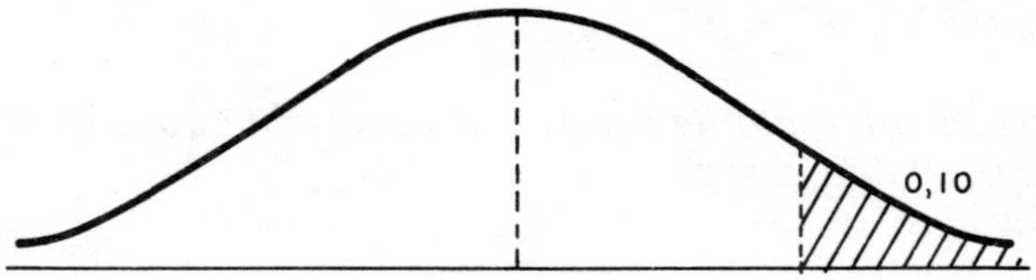


$$0{,}50 - 0{,}15 = 0{,}35$$

la Z correspondiente al área 0,35 es igual a 1,04

La Z correspondiente vale Z = 1,04

$$Z = \frac{X - \overline{X}}{S} = 1{,}28$$

$$1{,}04 = \frac{X - 70}{6}$$

$$X = 70 + (6 \cdot 1{,}04) = 76{,}24$$

Por tanto, 76,24 es la puntuación mínima necesaria para obtener A.

91. *¿Qué valores de la variable edad cubren ≅ el 68,26, 95,45 y el 99,73% de los casos?*

$\overline{X} = 25$ y $S = 6$

- $\overline{X} \pm 1\sigma \simeq 68{,}26\%$

  $25 \pm 6 \simeq 68{,}26\%$

  Entre 19 y 31 $\simeq 68{,}26\%$

- $\overline{X} \pm 2\sigma \simeq 95{,}45\%$

  $25 \pm 2 \cdot 6 \simeq 95{,}45\%$

  Entre 13 y 37 $\simeq 95{,}45\%$

- $\overline{X} \pm 3\sigma \simeq 99{,}73\%$

  $25 \pm 3 \cdot 6 \simeq 99{,}73\%$

  Entre 7 y 43 $\simeq 99{,}73\%$

92. *Conocer el intervalo de valores de la variable que corresponde a un área de 0,70 con $\overline{X} = 30$ y $S = 10$.*

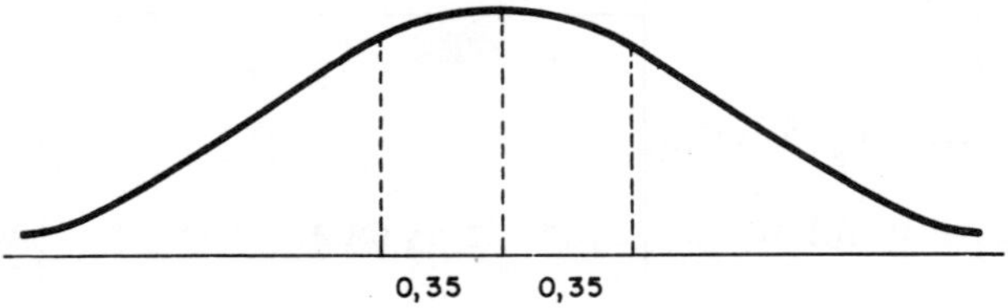


$0{,}70 : 2 = 0{,}35$

Area = 0,35 corresponde un Z = 1,04

luego el área será entre Z = −1,04 y Z = 1,04

$\overline{X} \pm 1{,}04S \simeq 70\%$

$30 \pm 1{,}04 \cdot 10$

$30 - 10{,}4$ y $30 + 10{,}4$

19,6 y 40,4 será el intervalo correspondiente a 70%.

93. *Dos estudiantes fueron informados de que habían recibido referencias tipicadas de 0,8 y −0,4 respectivamente, en un examen de inglés; si sus puntuaciones fueron 88 y 64 respectivamente, hallar la media y desviación típica de las puntuaciones del examen.*

$Z = 0{,}8$

- $X = 88 \qquad 0{,}8 = \dfrac{88 - \overline{X}}{S}$

  $Z = -0{,}4$

- $X' = 64 \qquad -0{,}4 = \dfrac{64 - \overline{X}}{S}$

- $0{,}8S = 88 - \overline{X}$

  $-0{,}4S = 64 - \overline{X}$

$$0{,}8S - 88 = \overline{X}$$

$$-0{,}4S = 64 + (0{,}8S - 88)$$

$$-0{,}4S = 64 + 0{,}8S - 88$$

$$-0{,}4S = 0{,}8S - 24$$

$$-0{,}4S - 0{,}8S = -24$$

$$-1{,}2S = -24$$

$$S = \frac{-24}{-1{,}2} = +20 \qquad S = +20$$

$$0{,}8\,(20) - 88 = -\overline{X}$$

$$16 - 88 = -\overline{X}$$

$$-72 = -\overline{X} \qquad \overline{X} = 72$$

94. *Supongamos la distribución de puntuaciones obtenidas de unos items, en los cuales se han calculado $\overline{X} = 80$ y $S = 16$, $N = 150$. Se desea conocer el número de puntuaciones de dicha distribución que caen por encima de una puntuación igual a 110, suponiendo que la distribución es normal.*

$$Z = \frac{110 - 80}{16} = \frac{30}{16} = 1{,}1875$$

$$\left.\begin{array}{l} 0{,}4693 \rightarrow 1{,}87 \\ 0{,}4699 \rightarrow 1{,}88 \end{array}\right\} \quad \text{se interpola } 0{,}4696$$

Area pedida = (Area entre Z = 0 y Z = 3) – (Area entre Z = 0 y Z = = 1,8) = 0,5 – 0,4696 = 0,0304.

$510 \cdot 0{,}0304 = 15{,}504 \simeq 16$ casos están por encima de la puntuación 110.

95. *Hallar el área bajo la curva normal en cada uno de los casos. Utilizar la tabla.*

A) Entre $Z = 0$ y $Z = 1{,}2$.

0,3849 es el área pedida y representa la probabilidad de que Z esté comprendida entre 0 y 1,2 denotado por $P\{0 \leqslant Z \leqslant 1{,}2\}$

B) Entre $Z = -0{,}68$ y $Z = 0$.

Por ser simétrica se calcula en el lado positivo.

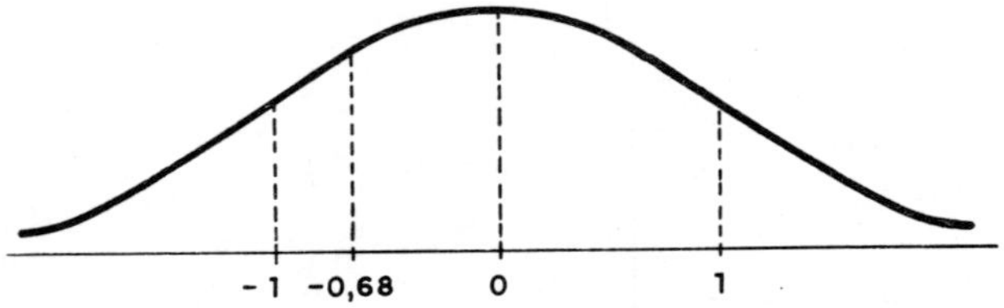


0,2518 es el área pedida y representa la probabilidad de que Z esté entre $-0{,}68$ y 0, denotado por $P\{-0{,}68 \leqslant Z \leqslant 0\}$

C) Entre $Z = -0{,}46$ y $Z = 2{,}21$.

Area pedida = (área entre $-0{,}46$ y 0) + (área entre $Z = 0$ y $Z = 2{,}21$).

Area pedida = $0{,}4864 + 0{,}1772 = 0{,}6636$ y representa la probabilidad $P\{-0{,}46 \leqslant Z \leqslant 2{,}21\}$

D) Entre $Z = 0{,}8$ y $Z = 1{,}94$.

Area pedida = (área entre $Z = 0$ y $Z = 1{,}94$) – (área entre $Z = 0$ y $Z = 0{,}81$).

Area pedida = $0{,}4738 - 0{,}2910 = 0{,}1828$ y representa también la probabilidad $P\{0 \leqslant Z \leqslant 1{,}94\}$

96. *Probabilidad de elegir una persona menor de 30 años en una distribución cuya $\overline{X} = 25$ y $S = 6$.*

$$Z = \frac{X - \overline{X}}{S}$$

$$Z = \frac{30 - 25}{6} = \frac{5}{6} = 0{,}83$$

$$P(X \leqslant 30) = 0{,}50 + 0{,}2967 = 0{,}7967$$

97. *Probabilidad de obtener una puntuación $\leqslant 72$ en una distribución de media 85 y $S = 20$.*

$$Z = \frac{X - \overline{X}}{S}$$

$$Z = \frac{72 - 85}{20} = -\frac{13}{20} = -0{,}65$$

$Z = -0{,}65$ Area $= 0{,}2422$

$P\{Z < -0{,}65\} = 0{,}50 - 0{,}2422 = 0{,}2578 = 25{,}78\%$ o bien

$1 - 0{,}50 + 0{,}2422 = 0{,}2578$ igual resultado.

98. *Dada una distribución referente a las edades, en una zona rural de Castilla, cuya $\overline{X} = 50$ años y $S = 4$. ¿Qué probabilidad existe de que al elegir 3 personas de esa zona rural como muestra, se encuentren entre las edades 45 y 60?*

$$Z_{45} = \frac{45 - 50}{4} = \frac{-5}{4} = -1{,}25$$

$$Z_{60} = \frac{60 - 50}{4} = \frac{10}{4} = 2{,}5$$

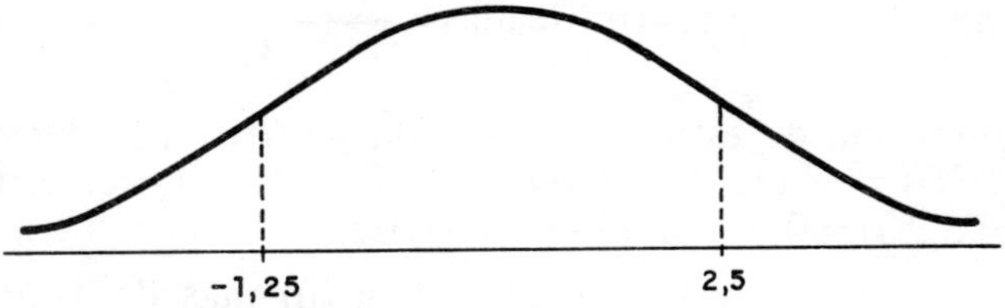


$P\{45 \leqslant X \leqslant 60\}$

$P\{-1{,}25 < Z < 2{,}25\} = 0{,}8882$

$P(S_1) \cdot P(S_2) \cdot P(S_3) = 0{,}8882 \cdot 0{,}8882 \cdot 0{,}8882 =$

$= 0{,}70 = 70\%$

99. *La media de los pesos de 500 estudiantes de un cierto colegio Inglés es 151 libras y la desviación típica 15 libras. Suponiendo que los pesos se distribuyen normalmente, hallar cuántos estudiantes pesan:*

*A) Entre 120 y 155 libras.*

*B) Más de 185 libras.*

A) Los pesos registrados entre 120 y 155 libras pueden realmente tener cualquier valor entre 119,5 y 155,5 tomando los límites reales.

Suponiendo que se toman con una aproximación de 1 libra

$$119{,}5 \text{ en unidades tipificadas} = \frac{119{,}5 - 151}{15} = -2{,}10$$

$$155{,}5 \text{ en unidades tipificadas} = \frac{155{,}5 - 1{,}51}{15} = +0{,}30$$

Proporción de estudiantes pedida: área entre Z = –2,10 y Z = 0,30.

(Area entre Z = –2,10 y Z = 0) + (Area entre Z = 0 y Z = = 0,30) = 0,4821 + 0,1179 = 0,6000.

Entonces el número de estudiantes que pese entre 120 y 155 libras = 500 (0,6000) = 300.

B) Los estudiantes que pesen más de 185 libras deben pesar al menos 185,5 libras.

$$185{,}5 \text{ en unidades tipificadas} = \frac{185{,}5 - 151}{15} = 2{,}30$$

Proporción de estudiantes pedida = (Area a la derecha de Z = = 2,30) = (Area a la derecha de Z = 0) – (Area entre Z = 0 y Z = 2,30) = 0,5 – 0,4893 = 0,0107.

El número de estudiantes que pesan más de 185 libras será 500 · 0,0107 = 5.

Si W denota el peso de un estudiante elegido al azar se pueden resumir los resultados anteriores en términos de probabilidad escribiendo:

$$P\{119{,}5 \leqslant W \leqslant 155{,}5\} = 0{,}6000 \quad \text{y}$$

$$P\{W \geqslant 185{,}5\} = 0{,}0107$$

100. *En un examen final de matemáticas la media fue 72 y la desviación típica 15. Determinar las referencias tipificadas (es decir, graduaciones en unidades de desviación típica) de los estudiantes que obtuvieron:*

*A) 60;* *B) 93;* *C) 72.*

A) $Z = \frac{X - \bar{X}}{\sigma} = \frac{60 - 72}{15} = -0{,}8$

B) $Z = \frac{93 - 72}{15} = 1{,}4$

C) $Z = \frac{72 - 72}{15} = 0$

101. *Con referencia al problema anterior, hallar las puntuaciones correspondientes a la referencia tipificada:*

*A) −1;* *B) 1,6.*

A) $Z = -1$

$Z = \frac{X - \bar{X}}{S};$ $-1 = \frac{X - 72}{15}$

$(-1) \cdot 15 = X - 72$

$(-1) \cdot 15 + 72 = X$

$-15 + 72 = X$

$X = 57$

B) $Z = 1{,}6$

$1{,}6 = \frac{X - 72}{15}$

$15 \cdot 1{,}6 = X - 72$

$24 + 72 = X$

$X = 96$

102. *En un determinado estudio en un barrio periférico de una gran ciudad se ha visto que la edad media aproximada es de 35 años, con una desviación típica de 5,30. ¿Qué porcentaje de personas se encuentra por encima de los 45 años? ¿Qué porcentaje de personas está debajo de los 30 años?*

$\overline{X} = 35; \qquad S = 5{,}30$

1. $P(X \geqslant 35)$

$$Z = \frac{45 - 35}{5{,}30} = 1{,}8868$$

$P(Z \geqslant 1{,}88)$

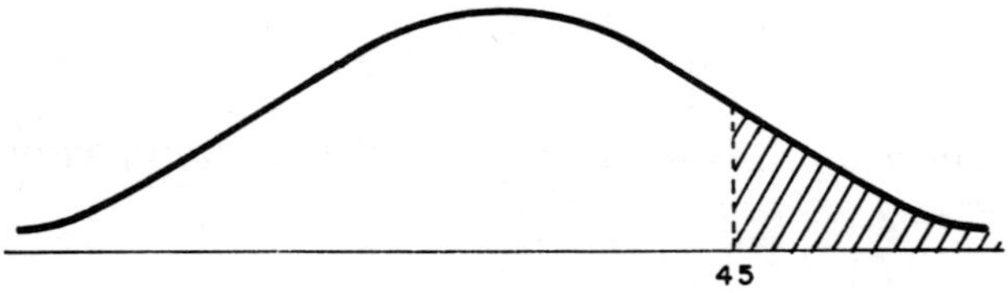


Area entre $(Z = 0,\ Z = 1{,}88) = 0{,}4699$

Area pedida $= 0{,}50 - 0{,}4699 = 0{,}0301$

$P(X \geqslant 45) = 0{,}0301$

Sólo el 3,01% de las personas de dicha zona tienen más de 45 años.

2. $P(X \leqslant 30)$

$$Z = \frac{30 - 35}{5{,}30} = -0{,}9434$$

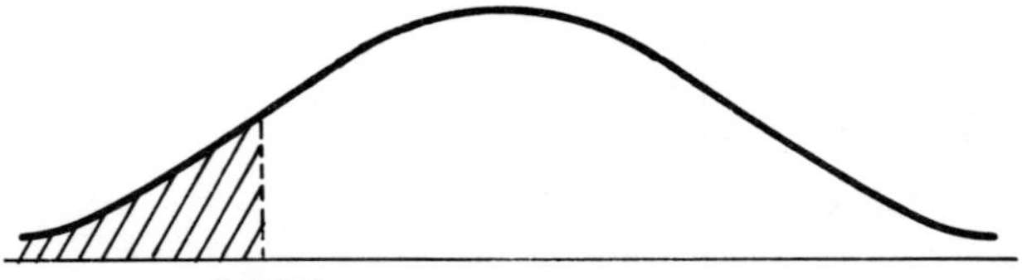

Area entre (Z = 0, y Z = 0,9434) = 0,3264

Area pedida = 0,50 – 0,3264 = 0,1736

P (X ⩽ 30) = 0,1736 = 17,36 %

103. *¿Qué edades son las que cubren el 50 % de la distribución de edades de personas en una determinada población? Suponemos*

$\overline{X} = 40; \qquad S = 3$

El área 0,25 le corresponde un valor de Z = 0,675.

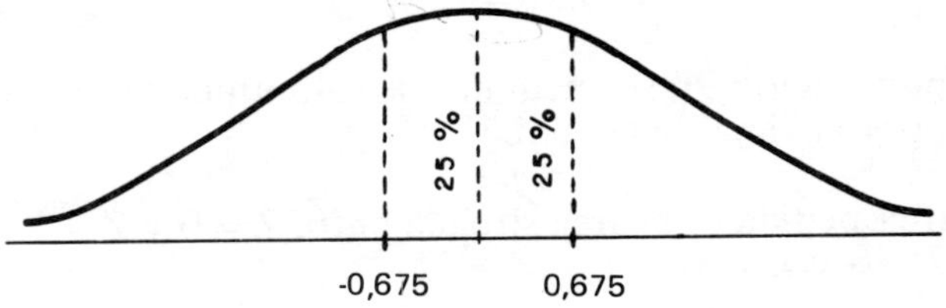


$$Z = \frac{X - \overline{X}}{S}$$

$$X = \overline{X} \pm ZS$$

$$X = 40 + 0{,}675 \cdot 3 = 42{,}025$$

$$X = 40 - 0{,}657 \cdot 3 = 37{,}975$$

104. *Dada una distribución referente a las puntuaciones obtenidas en la realización de una entrevista en la cual la media es igual a 80 y la desviación típica 7,5, se pide:*

*1. Determinar en unidades zeta, el valor de X = 90.*

*2. Porcentaje para X ⩽ 90.*

*3. Porcentaje de entrevistados que obtuvieron puntuaciones entre 60 y 70.*

*4. Entre 60 y más.*

*5. Probabilidad de localizar a un entrevistado con una puntuación de más de 60.*

6. *Probabilidad de elegir tres entrevistados que hayan logrado puntuaciones de más de 90.*
7. *Probabilidad de encontrar a un encuestado con una puntuación de 62 ó menos, ó de 90 y más.*

1. $\bar{X} = 80$

$X = 90$

$S = 7,5$

$$Z = \frac{X - \bar{X}}{S}$$

$$Z_{90} = \frac{90 - 80}{7,5} = \frac{10}{7,5} = 1,3$$

$$Z_{90} = 1,33$$

La puntuación 90 se encuentra a 1,33 unidades de desviación típica por encima de la media.

2. El área pedida es el área situada entre $Z = 0$ y $Z = 1,3$ + área entre $Z = 0$ y $Z = 3$.

$P = P\,(Z = 0 \text{ y } Z = 1,3)$

Area = 0,4032 = 40,32%

$X \leqslant 90 = 50 + 40,32 = 90,32\%$

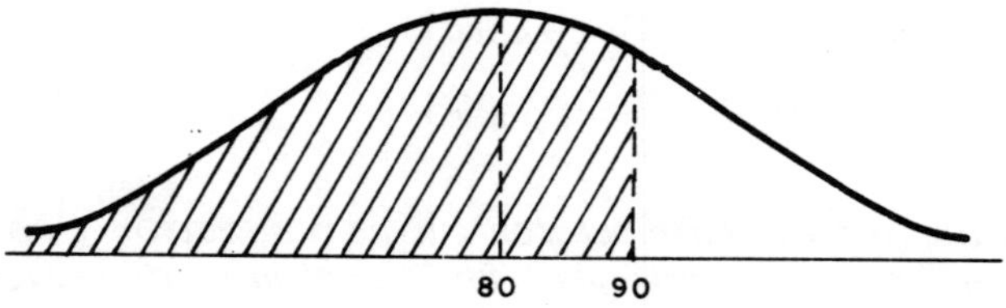


3. $X = 60$

$X = 70$

$X = 60$ $\quad Z_{60} = \dfrac{60 - 80}{7,5} = \dfrac{-20}{7,5} = -2,6$

$X = 70$ $\quad Z_{70} = \dfrac{70 - 80}{7,5} = \dfrac{-10}{7,5} = -1,3$

El área pedida será:

Area entre ($Z = 0$, $Z = -2{,}6$) – Area entre ($Z = 0$, $Z = -1{,}3$)

Area = 0,4953 – 0,4032 = 0,0921

9,21% serán las personas que tengan una puntuación entre 60 y 70.

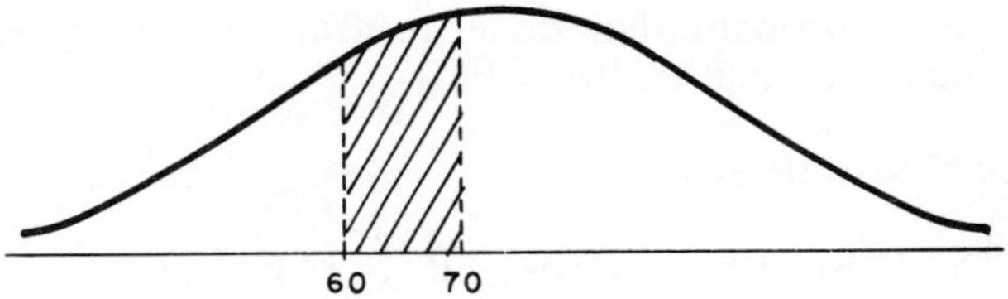


4. $Z = \frac{60 - 80}{7{,}5} = \frac{-20}{7{,}5} = -2{,}6$

Area entre $Z = 0$ y $Z = -2{,}6 = 0{,}4953$

Area pedida $0{,}4953 + 0{,}50 = 0{,}9953$

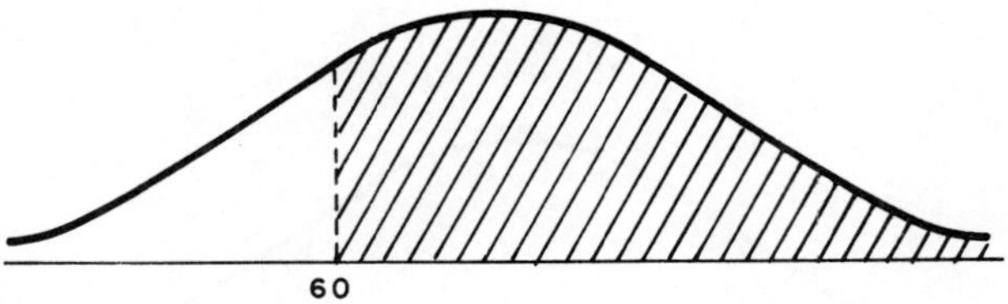


5. $P(X \geqslant 60)$

$$Z = \frac{60 - 80}{7{,}5} = \frac{-20}{7{,}5} = -2{,}6$$

0,9953 como en el caso anterior.

6. $X = 90$

$\overline{X} = 80$

$S = 7{,}5$

$$Z = \frac{90 - 80}{7{,}5} = \frac{10}{7{,}5} = 1{,}3$$

$Z = 0{,}4032.$

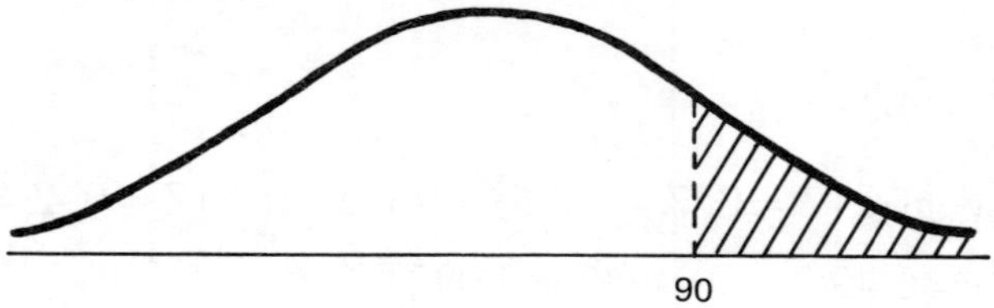


$$P = P(Z = 0, Z = 3) - P(Z = 0, Z = 1{,}3) =$$

$$= 0{,}50 - 0{,}4032 = 0{,}0968$$

0,0968 → probabilidad de encontrar un encuestado con una puntuación de más de 90.

Probabilidad de elegir tres:

$$P(S_1 \cap S_2 \cap S_3) = P(S_1) \cdot P(S_2) \cdot P(S_3) =$$

$$= 0{,}0968 \cdot 0{,}0968 \cdot 0{,}0968 = 0{,}000907; \quad 0{,}0907\%$$

(por ser sucesos independientes)

7. $$Z_{62} = \frac{62 - 80}{7{,}5} = \frac{-18}{7{,}5} = -2{,}4$$

$$Z_{90} = \frac{90 - 80}{7{,}5} = \frac{10}{7{,}5} = 1{,}3$$

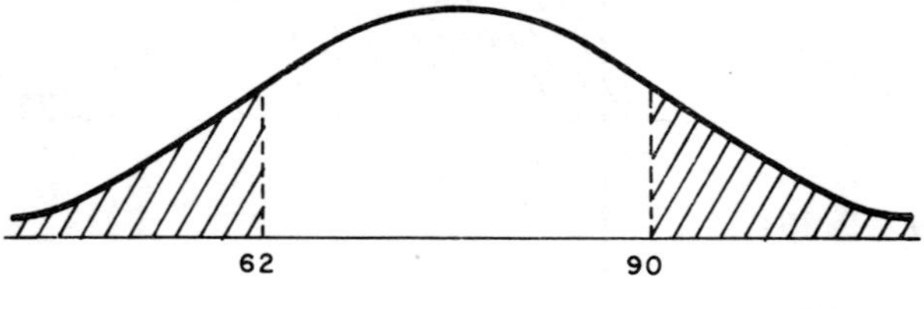


$P\{62 \geqslant X \geqslant 90\}$

$P\{X \leqslant 62\} = 50 - 49{,}18 = 0{,}0082 = 0{,}82\%$

$P\{X \geqslant 90\} = 50 - 40{,}32 = 0{,}0968 = 9{,}68\%$

$P(A \cup B) \rightarrow P(A) + P(B) = 0{,}0082 + 0{,}0968 = 0{,}105; 10{,}5\%$

105. *Dada una distribución normal de ingresos cuya*

$\overline{X} = 50.000$ ptas. $\qquad$ $S = 12.000$ ptas.

*Hallar:*

*A) Probabilidad de localizar una persona cuyo ingreso sea de 52.000 ptas, o más.*

*B) Probabilidad de localizar dos personas cuyos ingresos sean de 47.600 ptas. o menos.*

A) $P(X \geqslant 52.000)$

$$Z = \frac{52.000 - 50.000}{12.000} = \frac{2.000}{12.000} = 0,16$$

Area = 0,0636

$P(Z \geqslant 0,16) = 0,50 - 0,0636 = 0,4364 = 43,64\%$

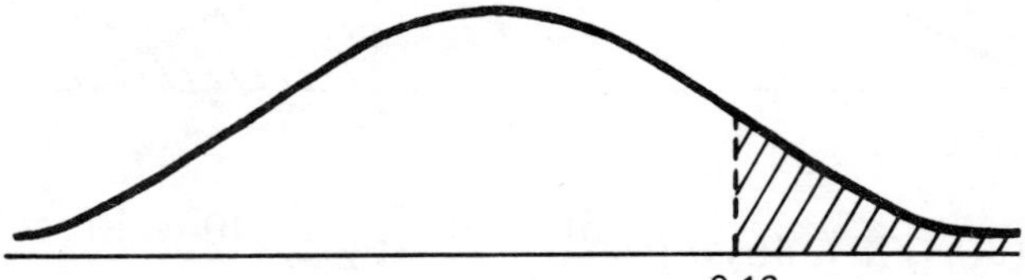


B) $$Z = \frac{47.600 - 50.000}{12.000} = \frac{-2.400}{12.000} = -0,2$$

$P(X \leqslant 47.600) = P(Z \leqslant -0,2)$

$Z = -0,2$ Area 0,0793

$P\{Z \leqslant -0,2\} = 0,50 - 0,0793 = 0,4207$

$P(S_1 \cap S_2) = P(S_1) \cdot P(S_2) = 0,4207 \cdot 0,4207 = 0,176$

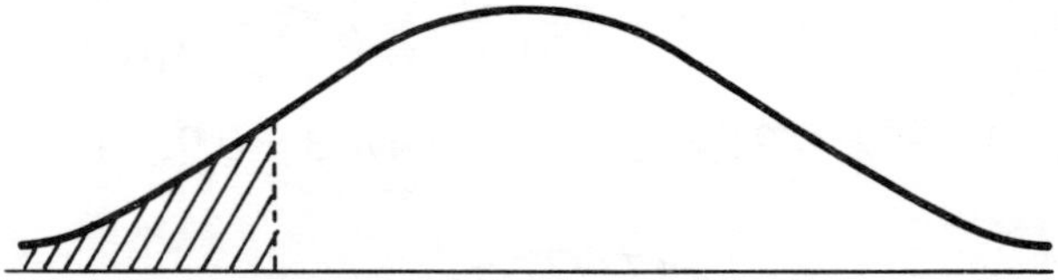


106. *Un profesor realiza un test de 100 temas a un curso de 200 alumnos. Suponiendo que las puntuaciones X obtenidas por los alumnos siguen una distribución normal de $\overline{X} = 60$ y $S = 10$, calcular:*

*A*) $\{P \geqslant 70\}$

*B*) $P(30 \leqslant X \leqslant 40)$

*C*) $P(39 \leqslant X \leqslant 80)$

A) $Z = \dfrac{70 - 60}{10} = 1$

$Z = 1$ Area $= 0{,}3413$

$P(Z \geqslant 1) = 0{,}50 - 0{,}3413 = 0{,}1587$

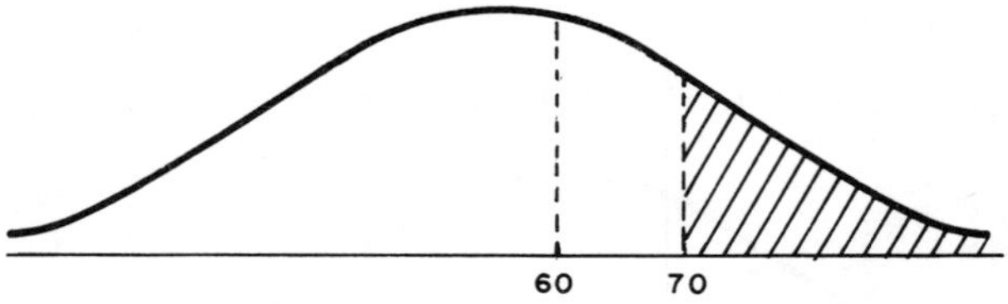


B) $P(30 \leqslant X \leqslant 40) = P\left(\dfrac{30 - 60}{10} \leqslant Z \leqslant \dfrac{40 - 60}{10}\right)$

$P(-3 \leqslant Z \leqslant -2) = 0{,}49865 - 0{,}4773 = 0{,}02135$

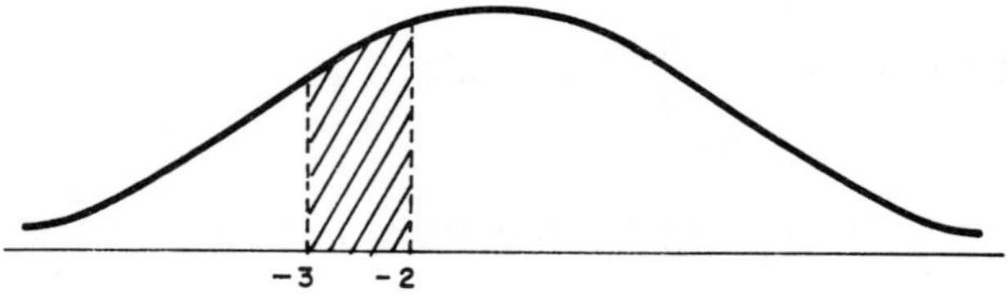


C) $P(39 \leqslant X \leqslant 80) = P\left(\dfrac{39 - 60}{10} \leqslant Z \leqslant \dfrac{80 - 60}{10}\right) =$

$P(-2{,}1 \leqslant Z \leqslant 2) = 0{,}4821 + 0{,}4773 = 0{,}9594$

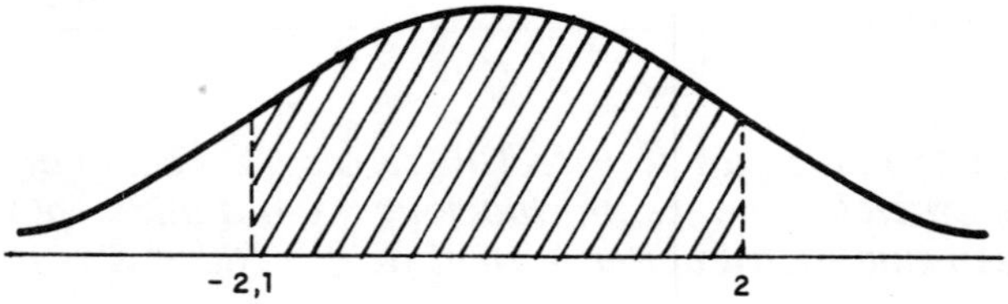

107\. *Se sabe que la edad media de las personas que son poco partidarias, según la clasificación, muy partidarias, bastante partidarias, poco partidarias y nada partidarias, de respuesta a un determinado item, es de 40 años aproximadamente, con una S = 15.*

*Determinar:*

1. *Probabilidad de encontrar a una persona de 35 años o menos que sea poco partidaria.*
2. *Probabilidad de encontrar a una persona entre 20 y 30 años.*
3. *Probabilidad de localizar a una de 41 ó menos.*

1\. $P(X \leqslant 35)$

$$Z = \frac{X - \bar{X}}{S} = \frac{35 - 40}{15} = -0{,}33$$

$$P\{X \leqslant 35\} = 0{,}50 - 0{,}1293 = 0{,}3707$$

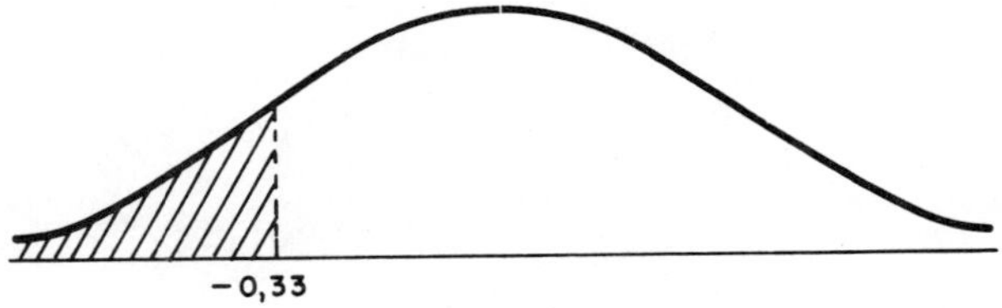


2\. $P(20 \leqslant X \leqslant 30)$

$$Z = \frac{20 - 40}{15} = -1{,}33$$

$$Z = \frac{30 - 40}{15} = 0{,}66$$

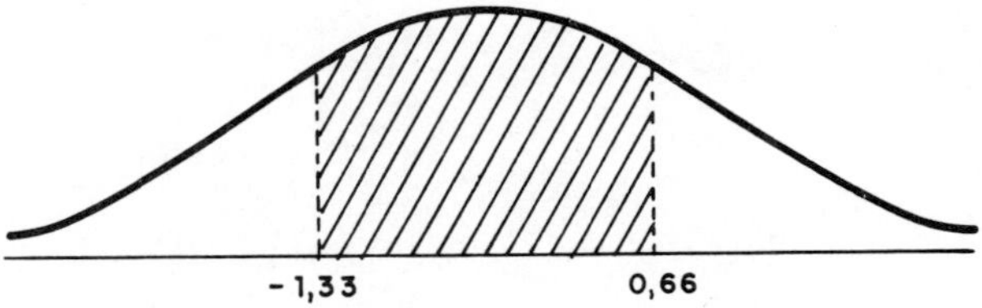


$$P(Z = 0 \text{ y } Z = -1{,}33) + P(Z = 0 + Z = 0{,}66) =$$

$$= 0{,}4083 + 0{,}2454 = 0{,}6537$$

3. P (X ⩽ 41)

$$Z = \frac{41 - 40}{15} = \frac{1}{15} = 0{,}066$$

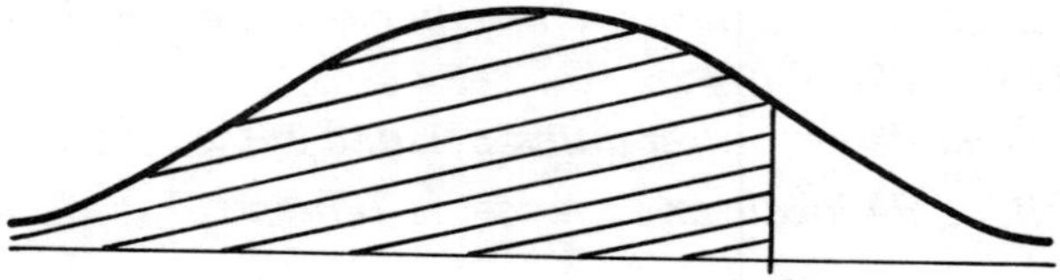


Area para Z = 0,06 = 0,0239

Prob. entre Z = 0 y Z = 3 + prob. entre Z = 0 y Z = 0,06 =

= 0,50 + 0,0239 = 0,5239; 52,39%

# 9

# Distribución Poisson

108. *Si la probabilidad de que un individuo reaccione ante un determinado estímulo es 0,001. Determinar la probabilidad de que en un total de 2.000 individuos reaccionen:*

*a) exactamente 3*

*b) más de 2.*

*a)* $n = 2.000$ $\qquad\qquad \lambda = np = 2.000 \cdot 0,001 = 2$

$x = 3$

$$P(x = 3) = \frac{\lambda^r}{r!} \cdot \frac{1}{e^\lambda} = \frac{2^3}{3!} \cdot \frac{1}{(2,718)^2} = \frac{8}{6} \cdot \frac{1}{7,387} = 0,18$$

*b)*

$$P(x = 0) = \frac{2^0}{0!} \cdot \frac{1}{(2,718)^2} = 0,13$$

$$P(x = 1) = \frac{2^1}{1!} \cdot \frac{1}{7,387} = 0,27$$

$$P(x = 2) = \frac{2^2}{2!} \cdot \frac{1}{(2,718)^2} = \frac{2}{7,387} = 0,27$$

$$P(x > 2) = 1 - P(0 \text{ ó } 1 \text{ ó } 2) = 1 - (0,13 + 0,27 + 0,27) =$$

$$= 0,33$$

109. *Un 10% de las personas tienen hábitos de lectura. Hallar la probabilidad de que de una muestra de 10 personas elegidas al azar sean exactamente 2 los que tengan hábitos de lectura.*

$$p = 0{,}1 \qquad q = 0{,}9$$

$$\lambda = np = 10 \cdot 0{,}1 = 1$$

$$n = 10$$

Según la distribución binomial sería:

$$P\,(x = 2) = C_2^{10}\ (0{,}1)^2\ (0{,}9)^8 = 0{,}1937$$

Según Poisson

$$P\,(x = 2) = \frac{\lambda r}{2!} \cdot \frac{1}{e^{-\lambda}} = \frac{1^2}{2!} \cdot \frac{1}{(2{,}718)^1} = \frac{1}{2} \cdot \frac{1}{2{,}718} =$$

$$= \frac{1}{5{,}436} = 0{,}18$$

# 10

# Tamaño muestral

110. *Deseamos conocer el número de personas de todas las edades que sería necesario incluir en una muestra nacional para estimar la clase de actividad en España con un error absoluto de e = 0,04 y una probabilidad del 99,73%. Se dispone de un valor p = 0,45 del último censo.*

Datos: $Z = K = 3$

$e = 0{,}04$

$p = 0{,}45$

$q = 0{,}55$

$n_c = 99{,}73\%$

$$n = \frac{K^2 \cdot p \cdot q}{e^2} \quad \text{ó} \quad n = \frac{Z^2 \cdot p \cdot q}{e^2}$$

$$n = \frac{(3)^2 \cdot 0{,}45 \cdot 0{,}55}{(0{,}04)^2} = 1.392$$

n = 1.392 personas se necesitan para la muestra.

111. *Se desea hacer una estimación sobre la edad de una determinada población. Calcular el tamaño de la muestra necesario para poder realizar dicha estimación con un error del 0,5 a un nivel de confianza del 99,73%; σ = 3.*

Datos: $Z = K = 3$

$e = 0{,}5$

$\sigma = 3$

$n_c = 99{,}73\%$

$$n = \frac{K^2 \sigma^2}{e^2} \quad ó \quad n = \frac{Z^2 \sigma^2}{e^2}$$

$$n = \frac{(3)^2 \cdot (3)^2}{(0{,}5)^2} = 324$$

De 324 personas debe estar compuesta la muestra para estimar la edad en dicha población.

Otro método para realizar el problema es despejando en la fórmula del error absoluto.

$$e = K \frac{\sigma}{\sqrt{n}} \quad ó \quad e = Z \frac{\sigma}{\sqrt{n}}$$

$$0{,}5 = 3 \frac{3}{\sqrt{n}}; \qquad \sqrt{n} = \frac{3 \cdot 3}{0{,}5} = 18$$

$n = 324$ personas

# 11

## Estimación medias

112. *Se desea estimar la media de asistencia a seminarios fuera de los horarios académicos. Se toma una muestra de 100 personas cuya media de asistencia es 3 en un curso y una desviación típica de 1,5. Hacer una estimación, para la media de asistencia a Seminarios en la población Universitaria. Nc = 95%.*

$N = 100$

$\overline{X} = 3$

$S = 1{,}5$

$Nc = 0{,}95$

$P\,\{\overline{X} - Z\sigma_{\bar{x}} < \mu < \overline{X} + Z\sigma_{\bar{x}}\} = 0{,}95$

$\overline{X} \pm Z\sigma_{\bar{x}}$

$$\sigma_{\bar{x}} = \frac{S}{\sqrt{N}} = \frac{1{,}5}{\sqrt{100}} = \frac{1{,}5}{10} = 0{,}15$$

$3 \pm 1{,}96 \cdot 0{,}15$

$2{,}706 - 3{,}294$

En este intervalo se encontrará la media de asistencia de la población universitaria a seminarios al 95% de confianza.

113. **Supongamos que hemos extraído una muestra de 145 alumnos de una escuela de Artes y Oficios, a los que se les ha propuesto un test de habilidad. La $\bar{X}$ y la S calculadas de la muestra son 82 y 14 respectivamente. A partir de estos datos se trata de calcular el intervalo en el cual se hallará la media de la población (parámetro).*

$n_s = 0{,}05$

$\bar{X} = 82 \qquad \sigma_X = \frac{S}{\sqrt{N}}$

$S = 14$

$N = 145 \qquad = \frac{14}{\sqrt{145}} = 1{,}167$

$$P\{\bar{X} - Z\sigma_{\bar{X}} < \mu < \bar{X} + Z\sigma_{\bar{X}}\} = 0{,}95$$

$$\bar{X} \pm 1{,}96\sigma_{\bar{X}} \qquad \mu - \bar{X} \leqslant 1{,}96\,\sigma_{\bar{X}}$$

$$82 \pm 1{,}96 \cdot 1{,}167$$

$$82 \pm 2{,}29$$

$(79{,}71 - 84{,}29)$ intervalo pedido

114. *Una Universidad desea estimar el coeficiente de inteligencia de sus estudiantes. Se toma una muestra electoria de $N = 100$ estudiantes. La $\bar{X}$ media muestral es de 112, la desviación se estima en = 10. Encontrar el intervalo de confianza del 95% para el promedio poblacional.*

$N = 100$

$\bar{X} = 112$

$S = 10$

Si es el 95% será $\bar{X} \pm 1{,}96\sigma_{\bar{X}}$ los límites de confianza.

Al ser la muestra grande

$$\sigma_{\bar{X}} = \frac{S}{\sqrt{N}} = \frac{10}{10} = 1$$

$$P(\bar{x} - 1{,}965\sigma_{\bar{X}} < \mu < \bar{x} + 1{,}965\sigma_{\bar{X}}) = 0{,}95$$

es prácticamente igual $112 \pm 1{,}96 \cdot 1$

* DOWNIE, N. M., HEAT, R. W.: Métodos Estadísticos aplicados, Ediciones del Castillo. Madrid, 1971, pág. 179.

Entre 110,04 y 113,96 con 95% de posibilidades de acertar se encontrará la verdadera media poblacional, es decir la media del coeficiente de inteligencia de dicha Universidad.

115. *De una muestra de 100 estudiantes, la asistencia media a una serie de actos culturales fue de 4 al mes con una S = 3. Calcular el intervalo de asistencia media a actos culturales de la población estudiantil determinado a un nivel de confianza del 99%.*

$$N = 100$$

$$\overline{X} = 4$$

$$S = 3$$

$$\sigma_{\overline{x}} = \frac{S}{\sqrt{N}} = \frac{3}{\sqrt{100}} = \frac{3}{10} = 0{,}3$$

$$\overline{X} \pm 2{,}58\sigma_{\overline{x}}$$

$$5 \pm 2{,}58 \cdot 0{,}3$$

$$5 \pm 0{,}774$$

(4,226 – 5,774) intervalo de confianza al 99%

$$P(\overline{x} - 2{,}58\sigma_{\overline{x}} < \mu < \overline{x} + 2{,}58\sigma_{\overline{x}}) = 1 - q$$

$$P(4{,}225 < \mu < 5{,}774) = 0{,}99.$$

116. *Se seleccionó al azar una muestra de 100 personas cuya media de ingreso anual fue de 106,75 (en miles ptas.) en un determinado sector de población de Madrid y S = 20. Hallar el intervalo de confianza para μ con un $n_s = 0{,}05$.*

$$N = 100$$

$$\overline{x} = 106{,}75$$

$$S = 20$$

$$\sigma_{\overline{x}} = \frac{S}{\sqrt{N}} = \frac{10}{\sqrt{100}} = 1$$

$$P(\overline{x} - Z\sigma_{\overline{x}} < \mu < \overline{x} + Z\sigma_{\overline{x}}) = 0{,}95$$

$\overline{x} \pm 1{,}96\sigma_{\overline{x}}$ 95%

$106{,}75 \pm 1{,}96 \cdot 2$

$106{,}75 \pm 3{,}92$

$\mu$ se encontrará en el intervalo (102,83 – 110,67) al 95% de confianza.

117. *En una determinada zona de Andalucía se intenta conocer el número de hijos por familia de las personas que allí viven. Se toma una muestra de 60 familias y se sabe que $\overline{x} = 5$ y $s = 1$. Estimar el intervalo medio de número de hijos para las personas de aquella zona al nivel significación 0,01.*

$N = 60$

$\overline{x} = 5$

$s = 1$

$$\sigma_{\overline{x}} = \frac{S}{\sqrt{N}} = \frac{1}{\sqrt{60}} = \frac{1}{7{,}745} = 0{,}129 \simeq 0{,}13$$

$p\,(\overline{x} - z\sigma_{\overline{x}} < \mu < \overline{x} + z\sigma_{\overline{x}}) = 0{,}99$

$\overline{x} \pm z\sigma_{\overline{x}}$ 99%

$\overline{x} \pm 2{,}58\sigma_{\overline{x}}$ $5 \pm 2{,}58 \cdot 0{,}13$

$5 \pm 2{,}58 \cdot 0{,}12$

$5 \pm 0{,}33$

$4{,}67 - 5{,}33$

entre 4 – 5 tendrán el 99% de la población.

118. *En una provincia se ha tomado una muestra de 100 personas y se ha visto que la media de asistencia a centros médicos para revisiones es de 6 anual y S = 2. Estimar el intervalo de asistencia a centros médicos en dicha provincia.*

$N = 100$

$\overline{x} = 6$

$S = 2$

$n_s = 0{,}01$

$\overline{x} \pm Z\sigma_{\overline{x}}$

$p\,(\overline{x} - Z\sigma_{\overline{x}} < \mu < \overline{x} + Z\sigma_{\overline{x}}) = 0{,}99$

$$\sigma_{\overline{x}} = \frac{S}{\sqrt{N}} = \frac{2}{\sqrt{100}} = \frac{2}{10} = 0{,}2$$

$\overline{x} \pm Z\sigma_{\overline{x}}$

$6 \pm 2{,}58 \cdot 0{,}2$

$6 \pm 0{,}516$

$(5{,}484 \text{ y } 6{,}516)$

entre 5 y 7 se encontraría la media de asistencia de las personas a centros médicos con un 99%, lo cual nos indica también un determinado estatus socioeconómico para dicho sector.

119. *Se está estudiando la edad media de los universitarios españoles. Para ello se toma muestra de 400 alumnos de dicha Universidad y nos da una media de edad de 23, con una S = 2,8. Estimar el intervalo de confianza al 95% para la media de edad de la población universitaria española.*

$N = 400$

$\overline{x} = 23 \qquad p\,(\overline{x} - 1{,}96\sigma_{\overline{x}} < \mu < \overline{x} + 1{,}96\sigma_{\overline{x}}) = 0{,}95$

$S = 2{,}8$

$$\sigma_{\overline{x}} = \frac{S}{\sqrt{N}} = \frac{2{,}8}{\sqrt{400}} = \frac{2{,}8}{20} = 0{,}14$$

$23 \pm 1{,}96 \cdot 0{,}14$

entre 22,72 – 23,27 se encontrará la edad media de los alumnos de dicha universidad al 95% de confianza.

120. *Entre qué límites se encontrará la media salarial en una ciudad dormitorio periférica a Madrid, en la que se ha tomado una muestra de 130 personas y ha dado una media salarial de 47.000 ptas.*

*con una desviación típica de 4.000 ptas. Realizar el intervalo al 99% de confianza.*

$N = 130$

$\overline{x} = 47.000$

$S = 4.000$

$p\,(\overline{x} - 2{,}58\sigma_{\overline{x}} < \mu < \overline{x} + 2{,}58\sigma_{\overline{x}}) = 0{,}99$

$\overline{x} \pm 2{,}58\sigma_{\overline{x}}$

$$\sigma_{\overline{x}} = \frac{S}{\sqrt{N}} = \frac{4.000}{\sqrt{130}} = 350{,}8$$

$47.000 \pm 2{,}58 \cdot 35{,}8$

$47.000 \pm 905{,}064$

46.094,93 —— 47.905,064

entre 46.000 ≃ y 48.000 ≃ se encontrará al 99% de confianza la media salarial en dicha ciudad dormitorio.

121. *Se seleccionó al azar una muestra de 100 personas cuya media de ingresos mensual fue de 106.000 ptas. con una desviación típica de 20. Hallar el intervalo de confianza para la media poblacional con un nivel de significación de 0,05.*

$N = 100$

$\overline{X} = 106.000$ ptas.

$S = 20$

$1 - p = q = 0{,}05$

$p = 1 - q = 0{,}95 = 95\%$

$$\sigma_{\overline{X}} = \frac{S}{\sqrt{N}} = \frac{20}{\sqrt{100}} = \frac{20}{10} = 2$$

$P\,(\overline{X} - Z\sigma_{\overline{X}} < \mu < \overline{X} + Z\sigma_{\overline{X}}) = 0{,}95$

$\overline{X} \pm Z\sigma_{\overline{X}} = \overline{X} \pm 1{,}96 \cdot 2 = \overline{X} \pm 3{,}92$

$106.000 - 3{,}92$ y $106.000 + 3{,}92$

105.996 y 106.003

| P (105.996 < μ < 106.003) → 95% |
|---|

Entre 105.996 y 106.003 hay un 95% de posibilidades de que se encuentre la media poblacional.

122. *En un determinado país se está estudiando el tiempo desde el primer matrimonio hasta la separación por parejas divorciadas. Una muestra aleatoria de 80 parejas aporta unos datos de 48 años de edad media y una S = 2,9. Estúdiese la edad media por intervalo para dicha población $N_s = 0{,}05$.*

$N = 80$

$\overline{X} = 48$

$S = 2{,}9$

$$\overline{X} \pm Z\sigma_{\overline{X}}$$

$$P(\overline{X} - Z\sigma_{\overline{X}} < \mu < \overline{X} + Z\sigma_{\overline{X}}) = 0{,}95$$

$$\sigma_{\overline{X}} = \frac{S}{\sqrt{N}} = \frac{2{,}9}{\sqrt{80}} = \frac{2{,}9}{8{,}9} = 0{,}32$$

$$\overline{X} \pm 1{,}96 \cdot 0{,}32$$

$$48 \pm 0{,}6272$$

$$47{,}37 \text{ —— } 48{,}62$$

Edad media al 95% en la cual se produce la separación en la población.

123. *Se desea saber cuál es la edad media de los alumnos que realizan estudios de postgrado. Para ello se toma una muestra de 400 alumnos y ha resultado una media de 24,3 y una desviación típica de 12,8. Hacer una estimación de la media poblacional al 95%.*

$\overline{X} = 24{,}3$

$S = 12{,}8$

$N = 400$

$$\sigma_{\overline{X}} = \frac{S}{\sqrt{N}} = \frac{12{,}8}{\sqrt{400}} = \frac{12{,}8}{20} = 0{,}64$$

$$\left.\begin{array}{l}\overline{X} \pm 1{,}96\sigma_{\overline{X}} \\ \overline{X} \pm 1{,}96 \cdot 0{,}64\end{array}\right\} \rightarrow \begin{array}{l}25{,}5 \\ 2{,}3\end{array}$$

el intervalo pedido es 23 —— 25,5

124. *De una muestra de 30 personas matriculadas en un curso para mayores de 25 años (acceso a la universidad) en Madrid, la edad media era 33 y la S = 4. Estimar el intervalo de la edad media de las personas que están matriculadas en dicho curso en Madrid, nivel de confianza 95%.*

$N = 30 \qquad \overline{X} \pm t\sigma_{\overline{X}}$

$\overline{X} = 33 \qquad p\,(\overline{X} - t\sigma_{\overline{X}} < \mu < \overline{X} + t\sigma_{\overline{X}}) = 0{,}95$

$S = 4 \qquad N_s = 0{,}05$

$\nu = N - 1 = 30 - 1 = 29$

$\rightarrow t = 2{,}045$

$$\sigma_{\overline{X}} = \frac{S}{\sqrt{N-1}} = \frac{4}{\sqrt{30-1}} = \frac{4}{\sqrt{29}} = 0{,}74$$

$33 \pm 2{,}045 \cdot 0{,}74$

$33 \pm 1{,}51 \qquad p\,(31{,}49 < \mu < 34{,}51) = 0{,}95$

31,49 y 34,51

entre 31 – 35 se encuentra la edad media de las personas que en Madrid están matriculadas en cursos de acceso a la universidad con un 95% de probabilidades de acertar y un 5% de probabilidad de error.

125. *Se está estudiando el absentismo laboral femenino de una empresa. Se han elegido al azar 10 obreras de una determinada sección de la misma y se anota el número de días de falta al trabajo por diversos motivos durante los últimos 4 meses. Determinar el intervalo de confianza al 95% para el número medio de días de absentismo a la empresa de los empleados durante los 4 últimos meses.*

* Quesada, U., Isidoro, A., López, L. A.: Curso y ejercicios de Estadística. Editorial Alhambra, Madrid, 1979, pág. 317.

$N = 10$

$\overline{X} = 5$

$S = 2{,}26$

$\overline{X} \pm t\sigma_{\overline{x}}$

$p\,(\overline{X} - t\sigma_{\overline{x}} < \mu < \overline{X} + t\sigma_{\overline{x}}) = 0{,}95$

$$\sigma_{\overline{x}} = \frac{S}{\sqrt{N-1}} = \frac{2{,}26}{\sqrt{10-1}} = \frac{2{,}26}{\sqrt{9}} = \frac{2{,}26}{3} = 0{,}75$$

$\overline{X} \pm t\sigma_{\overline{x}}$ $\qquad t \begin{cases} 95\,\%\ n_c \\ gl = N - 1 = 9 \end{cases} \Big\rangle\ 2{,}262$

$5 \pm 2{,}262 \cdot 0{,}75$

$5 \pm 1{,}69$

3,31 —— 6,69

3 —— 6 → 95%

126. *En un distrito de una gran ciudad se está estudiando la edad media de las personas que han consumido algún tipo de droga. Para ello se toma una muestra aleatoria de 28 personas, de las cuales la edad media ha sido 18 años, con una S = 5. Hacer una estimación por intervalo de la edad media de las personas que han consumido algún tipo de droga en dicho distrito. Nivel de significación 0,01.*

$N = 28$ $\qquad \overline{X} \pm t\sigma_{\overline{x}}$

$\overline{X} = 18$ $\qquad p\,\{\overline{X} - 2{,}58\sigma_{\overline{x}} < \mu < 2{,}58\sigma_{\overline{x}}\} = 0{,}99$

$S = 5$ $\qquad \overline{X} \pm 2{,}58\sigma_{\overline{x}} \rightarrow 99\%$

$t = \begin{cases} N - 1 = 28 - 1 \\ N_s = 0{,}01 \end{cases} \Big\rangle\ 2{,}771$

$$\sigma_{\overline{x}} = \frac{S}{\sqrt{N-1}} = \frac{5}{\sqrt{28-1}} = \frac{5}{\sqrt{27}} = \frac{5}{5{,}196} = 0{,}96$$

$18 \pm 2{,}771 \cdot 0{,}96 \rightarrow 99\%$

$18 \pm 2{,}66016$

15,34 —— 20,66 → 99%

# 12

# Estimación proporciones

127. *El 45% de una muestra aleatoria de 200 estudiantes informa estar a favor de la legalización de la droga. Realizar el intervalo de confianza del porcentaje poblacional que estaría a favor de la droga a un* $n_s = 0,05$.

$$N = 200$$

$$n_s = 0,05$$

$$P_s = 0,45$$

$$\sigma_p = \sqrt{\frac{P_s\,(1 - P_s)}{N}} = \sqrt{\frac{0,45\,(\,1 - 0,45)}{200}} =$$

$$= \sqrt{\frac{0,45 \cdot 0,55}{200}} = \sqrt{\frac{0,2475}{200}} = 0,035$$

$$P\,(p - 1,96 \cdot 0,035 < P < p + 1,96 \cdot 0,035) = 0,95$$

$$P \pm 1,96\sigma_p = 0,45 \pm 1,96 \cdot 0,035$$

$$0,45 \pm 0,0686$$

0,3914 —— 0,5186

38,14% —— 51,86% en este intervalo se encuentra el porcentaje poblacional al 95% de confianza.

128. *El 45% de una muestra aleatoria de 100 estudiantes informa estar a favor de la legalización del aborto. Hallar el intervalo en el cual*

*se hallará el verdadero porcentaje de la población estudiantil. Nivel de confianza = 95%.*

$P_s = 0{,}45$

$N = 100$

$N_c = 95\%$

$P\,(P_s - Z\sigma_p < p < P_s + Z\sigma_p) = 0{,}95$

$$\sigma_p = \sqrt{\frac{P_s\,(1 - P_s)}{N}} = \sqrt{\frac{0{,}45\,(\,1 - 0{,}45)}{100}} =$$

$$= \sqrt{\frac{0{,}2475}{100}} = \sqrt{0{,}002475} = 0{,}04$$

$P_s \pm Z\sigma_p = P_s \pm 1{,}96 \cdot 0{,}04$

$0{,}45 \pm 0{,}0784$

$0{,}3716$ y $0{,}5284$

$P\,(0{,}3716 < p < 0{,}5284) = 95\%$

Entre 0,3716 (37,16%) y 0,5284 (52,84%) hay un 95% de probabilidad de que se encuentre el verdadero porcentaje de la población estudiantil que se encuentra a favor de la legalización del aborto.

129. *Sabiendo que 42 de cada 146 personas responden "conforme" a una pregunta de un cuestionario, determinar el intervalo de confianza para dicha proporción al 99% de confianza.*

$$\left.\begin{array}{l} 146 \text{ —— } 42 \\ 100 \text{ —— } x \end{array}\right\} \quad x = 28{,}76 = P_s$$

$N_c = 99\%$

$N = 146$

$P_s = 28{,}76 = 0{,}28$

$P\,(P_s - Z\sigma_p < P < P_s + Z\sigma_p) = 0{,}99$

$$\sigma_p = \sqrt{\frac{P_s(1-P_s)}{N}} = \sqrt{\frac{0,28\,(1-0,28)}{146}} =$$

$$= \sqrt{\frac{0,2016}{146}} = 0,03$$

$P_s \pm Z\sigma_p = 0,28 \pm 2,58 \cdot 0,03$

$0,28 \pm 0,0774$

0,2026 y 0,3574

$P\,(0,2026 < p < 0,3574) = 99\%$

Entre 20,26 y 35,74% hay un 99% de posibilidades de encontrar el porcentaje de personas que respondieron "conforme" a la pregunta formulada.

130. *Para estimar la proporción de estudiantes de una universidad que está a favor de la reinserción social del delincuente, se entrevistó aleatoriamente a 500 estudiantes. El 58% estaba a favor. Hallar el intervalo de confianza en el cual se hallará la proporción poblacional universitaria que se encuentra a favor.* $N_c = 95\%$.

$N = 500$

$N_c = 95\%$

$P_s = 58\% = 0,58$

$P\,(P_s - Z\sigma_p < P < P_s + Z\sigma_p) = 0,95$

$$\sigma_p = \sqrt{\frac{P_s(1-P_s)}{N}} = \sqrt{\frac{0,58\,(1-0,58)}{500}} =$$

$$= \sqrt{\frac{0,2436}{500}} = 0,02$$

$P_s \pm Z\sigma_p = 0,58 \pm 1,96 \cdot 0,02$

$0,58 \pm 0,0392$

0,5408 y 0,6192

$P\,(54,08\% < P < 61,92\%) = 95\%$

Entre el 54% y el 62% a un nivel de confianza del 95% se encontrará el verdadero porcentaje poblacional.

131. *200 votantes fueron seleccionados aleatoriamente y 110 se mostraron favorables al candidato A. Estímese la proporción porcentual de votantes al candidato A en dicha población usando un intervalo de confianza del 95%.*

$$p = \frac{110}{200} = 0{,}55 = 55\%$$

$$q = 1 - p = 1 - 0{,}55 = 0{,}45$$

$$\sigma_p = \sqrt{\frac{p_s\,(1 - p_s)}{N}} = \sqrt{\frac{p_s \cdot q_s}{N}} =$$

$$\sqrt{\frac{0{,}55 \cdot 0{,}45}{200}} = \sqrt{\frac{0{,}2475}{200}} = 0{,}035$$

$$P_s \pm Z\sigma_p$$

$$P\,(P_s - Z\sigma_p < p < P_s + Z\sigma_p) = 0{,}95$$

$$0{,}55 \pm 1{,}96 \cdot 0{,}035$$

$$0{,}55 \pm 0{,}0686$$

0,48 —— 0,61

48% —— 61%

*Si la población consta de 100.000 personas, calcular el intervalo para el número de personas favorables al candidato A.*

48.000 —— 61.000

132. *De una muestra aleatoria de 200 delincuentes juveniles, sacada de una población de 3.000 internos de una escuela correcional, reveló que para el 40% el delito por el cual habían sido detenidos era por hurto. Construir el intervalo de confianza del 95% para la proporción poblacional de los que habían sido detenidos por hurto.*

$$N = 200$$

$$P = 0{,}40$$

$Q = 0,60$

$N_c = 95\%$

$$\sigma_p = \sqrt{\frac{p_s \cdot q_s}{n}} \cdot \sqrt{\frac{N - n}{N - 1}}$$

$$\sigma_p = \sqrt{\frac{0,40 \cdot 0,60}{200}} \cdot \sqrt{\frac{3.000 - 200}{3.000 - 1}}$$

$$\sigma_p = \sqrt{\frac{0,24}{200}} \cdot 0,9662 = 0,029$$

$P \pm Z\sigma_p$

$P\,(P - Z\sigma_p < p < P + Z\sigma_p) = 0,95$

$0,40 \pm 1,96 \cdot 0,029$

$0,40 \pm 0,0568$

0,34 —— 0,4568

34% —— 45,6%

133. *Se ha tomado una muestra en el distrito de San Blas de Madrid de 500 personas. De ellas, 55% votarán al PSOE en las próximas elecciones municipales. Se desea conocer el porcentaje de votos que en el distrito de San Blas van al PSOE. Realizar el intervalo de confianza de la proporción poblacional al 99% de confianza.*

$N = 500$

$P = 0,55$

$Q = 0,45$

$$\sigma_p = \sqrt{\frac{p \cdot q}{N}} = \sqrt{\frac{0,55 \cdot 0,45}{500}} = \sqrt{\frac{0,2475}{500}} = 0,02$$

$P\,(P - Z\sigma_p < p < P + Z\sigma_p) = 0,99$

$P \pm Z\sigma_p$

$P \pm 2{,}58\sigma_p$

$0{,}55 \pm 2{,}58 \cdot 0{,}02$

$0{,}55 \pm 0{,}0516$

0,498 —— 0,60

50% —— 60%

134. *En una ciudad, el porcentaje de desempleo de una muestra de 1.000 personas, resulta ser el 12%, con una S = 0,04. Calcular entre qué límites se encuentra en la ciudad el porcentaje de desempleo, con un nivel de confianza del 95%. Intervalo para el número de desempleados en dicha ciudad, que cuenta con una población activa de 600.000.*

$N = 1.000$

$P = 12\%$

$S = 0{,}04$

$P\{P_s - Z\sigma_p < p < P_s + Z\sigma_p\} = 0{,}95$

$P_s \pm Z\sigma_p$

$P_s \pm 1{,}96\sigma_p$

$$\sigma_p = \sqrt{\frac{p \cdot q}{N}} = \sqrt{\frac{0{,}12 \cdot 0{,}88}{1.000}} = \sqrt{\frac{0{,}1056}{1.000}} = 0{,}010$$

$0{,}12 \pm 1{,}96 \cdot 0{,}010$

$0{,}12 \pm 0{,}0196$

0,1004 —— 0,1396

10 y el 14%

60.240 —— 83.760 personas desempleadas.

135. *Según una encuesta realizada sobre una muestra de 2.500 personas elegidas al azar, el 80%, está decidida a votar en las próximas elecciones. Con un 99% de nivel de confianza, ¿entre qué valores estará el porcentaje de votantes de la población?*

$$N = 2.500$$

$$P_s = 0{,}80$$

$$P\,\{P_s - Z\sigma_p < P < P_s + Z\sigma_p\} = 0{,}99$$

$$\sigma_p = \sqrt{\frac{0{,}80 \cdot 0{,}20}{2.500}} = 0{,}008$$

$$0{,}80 \pm 2{,}58 \cdot 0{,}008$$

$$78\% \text{ —— } 82\%$$

porcentaje de votantes para la población al 99% de confianza.

136. *En una muestra de 100 personas de un barrio de una ciudad se ha observado que 0,18 ó 18% leen diariamente el periódico. Intervalo al 99% de confianza para el porcentaje poblacional asiduo a la lectura del periódico.*

$$N = 100$$

$$P_s = 0{,}18$$

$$P \pm Z\sigma_p$$

$$P\,\{P_s - Z\sigma_p < P < P_s + Z\sigma_p\} = 0{,}99$$

$$\sigma_p = \sqrt{\frac{P\,(1-P)}{N}} = \sqrt{\frac{0{,}18 \cdot 0{,}82}{100}} = \sqrt{\frac{0{,}1476}{100}} = 0{,}038$$

$$0{,}18 \pm 2{,}58 \cdot 0{,}038$$

$$0{,}18 \pm 0{,}09804$$

$$0{,}08196 \text{ —— } 0{,}2780$$

entre 8,1 y 27,8% leen diariamente el periódico al 99% de confianza.

137. **Se quiere saber con qué frecuencia ven la televisión los universitarios que viven por su cuenta en pisos. Para ello se consulta a 240 y resulta que 108 ven la televisión 2 ó más veces por semana. Intervalo para el 95% de confianza.*

* Calvo Félix. Ediciones Deusto, Bilbao, 1978, pág. 317.

$N = 240$

$P_s = 0,45$

$p = \frac{108}{240} = 0,45$

$P_s \pm Z\sigma_p$

$P\ \{P_s - Z\sigma_p < P < P_s + Z\sigma_p\} = 0,95$

$$\sigma_p = \sqrt{\frac{p \cdot q}{N}} = \sqrt{\frac{0,45 \cdot 0,55}{240}} = 0,032$$

$p \pm 1,96 \cdot 0,032$

$0,45 \pm 1,96 \cdot 0,032$

38,7% —— 51,27%

138. *Se tomó una muestra de 300 personas adultas y 500 jóvenes y se les preguntó si les gustaba o no un cierto programa de televisión, respondiendo afirmativamente el 30% y el 60% respectivamente. Construir los intervalos de confianza respectivos al 99% de confianza.*

Adultos

$n = 300$

$p = 0,30 \qquad p \pm z\sigma_p$

$P\ \{P_s - Z\sigma_p < P < P_s + Z\sigma_p\} = 0,99$

$$\sigma_p = \sqrt{\frac{0,30 \cdot 0,70}{300}} = 0,026$$

$p \pm 2,58 \cdot 0,026$

$0,30 \pm 0,06708$

0,23292 —— 0,36708

23,29% —— 36,7%

Jóvenes

$n = 500$

$p = 0{,}60 \qquad p \pm z\sigma_p$

$P\{P_s - Z\sigma_p < P < P_s + Z\sigma_p\} = 0{,}99$

$$\sigma_p = \sqrt{\frac{0{,}60 \cdot 0{,}40}{500}} = 0{,}021$$

$0{,}60 \pm 2{,}58 \cdot 0{,}021$

$0{,}60 \pm 0{,}05418$

0,54582 —— 60,05

54,5% —— 60,05%

139. *En una muestra aleatoria de 1.500 personas en una ciudad española, están a favor del divorcio el 70%. Hallar el intervalo de confianza para la población al nivel de confianza del 95%.*

$n = 1.500$

$p = 0{,}70$

$q = 0{,}30$

$p\,(p_s - z\sigma_p < P < p_s + z\sigma_p) = 0{,}95$

$$\sigma_p = \sqrt{\frac{p \cdot q}{n}} = \sqrt{\frac{0{,}7 \cdot 0{,}3}{1.500}}$$

$$p_s \pm z\sigma_p = 0{,}70 \pm 1{,}96\sqrt{\frac{0{,}7 \cdot 0{,}3}{1.500}} \to 95\%$$

$$\sigma_p = \sqrt{\frac{p \cdot q}{n}} = \sqrt{\frac{0{,}7 \cdot 0{,}3}{1.500}} = 0{,}011$$

El intervalo $\left[0{,}70 - 1{,}96\sqrt{\frac{0{,}7 \cdot 0{,}3}{1.500}},\ 0{,}70 + 1{,}96\sqrt{\frac{0{,}7 \cdot 0{,}3}{1.500}}\right.$

0,677 – 0,723, es decir, 67,7% y 72,3%, es el intervalo en el cual se encuentra la verdadera proporción poblacional, es decir, en este intervalo se encontrará el porcentaje de personas que en la población están a favor del divorcio con un 95% de confianza.

140. *Se sabe que el 60% de los adultos de un área geográfica asisten regularmente a programas culturales. Se obtiene una muestra aleatoria de 150 adultos. Se desea conocer cuál es la probabilidad de que la proporción muestral esté comprendida entre los valores 0,5 y 0,7.*

$$n = 150$$

$$p_s = 0{,}60$$

$$\sigma_p = \sqrt{\frac{p_s\,(1 - p_s)}{n}} = \sqrt{\frac{0{,}60 - (1 - 0{,}60)}{150}} =$$

$$= \sqrt{\frac{0{,}24}{150}} = 0{,}04$$

$$z = \frac{p_s - p_\mu}{\sigma_p}$$

$$\left.\begin{array}{l} z_1 = \dfrac{0{,}50 - 0{,}60}{0{,}04} = -2{,}5 \\[2ex] z_2 = \dfrac{0{,}70 - 0{,}60}{0{,}04} = 2{,}5 \end{array}\right\} \quad p = 98{,}76\%$$

141. *Se ha tomado una muestra de 500 personas y se sabe que el 55% se encuentra a favor del aborto terapéutico. Realizar el intervalo de proporción poblacional al 99% de confianza.*

$$n = 500$$

$$p = 0{,}55$$

$$q = 0{,}45 \qquad \sigma_p = \sqrt{\frac{p \cdot q}{n}} = \sqrt{\frac{0{,}55 \cdot 0{,}45}{500}} = 0{,}02$$

$$p \pm z\sigma_p$$

$$p\,\{p_s - z\sigma_p < P < p_s + z\sigma_p\} = 0{,}99$$

$$p \pm 2{,}58\sigma_p$$

$$0{,}55 \pm 2{,}58 \cdot 0{,}02$$

$$0{,}498 \text{ —— } 0{,}60$$

50% —— 60%

Entre el 50 y el 60% se encuentra el porcentaje de personas que en la población se encuentran a favor del aborto terapéutico.

# 13

# Prueba de hipótesis. Una muestra; medias, proporciones, panel

142. **Una encuesta de 64 empleados profesionales de una institución correcional reveló que el tiempo medio de empleo en dicho campo era de 5 años, con una desviación típica de 4. ¿Sirven estos datos de soporte de que el tiempo medio de empleo de los profesionales de este tipo esté por debajo de los 6 años:* $N_s = 0{,}05$.

1. $H_1 ; \mu < 6$

   $H_0 ; \mu = 6$

2. unilateral

3. $N_s = 0{,}05 \qquad N_c = 95\%$

4. Cálculo prueba

$$z = \frac{\overline{X} - \mu}{\sigma_{\overline{X}}}$$

$$\sigma_{\overline{X}} = \frac{S}{\sqrt{N}}$$

* Datos tomados de Daniel, W. W. Estadística con aplicaciones a las Ciencias Sociales y a la Educación. Edit. McGraw Hill, Colombia, 1981, pág. 214. Elaboración mía.

el contraste puede realizarse por diversos métodos. Veamos alguno de ellos.

$$\sigma_{\overline{X}} = \frac{4}{\sqrt{64}} = \frac{4}{8} = 0,5$$

*en términos de*

$$z = \frac{5-6}{0,5} = -2$$

5. Contraste

$$Zc \begin{cases} \text{unilateral} \\ ns = 0,05 \end{cases} -1,645$$

$|-2| > |-1,645| \; Ze > Zc$

6. Interpretación → Se rechaza $H_0$

*Visto en términos de probabilidad:* probabilidad de encontrar un $Z = -2$ ó inferior.

$p\,(z = 2) = 0,4772$

$p \rightarrow 1 - 0,50 + 0,4772 = 0,0228$

$0,02 < 0,05$

$2\% < 5\%$ se rechaza $H_0$

*En términos de valor crítico*

$$\mu_0 - Z\sigma_{\overline{X}} = 6 - 1,645 \cdot 0,5 = 5,1775 = \overline{X}_0$$

Si $\overline{X} < \overline{X}_0$ se rechaza $H_0$

$\overline{X}$ tendría que estar dentro de $\overline{X}_0$ para aceptar $H_0$

En resumen $\begin{cases} \text{en términos de Z, } z = -2 \\ \text{en términos de P, } p = 0,0228 \\ \text{en términos de } \overline{X}_0,\ \overline{X}_0 = 5,1775 \end{cases}$

143. *Se está realizando una investigación sobre diversos temas relacionados con colegios mayores. Se piensa que la edad media de las personas que en ellos habitan es menor de 21 años. Se ha tomado una de 16 personas y ha dado una media de 20. (S = 3). ¿Puede mantenerse la afirmación, al 95% de que la edad de las personas residentes en colegios mayores es menor de 21?*

1. $H_1 ; \mu_1 < 21$

   $H_0 ; \mu_0 = 21$

2. t unilateral

3. $N_s = 0{,}05 \qquad N = 95\%$

$$\sigma_{\bar{X}} = \frac{S}{\sqrt{N-1}} = \frac{3}{\sqrt{16-1}} = \frac{3}{3{,}872} = 0{,}77$$

4. $$t = \frac{\bar{X} - \mu}{\sigma_{\bar{X}}} = \frac{20-21}{0{,}77} = \frac{-1}{0{,}77} = -1{,}29$$

5. Zona acept. $\begin{cases} N_s = 0{,}05 \\ gl = N - 1 = 16 - 1 = 15 \end{cases} \; -1{,}753$

$| t_e | < | t_c |$ se acepta $H_0$, y se rechaza $H_1$ al 95% de confianza.

144. *De una muestra aleatoria de 225 habitantes de una zona, reveló que 18 habían sido víctimas de algún delito. ¿Proporcionan estos datos evidencia suficiente como para concluir que el porcentaje de personas que han sufrido delito difiere del 10%? $N_c = 0{,}95$.*

1. $H_0 : p = 0{,}10$

   $H_1 : p \neq 0{,}10$

$$p_s = \frac{18}{225} = 0{,}08$$

2. Z = bilateral

3. $N_s = 0{,}05 \qquad N_c = 95\%$

4. Cálculo prueba

$$\sigma_p = \sqrt{\frac{p \cdot q}{N}} = \sqrt{\frac{0{,}10 \cdot 0{,}9}{2{,}25}} = 0{,}02$$

$$Z = \frac{P_s - P_\mu}{\sigma_p} = \frac{0{,}08 - 0{,}10}{0{,}02} = -1$$

5. Z — bilateral, ns = 0,05 — ±1,96

Si $|Z_e| < |Z_c|$ se acepta $H_0$
Si $|Z_e| > |Z_c|$ se rechaza $H_0$

como $Z_e < Z_c$ se acepta $H_0$

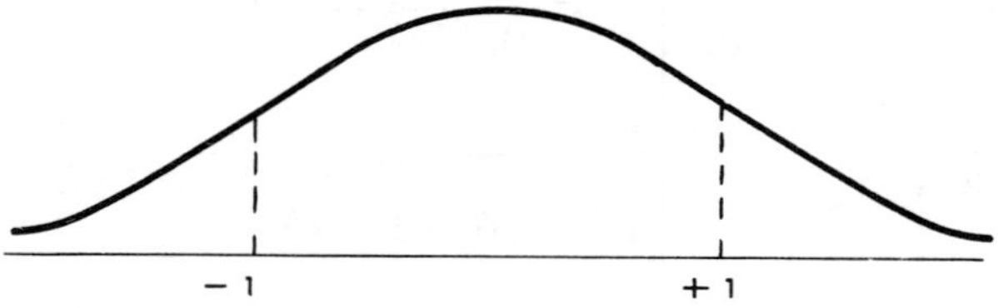


Area entre (Z = 0, Z = 1) = 0,3413

Probabilidad de obtener un valor Z entre −1 y +1 = probabilidad entre Z = −1 y Z = 0 más probabilidad entre Z = 0 y Z = 1 = = 0,3413 + 0,3413 = 0,6826 = 68,26%.

1 − 0,6826 = 0,3174 = 31,74%

31,74% > 5% se acepta $H_0$

Este problema lo podemos aceptar en:

- términos de Z: valores críticos −1,96 y +1,96

  $Z_c = -1$

- términos de probabilidad de p: 0,3174 ó 31,74% de obtener un valor de $Z \leqslant -1$ ó $Z \geqslant 1$ cuando $H_0$ es cierta.

• términos de P′

$$P(P_0 - 1{,}96\sigma_p < P_s < P_0 + 1{,}96\sigma_p) = 0{,}95 = P'$$

$$P' \pm Z\sigma_p = 0{,}10 \pm 1{,}96 \cdot 0{,}02 = 0{,}10 \pm 0{,}0392 =$$

$$= P' (0{,}0608 - 0{,}1392)$$

$P_s = 0{,}08$ se encuentra en dicho intervalo. Se acepta $H_0$.

Es suficiente uno de los diversos métodos para realizar un contraste.

145. **A un grupo de personas se les propuso un test de actitud acerca de un tema polémico y obtuvimos unos resultados. Luego el grupo asistió a la proyección de una película favorable al tema y acto seguido se les propuso de nuevo el test de actitud, del que se obtuvo otros resultados. Las puntuaciones fueron las siguientes: $N_s = 0{,}01$.*

| | $x_1$ | $x_2$ | $x_1 - x_2 = x_D$ | $x_D - \bar{x}_D$ | $(x_D - \bar{x}_D)^2$ |
|---|---|---|---|---|---|
| Rosa | 24 | 16 | 8 | 3,28 | 10,75 |
| Carmen | 20 | 18 | 2 | −2,72 | 7,39 |
| Pepe | 24 | 20 | 4 | −0,72 | 0,51 |
| Luis | 28 | 24 | 4 | −0,72 | 0,51 |
| Antonio | 30 | 24 | 6 | 1,28 | 1,63 |
| Jesús | 20 | 22 | −2 | −6,72 | 45,15 |
| Patricia | 24 | 20 | 4 | −2,72 | 7,39 |
| Manuel | 22 | 18 | 4 | −2,72 | 7,39 |
| Juan | 18 | 10 | 8 | 3,28 | 10,75 |
| Ana | 18 | 8 | 10 | 5,28 | 27,87 |
| Lola | 24 | 20 | 4 | 0,72 | 0,51 |
| | $\Sigma x_1 = 252$ | $\Sigma x_2 = 200$ | 52 | | 119,85 |

*Verificar la hipótesis de investigación al $n_s = 0{,}01$ de que la proyección de una película favorable hace que cambie la actitud desfavorable hacia el tema.*

1. $H_0 ; \mu_D = 0$

   $H_1 ; \mu_D \neq 0$

---

* **Datos tomados de DOWNIE, N. M., HEAT, R. W.: Métodos Estadísticos Aplicados. Ediciones del Castillo, 1971, pág. 202. El desarrollo es mío.**

2. Prueba bilateral.

3. $n_s = 0{,}01 \qquad N_c = 99\%$

4. Cálculo prueba

$$t = \frac{\overline{x}_D - \mu_D}{\sigma_D}$$

$$t = \frac{\overline{x}_D - \mu_D}{S_D/\sqrt{N-1}}$$

$$\overline{x}_D = \frac{52}{11} = 4{,}72$$

$$S_D = \sqrt{\frac{\Sigma\,(x_D - \overline{x}_D)^2}{N}}$$

$$S_D = \sqrt{\frac{119{,}85}{11}} = 3{,}30$$

$$\sigma_D = \frac{S_D}{\sqrt{N-1}} = \frac{3{,}30}{\sqrt{11-1}} = 1{,}04$$

$$t = \frac{4{,}72 - 0}{3{,}30/\sqrt{11-1}} = \frac{4{,}72}{1{,}04} = 4{,}53$$

5. $t \begin{cases} 99\% \\ gl = n - 1 = 11 - 1 = 10 \end{cases} \rightarrow t = 3{,}169$

$t_e = 4{,}53$

$t_c = 3{,}169$

6. $t_e > t_c$ se rechaza la hipótesis nula y se acepta la de $H_1$ y podemos afirmar al 99% de confianza que la película influyó en la actitud de las personas.

146. *Se estudió el impacto que causa la reubicación forzada sobre la buena vecindad. Se entrevista una muestra aleatoria de 6 indivi-*

*duos tanto antes como después de que se les obligó a mudarse. Nuestra entrevista produce las siguientes puntuaciones:* $N_c = 95\%$.

| Entrevistado | Antes $x_1$ | Después $x_2$ | $x_D = x_1 - x_2$ | $x_D - x_D$ | $(x_D - x_D)^2$ |
|---|---|---|---|---|---|
| Rosa | 2 | 1 | 1 | 0 | 0 |
| Raúl | 1 | 2 | –1 | 0 | 0 |
| Antonio | 3 | 1 | 2 | 1 | 1 |
| Carmen | 3 | 1 | 2 | 1 | 1 |
| Alberto | 1 | 2 | –1 | 0 | 0 |
| Mario | 4 | 1 | 3 | 2 | 4 |
| | $\Sigma x_1 = 14$ | $\Sigma x_2 = 8$ | 6 | | 6 |

1. $H_0$; $\mu_D = 0$

   $H_1$; $\mu_D \neq 0$

2. bilateral

3. ns = 0,05

4. Cálculo prueba

$$t = \frac{\overline{x}_D - \mu_D}{S_D / \sqrt{N - 1}}$$

$$\overline{x}_D = \frac{6}{6} = 1$$

$$S_D = \sqrt{\frac{\Sigma (x_D - \overline{x}_D)^2}{N}}$$

$$S_D = \sqrt{\frac{6}{6}} = 1$$

$$\sigma_D = \frac{S_D}{\sqrt{N - 1}} = \frac{1}{\sqrt{6 - 1}} = \frac{1}{2,23} = 0,44$$

$$t = \frac{1 - 0}{0,44} = 2,27$$

5. $t_c \begin{cases} n_{sig} = 0{,}05 \\ gl = n - 1 = 6 - 1 = 5 \end{cases} 1{,}47$

6. $t_e > t_c$ se rechaza la Hipótesis Nula y se acepta la de investigación. Podemos decir al 95% de confianza que con lo que respecta a la buena vecindad, si varía cuando se produce una reubicación forzada.

# 14

# Prueba de hipótesis. Dos muestras; medias y proporciones

147. *Se toman dos muestras aleatorias y a todos los miembros se les piden donaciones para distribuirlas entre los supervivientes de un terremoto. A los 6 primeros de la muestra se les asegura el anonimato y a los otro 6 se les promete colocar los nombres en un lugar público visible. Por tanto tenemos las condiciones experimentales de anonimato contra identidad conocida. Podemos decir al 99% de confianza que es diferente la* $\overline{X}$ *de donaciones en uno y otro grupo, al* $n_s = 0{,}05$.

| Anonimato n = 6 | | Identidad conocida n = 6 | |
|---|---|---|---|
| $X_1$ ptas. | $X_1^2$ | $X_2$ ptas. | $X_2^2$ |
| 100 | 10.000 | 300 | 90.000 |
| 200 | 40.000 | 500 | 250.000 |
| 100 | 10.000 | 500 | 250.000 |
| 100 | 10.000 | 500 | 250.000 |
| 200 | 40.000 | 400 | 160.000 |
| 100 | 10.000 | 500 | 250.000 |
| 800 | 120.000 | 2.700 | 1.250.000 |

1. $$\overline{X}_1 = \frac{\Sigma X_1}{n} = \frac{800}{6} = 133 \text{ ptas.}$$

$$\overline{X}_2 = \frac{\Sigma X_2}{n} = \frac{2.700}{6} = 450 \text{ ptas.}$$

2. $S_1 = \sqrt{\frac{\Sigma X_1^2}{n} - \overline{X}_1^2} = \sqrt{\frac{120.000}{6} - 17.689} = 48$

$S_2 = \sqrt{\frac{\Sigma X_2^2}{n} - \overline{X}_2^2} = \sqrt{\frac{1.250.000}{6} - 202.500} = 76$

$\overline{X}_1 = 133$

$S_1 = 48$

$\overline{X}_2 = 450$

$S_2 = 76$

1. $H_0 ;\ \mu_1 = \mu_2$

$H_1 ;\ \mu_1 \neq \mu_2$

2. bilateral

3. $n_s = 0{,}05 \qquad n_c = 0{,}95$

4. Cálculo prueba

$$t = \frac{\overline{x}_1 - \overline{x}_2 - 0}{\sigma_{dif}}$$

$$\sigma_{dif} = \sqrt{\sigma_{\overline{x}_1}{}^2 + \sigma_{\overline{x}_2}{}^2}$$

$$\sigma_{\overline{x}_1} = \frac{S_1}{\sqrt{N_1 - 1}} = \frac{48}{\sqrt{6 - 1}} = \frac{48}{2{,}23} = 21$$

$$\sigma_{\overline{x}_2} = \frac{S_2}{\sqrt{N_2 - 1}} = \frac{76}{\sqrt{6 - 1}} = \frac{76}{2{,}23} = 34$$

$$\sigma_{dif} = \sqrt{(21)^2 + (34)^2} = \sqrt{441 + 1.156} = 39{,}96$$

$$t = \frac{133 - 450}{39{,}96} = -7{,}93$$

$t_e = -7{,}93$

$$t_c \begin{cases} n_s = 0{,}05 \\ gl = n_1 + n_2 - 2 = 6 + 6 - 2 = 10 \end{cases}$$

$t_c = 2{,}228$

5. Contraste, zonas de aceptación y de rechazo.

$|t_e| > |t_c| \rightarrow$ se rechaza $H_0$ y se acepta $H_1$

6. Interpretación. Podemos afirmar al 95% de confianza que existe una diferencia significativa, es decir que en la población la donación varía según haya o no anonimato.

148. *Una encuesta hecha a 100 estudiantes matriculados en una universidad reveló que durante el primer trimestre la cantidad gastada (promedio) en libros se elevó a 3.500 ptas. con una desviación de 500.*

*En otra población universitaria se tomó una muestra de 100 estudiantes y se vio que el dinero gastado en libros en el trimestre era de 2.500 ptas. (promedio) con desviación de 800.*

*¿Puede considerarse la diferencia significativa?*

*¿Puede decirse que las poblaciones universitarias gastan diferente dinero en libros?* $n_s = 0{,}05$.

| | |
|---|---|
| $n_1 = 100$ | $n_2 = 100$ |
| $\overline{X}_1 = 3.500$ | $\overline{X}_2 = 2.500$ |
| $S_1 = 500$ | $S_2 = 800$ |

1. $H_0 : \mu_1 = \mu_2$

   $H_1 : \mu_1 \neq \mu_2$

2. Bilateral.

3. $n_s = 0{,}05$

4. Cálculo prueba

5. Zona aceptación y rechazo $Zc \begin{cases} n_s = 0{,}05 \\ \text{bilateral} \end{cases} \pm 1{,}96$

6. Interpretación.

$$\sigma_{dif} = \sqrt{\sigma_{\overline{X}_1}{}^2 + \sigma_{\overline{X}_2}{}^2}$$

$$\sigma_{\overline{X}_1} = \frac{S_1}{\sqrt{n_1}} = \frac{500}{\sqrt{100}} = 50$$

$$\sigma_{\overline{X}_2} = \frac{S_2}{\sqrt{n_2}} = \frac{800}{\sqrt{100}} = 80$$

podría calcularse directamente para ambos

$$\sigma_{\overline{X}}{}^2 = \frac{S^2}{n}$$

$$\sigma_{dif} = \sqrt{(50)^2 + (80)^2} = \sqrt{2.500 + 6.400} = 94{,}33$$

$$Z = \frac{\overline{X}_1 - \overline{X}_2}{\sigma_{dif}} = \frac{3.500 - 2.500}{94{,}33} = \frac{1.000}{94{,}33} = 10{,}60$$

$$Ze > Zc$$

Se rechaza la hipótesis nula, puede decirse pues que existe una diferencia significativa y que las poblaciones universitarias tienen un gasto diferente en libros.

149. *Estudiamos dos muestras de 70 hombres y 70 mujeres con respecto a su nivel de etnocentrismo (se refiere a la tendencia a evaluar a todos los grupos de personas usando nuestras propias normas culturales). Escala de 1 a 5 → alto etnocentrismo y obtenemos una media de etnocentrismo para los hombres de 1,71 y para las mujeres de 1,54 con unas desviaciones típicas de 1,07 y 0,94 respectivamente. Nuestra hipótesis de investigar establece que las mujeres difieren de los hombres en cuanto al nivel de etnocentrismo. Comprobar esta hipótesis al nivel de significación del 0,05.*

| Hombres | Mujeres |
|---|---|
| $\overline{X}_1 = 1{,}71$ | $\overline{X}_2 = 1{,}54$ |
| $S_1 = 1{,}07$ | $S_2 = 0{,}94$ |

1. Hipótesis

$H_1 ; \mu_1 \neq \mu_2$

$H_0 ; \mu_1 = \mu_2$

2. Prueba bilateral

3. Nivel significación = 0,05
   Nivel confianza = 95%

4. Cálculo prueba

$$Z = \frac{\overline{X}_1 - \overline{X}_2}{\sigma_{dif}}$$

5. Zonas aceptación y rechazo $\quad Zc \begin{cases} n_s = 0{,}05 \\ \text{bilateral} \end{cases} \pm 1{,}96$

6. Interpretación

$$\sigma_{dif} = \sqrt{\sigma_{\overline{X}_1}{}^2 + \sigma_{\overline{X}_2}{}^2}$$

$$\sigma_{\overline{X}_1} = \frac{S_1}{\sqrt{n_1}} = \frac{1{,}07}{\sqrt{70}} = \frac{1{,}07}{8{,}3} = 0{,}12$$

$$\sigma_{\overline{X}_2} = \frac{S_2}{\sqrt{n_2}} = \frac{0{,}94}{\sqrt{70}} = \frac{0{,}94}{8{,}3} = 0{,}11$$

$$\sigma_{dif} = \sqrt{(0{,}12)^2 + (0{,}11)^2} = \sqrt{0{,}0144 + 0{,}0121} = 0{,}16$$

Existen varias formas de comprobar si $H_0$ es cierta o es falsa. Puede realizarse mediante cualquiera de ellas en este caso, en lo sucesivo sólo en algunos casos realizaremos el contraste de más de una forma. Veamos:

1. En términos del Z

$$Z = \frac{\overline{X}_1 - \overline{X}_2}{\sigma_{dif}} = \frac{1{,}71 - 1{,}54}{0{,}16} = \frac{0{,}17}{0{,}16} = 1{,}06$$

Zonas críticas al 95% pone una prueba bilateral Z = 1,96

$Ze < Zc$ se acepta $H_0$

2. En términos de probabilidad

$$P\,(Z = 0{,}68) = 0{,}2275$$

$$1 - (0{,}2275 + 0{,}2275) =$$

$$= 1 - 0{,}455 = 0{,}545 = 54{,}5\,\%$$

probabilidad mayor de 5%.

Se acepta $H_0$

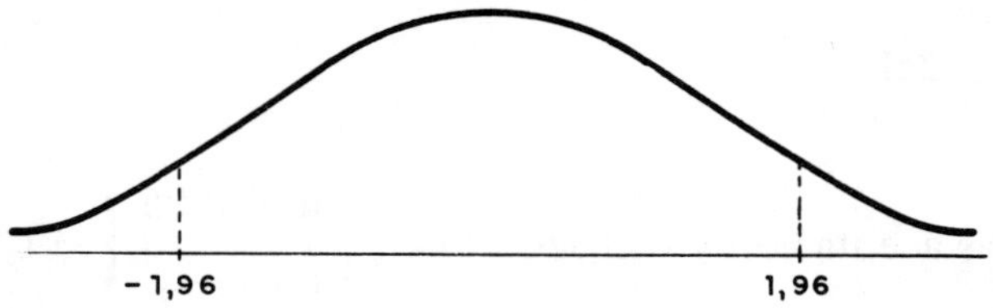


3. En términos del valor crítico o diferencia máxima admisible

$$\mu_1 - \mu_2 = 0$$

$$0 \pm 1{,}96 \cdot 0{,}16 = 0{,}3136$$

Se acepta $H_0$, pues 0,17 se encuentra en dicho intervalo.

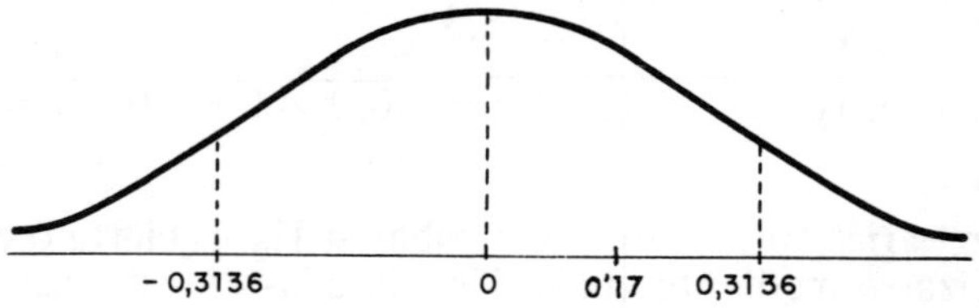


150. *Se seleccionan al azar 50 distritos en una ciudad de los cuales 25 están asistidos por una fuerte promoción cultural y los otros 25 no lo están. Se comparan las medias de delincuencia entre los 25 distritos con promoción o asistencia y las medias de los otros 25 distritos que no lo tienen.*

*Indicar si las medias de delincuencia son diferentes en las poblaciones entre los 25 distritos con asistencia y los otros 25 que no la tienen, es decir, indicar si la diferencia es o no significativa.* $n_s = 0{,}01$.

| con asistencia cultural | sin asistencia cultural |
|---|---|
| $n = 25$ | $n = 25$ |
| $\overline{X}_1 = 28$ | $\overline{X}_2 = 30$ |
| $S_1 = 6$ | $S_2 = 8$ |

media de actos delictivos semanales

1. $H_0 ; \mu_1 = \mu_2$

   $H_1 ; \mu_1 \neq \mu_2$

2. Bilateral

3. Nivel confianza = 99%, $n_s = 0{,}01$

4. Cálculo de la prueba.

$$t = \frac{\overline{X}_1 - \overline{X}_2}{\sigma_{dif}}$$

5. Zonas aceptación y rechazo.

6. Interpretación.

$$\sigma_{dif} = \sqrt{\sigma \overline{X}_1^2 + \sigma \overline{X}_2^2} \qquad \sigma_{dif} = \sqrt{\sigma_{\overline{X}_1}{}^2 + \sigma_{\overline{X}_2}{}^2}$$

$$\sigma_{\overline{X}_1} = \frac{S_1}{\sqrt{n_1 - 1}} = \frac{6}{\sqrt{25 - 1}} = \frac{6}{\sqrt{24}} = \frac{6}{4{,}89} = 1{,}22$$

$$\sigma_{\overline{X}_2} = \frac{S_2}{\sqrt{n_2 - 1}} = \frac{8}{\sqrt{25 - 1}} = \frac{8}{\sqrt{24}} = \frac{8}{4{,}89} = 1{,}63$$

$$\sigma_{dif} = \sqrt{(1{,}22)^2 + (1{,}63)^2} = \sqrt{1{,}4884 + 2{,}6569} =$$

$$= \sqrt{4{,}1453} = 2{,}03$$

$$t = \frac{\overline{X}_1 - \overline{X}_2}{\sigma_{dif}} = \frac{28 - 30}{2{,}30} = \frac{-2}{2{,}03} = -0{,}98$$

$n_s = 0{,}01$

$gl = n_1 + n_2 - 2 = 25 + 25 - 2 = 48$

$40 - 2{,}701$ / $60 - 2{,}660$ → $2{,}68$ ⎫ $t_c$

$t_e > t_c$ se rechaza $H_0$

$t_c > t_e$ se acepta $H_0$

$t_c = 2{,}68$

$t_e = -0{,}98$

$| t_e | < | t_c | \rightarrow$ se acepta la hipótesis nula $H_0$. Podemos afirmar al 99% de confianza que no existe diferencia significativa en la población con respecto a las medias de delincuencia entre los distintos asistidos culturalmente y los que no lo están.

151. *Estimar si puede considerarse significativa la diferencia de las medias de defunciones de 2 grupos de 10.000 hombres y 10.000 mujeres de edades comprendidas entre 15 y 29 en un determinado año, $n_s = 0{,}01$.*

| | | |
|---|---|---|
| Varones | $\overline{X}_1 = 1.512$ | media de defunciones por 10.000 |
| | $S_1 = 222$ | |
| Mujeres | $\overline{X}_2 = 1.306$ | media de defunciones por 10.000 |
| | $S_2 = 139$ | |

1. $H_0 : \mu_1 = \mu_2$

   $H_1 : \mu_1 \neq \mu_2$

2. Prueba bilateral.

3. $n_s = 0{,}01$

   $n_c = 99\%$

4. Cálculo prueba.

5. Zonas de aceptación y rechazo

$$Zc \begin{cases} n_s = 0{,}01 \\ \text{bilateral} \end{cases} \pm 2{,}58$$

$$\sigma_{dif} = \sqrt{\sigma_{\bar{x}_1}{}^2 + \sigma_{\bar{x}_2}{}^2}$$

$$\sigma_{\bar{x}_1} = \frac{S_1}{\sqrt{n_1}} = \frac{222}{\sqrt{10.000}} = 2{,}2$$

$$\sigma_{\bar{x}_2} = \frac{S_2}{\sqrt{n_2}} = \frac{139}{\sqrt{10.000}} = 1{,}39$$

$$1{,}39 \cong 1{,}4$$

$$\sigma_{dif} = \sqrt{(2{,}2)^2 + (1{,}39)^2} = 2{,}61$$

$$Z = \frac{\bar{X}_1 - \bar{X}_2 - 0}{\sigma_{dif}} = \frac{1.512 - 1{,}306}{2{,}61} = 78{,}92$$

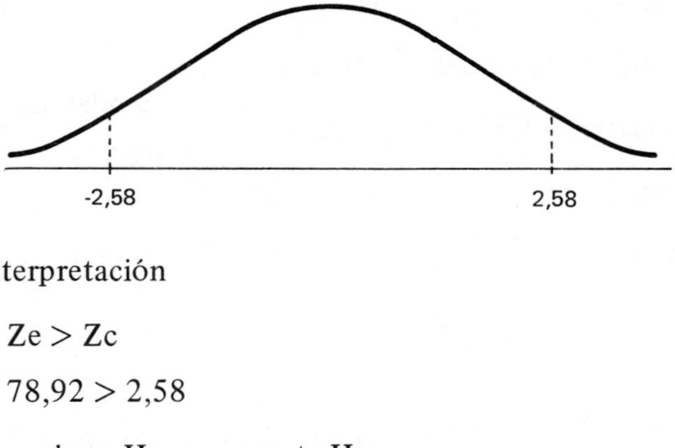


6. Interpretación

$Ze > Zc$

$78{,}92 > 2{,}58$

Se rechaza $H_0$ y se acepta $H_1$

152. **En un estudio cuyo objeto era evaluar los efectos del ruido sobre la capacidad de aprendizaje, se distribuyeron aleatoriamente en 2 grupos 224 estudiantes.*

* Datos tomados de Daniel, W.: Estadística con aplicaciones a las Ciencias Sociales y a la Educación. Editorial McGraw Hill, Colombia, 1981, pág. 230. Elaboración mía.

*Al primer grupo se le enseñó una habilidad en condiciones de ruido. Al grupo segundo se le enseñó la misma habilidad, con el mismo profesor, pero sin ruidos.*

*Al final del experimento se administró a cada estudiante una prueba para medir su nivel de dominio de la habilidad. Los resultados fueron los siguientes:*

| grupos | n | $\overline{X}$ | s |
|---|---|---|---|
| 1. con ruido | 224 | 80 | 8,06 |
| 2. sin ruido | 224 | 89 | 7,41 |

*¿Proporcionan estos datos evidencia suficiente como para concluir que el ruido es un factor que impide el aprendizaje? $n_s = 0,05$.*

1. $H_0;\ \mu_1 = \mu_2$

   $H_1;\ \mu_1 \neq \mu_2$

2. prueba bilateral

3. $n_s = 0,05$

   $n_c = 95\%$

4. Error típico $\sigma_{dif}$ y cálculo prueba

5. Zona crítica $-1,96$ y $+1,96$ para prueba bilateral / $n_s = 0,05$

6. Interpretación.

$$\sigma_{dif} = \sqrt{\sigma_{\overline{X}_1}{}^2 + \sigma_{\overline{X}_2}{}^2}$$

$$\sigma_{\overline{X}_1} = \frac{S_1}{\sqrt{n_1}} = \frac{8,06}{\sqrt{224}} = 0,54$$

$$\sigma_{\overline{X}_2} = \frac{S_2}{\sqrt{n_2}} = \frac{7,41}{\sqrt{224}} = 0,49$$

$$\sigma_{dif} = \sqrt{\sigma_{\overline{X}_1}{}^2 + \sigma_{\overline{X}_2}{}^2} = \sqrt{(0,54)^2 + (0,49)^2} =$$

$$= \sqrt{0,2916 + 0,2401} = \sqrt{0,5317} = 0,729$$

$$Z = \frac{\overline{X}_1 - \overline{X}_2}{\sigma_{dif}} = \frac{80 - 89}{0,729} = \frac{-9}{0,729} = -12,34$$

$Z_e > Z_c$ con lo cual se rechaza la $H_0$

153. *Se tienen 2 muestras de 20 personas cada una, en 2 poblaciones, en la que hemos obtenido una media de edad de 25 en la primera con una S = 6 y en la segunda muestra la edad media ha sido 27 con una S = 2.*

*Ensayar la $H_1$ al nivel de significación 0,01 de que en las poblaciones la edad media es diferente.*

1. $H_1 ; \mu_1 \neq \mu_2$

   $H_0 ; \mu_1 = \mu_2$

2. Bilateral

3. $n_s = 0{,}01$

4. Cálculo prueba

$$t = \frac{\overline{X}_1 - \overline{X}_2}{\sigma_{dif}}$$

$$\sigma_{dif} = \sqrt{\sigma_{\overline{X}_1}{}^2 + \sigma_{\overline{X}_2}{}^2}$$

$$\sigma_{\overline{X}_1} = \frac{S_1}{\sqrt{N_1 - 1}} = \frac{6}{\sqrt{19}} = \frac{6}{4{,}358} = 1{,}376$$

$$\sigma_{\overline{X}_2} = \frac{S_2}{\sqrt{N_2 - 1}} = \frac{2}{\sqrt{19}} = \frac{2}{4{,}358} = 0{,}458$$

$$\sigma_{dif} = \sqrt{(1{,}376)^2 + (0{,}458)^2} = \sqrt{1{,}893 + 0{,}209} = 1{,}44$$

5. $$t = \frac{\overline{X}_1 - \overline{X}_2}{\sigma_{dif}} = \frac{25 - 27}{1{,}44} = \frac{-2}{1{,}44} = -1{,}38$$

$$gl = N_1 + N_2 - 2 = 20 + 20 - 2 = 38$$

$$t_c \begin{cases} gl = 38 \\ n_s = 0{,}01 \end{cases} 2{,}704$$

6. $t_e < t_c$ se acepta la hipótesis nula y se rechaza la de investigación.

154. *Se da una muestra de 250 padres y 120 madres, se obtuvo que el 45% de los padres estaban a favor de la enseñanza pública, mientras que las madres estaban el 38%. Puede considerarse significativa la diferencia en cuanto a la opinión de madres y madres respecto al tipo de enseñanza.* $n_s = 0{,}05$.

1. $H_0 : p_1 = p_2$

   $H_1 : p_1 \neq p_2$

2. Prueba bilateral

3. $n_s = 0{,}05 \qquad n_c = 95\%$

4. $p$, $\sigma_{dif}$, $Z_e$

$$p = \frac{n_1 p_1 + n_2 p_2}{n_1 + n_2} = \frac{250 \cdot 0{,}45 + 120 \cdot 0{,}38}{250 + 120} = 0{,}43$$

$$q = 1 - p = 1 - 0{,}43 = 0{,}57$$

$$\sigma_{dif_p} = \sqrt{p \cdot q \left(\frac{1}{n_1} + \frac{1}{n_2}\right)} =$$

$$= \sqrt{0{,}43 \cdot 0{,}57 \left(\frac{1}{250} + \frac{1}{120}\right)} = 0{,}06$$

$$Z = \frac{p_1 - p_2}{\sigma_{dif}} = \frac{0{,}45 - 0{,}38}{0{,}06} = 1{,}22$$

5. Zonas de aceptación y rechazo. Zc (bilateral; $n_s = 0{,}05$) $\pm 1{,}96$

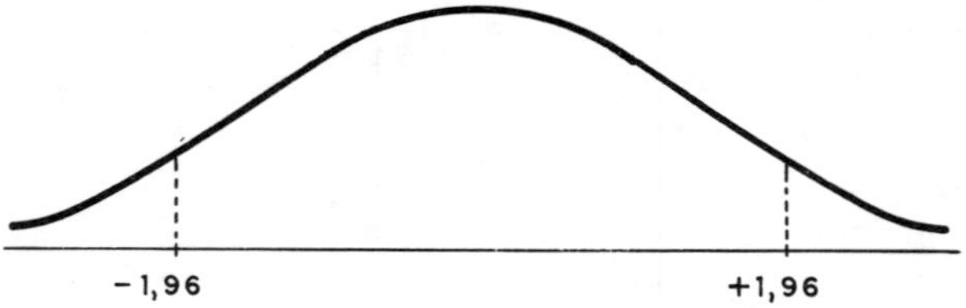


6. Ze < Zc. Se acepta $H_0$ y se admite por lo tanto la no diferenciación entre padres y madres respecto al tipo de enseñanza.

155. *Una muestra de 300 votantes del distrito 1 y 200 del distrito 2 mostró que el 56% y el 48% respectivamente están a favor de un candidato dado en las elecciones municipales. Al nivel de significación 0,05 ensayar la hipótesis de que hay diferencia entre los 2 distritos con respecto al porcentaje de votos.*

| 1 | 2 |
|---|---|
| $n_1 = 300$ | $n_2 = 200$ |
| $p_1 = 0{,}56$ | $p_2 = 0{,}48$ |

1. $H_0 : p_1 = p_2$

   $H_1 : p_1 \neq p_2$

2. Prueba bilateral

3. $n_s = 0{,}05$ $\quad n_c = 95\%$

4. Cálculo de p, $\sigma_{dif}$, $Z_e$.

5. Zonas aceptación y rechazo. $Zc \begin{cases} \text{bilateral} \\ n_s = 0{,}05 \end{cases} \pm 1{,}96$

6. Interpretación.

$$p = \frac{n_1 p_1 + n_2 p_2}{n_1 + n_2} = \frac{300 \cdot 0{,}56 + 200 \cdot 0{,}48}{300 + 200} = 0{,}528$$

$$q = 1 - p = 1 - 0{,}528 = 0{,}472$$

$$\sigma_{dif_p} = \sqrt{p \cdot q \left(\frac{1}{n_1} + \frac{1}{n_2}\right)} =$$

$$= \sqrt{0{,}528 \cdot 0{,}472 \left(\frac{1}{300} + \frac{1}{200}\right)} = 0{,}0456$$

$$Z = \frac{p_1 - p_2}{\sigma_p} = \frac{0{,}56 - 0{,}48}{0{,}0456} = 1{,}75$$

$Z_e < Z_c$ se acepta $H_0$

contraste en términos de probabilidad

$P(Z = 1{,}75) = 0{,}4599$

$0{,}4599 + 0{,}4599 = 0{,}9198$

$1 - 0{,}9198 = 0{,}0802$

0,0802 mayor que 0,05 se acepta $H_0$

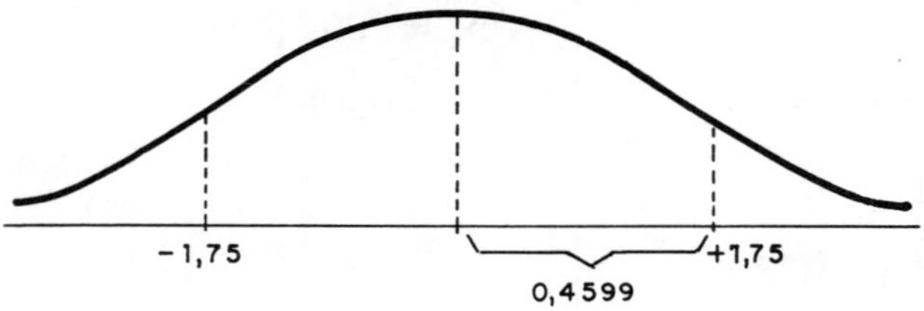


contraste en términos de diferencia máxima

$0 \pm 1{,}96 \cdot 0{,}0456 = \pm 0{,}089376$

$0{,}56 - 0{,}48 = 0{,}08$

Se acepta $H_0$.

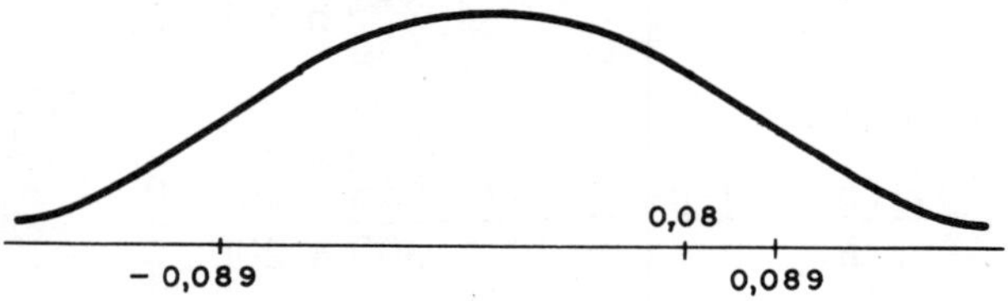


La diferencia entre proporciones cae dentro del intervalo.

156. *En un estudio sobre las relaciones prematrimoniales se encontró en la zona A que de 200 personas entrevistadas, 124 estaban a favor de las mismas, es decir, el 62%, y en la zona B, de 266 personas 133 estaban a favor de dichas relaciones, es decir, el 50%. Existe una diferencia entre el porcenaje de personas a favor de las relaciones prematrimoniales en la zona A y en la B.* $n_s = 0{,}05$.

| | | A | B |
|---|---|---|---|
| | $n_s = 0{,}05$ | | |
| 1. | $H_0: p_1 = p_2$ | $n_1 = 200$ | $n_2 = 266$ |
| | $H_1: p_1 \neq p_2$ | $p_1 = 0{,}62$ | $p_2 = 0{,}5$ |

2. Prueba bilateral

3. $n_s = 0{,}05$

4. Cálculo de p y Z

$$p = \frac{n_1 p_1 + n_2 p_2}{n_1 + n_2} = \frac{200 \cdot 0{,}62 + 266 \cdot 0{,}5}{466} =$$

$$= \frac{124 + 133}{466} = \frac{257}{466} = 0{,}5515$$

$$\sigma_{dif_p} = \sqrt{p \cdot q \left(\frac{1}{n_1} + \frac{1}{n_2}\right)} =$$

$$= \sqrt{0{,}5515 \cdot 0{,}4485 \left(\frac{1}{200} + \frac{1}{266}\right)} =$$

5. Z crítico $\left\langle \begin{array}{l} \text{bilateral} \\ n_s = 0{,}05 \end{array} \right\rangle \pm 1{,}96$

$$= \sqrt{0{,}473\ (0{,}005 + 0{,}0037} = \sqrt{0{,}2473 \cdot 0{,}0087} = 0{,}0465$$

$$Z_e = \frac{p_1 - p_2}{\sigma_{dif}} = \frac{0{,}62 - 0{,}50}{0{,}0465} = \frac{0{,}12}{0{,}0465} = 2{,}5806$$

$Ze > Zc$

6. Se rechaza la hipótesis nula.

De ser cierto $H_0$ una diferencia entre las proporciones de las 2 poblaciones hubiera sido 0. Una diferencia muestral tan alta en porcentajes como 2,5806 no se da ni en un 5% de los casos por error de muestreo.

157. **Supongamos que en un estudio sobre las aspiraciones educacionales que los padres tienen para sus hijos, encontramos los siguientes resultados en un estudio realizado con 2 muestras de padres y madres y respectivamente en el que tratará de saber si existe diferencia entre padres y madres en cuanto a las aspiraciones de educa-*

* Datos tomados de García Ferrando, M.: Socioestadística. C.I.S. Madrid, 1982, pág. 283.

*ción superior para sus hijos. Ensayar la hipótesis de que los padres tienen mayores aspiraciones para con sus hijos que las madres.* $n_s = 0{,}05$.

| Padre | Madre |
|---|---|
| $p_1 = 0{,}45$ | $p_2 = 0{,}38$ |
| $n_1 = 25$ | $n_2 = 12$ |

1. $H_0 : p_1 = p_2$

   $H_1 : p_1 > p_2$

2. Unilateral

3. $n_s = 0{,}05$

4. Cálculo de p y $\sigma_{dif}$ y t

$$p = \frac{n_1 p_1 + n_2 p_2}{n_1 + n_2} = \frac{25 \cdot 0{,}45 + 12 \cdot 0{,}38}{37} =$$

$$= \frac{11{,}25 + 4{,}56}{37} = \frac{15{,}81}{37} = 0{,}42$$

$$q = 1 - p = 1 - 0{,}42 = 0{,}58$$

$$\sigma_{dif\ p} = \sqrt{p \cdot q \left(\frac{1}{n_1} + \frac{1}{n_2}\right)} =$$

$$= \sqrt{0{,}42 \cdot 0{,}58 \left(\frac{1}{25} + \frac{1}{12}\right)} =$$

$$= \sqrt{0{,}2436\ (0{,}04 + 0{,}083)} = \sqrt{0{,}0299} = 0{,}173$$

$$t = \frac{p_1 - p_2}{\sigma_{dif\ p}} = \frac{0{,}45 - 0{,}38}{0{,}173} = \frac{0{,}07}{0{,}173} = 0{,}404$$

5.

$t_c$ — Unilateral; $n_s = 0{,}05$; $gl = n_1 + n_2 - 2 = 25 + 12 - 2 = 35$ } $t_c$ { 30 – 1,697; 40 – 1,684 } 1,6905

6. $t_e < t_c$ se acepta la hipótesis nula.

En definitiva diré que existe una probabilidad mayor del 5% de que las diferencias puedan darse por error de muestreo.

este método resulta más adecuado trabajamos con muestras grandes

$$\left\{ \begin{array}{l} 0 + t\sigma_{dif_p} = 0 + 1{,}6905 \cdot 0{,}173 = 0{,}292 \\ 0{,}45 - 0{,}38 = 0{,}07 \\ 0{,}07 < 0{,}292 \quad \text{se acepta } H_0 \end{array} \right.$$

158. *De una muestra de 110 jóvenes y 100 adultos se obtuvo que el 60% y el 45% respectivamente estaban a favor de una mayor dedicación a espacios verdes en las ciudades. Puede considerarse significativa la diferencia del porcentaje de opinión entre jóvenes y adultos respecto al tema.* $n_s = 0{,}05$.

1. $H_0 : p_1 = p_2$

   $H_1 : p_1 \neq p_2$

2. Prueba bilateral.

3. $n_s = 0{,}05 \qquad n_c = 95\%$

4. $$p = \frac{n_1 p_1 + n_2 p_2}{n_1 + n_2} = \frac{110 \cdot 0{,}60 + 100 \cdot 0{,}45}{110 + 100} =$$

$$= \frac{66 + 45}{210} = 0{,}52$$

$$q = 1 - p = 1 - 0{,}52 = 0{,}48$$

$$\sigma_{dif_p} = \sqrt{0{,}52 \cdot 0{,}48 \left(\frac{1}{110} + \frac{1}{110}\right)} =$$

$$= \sqrt{0{,}2496 \cdot 0{,}019} = \underline{0{,}06}$$

$$Z = \frac{p_1 - p_2}{\sigma_{dif}} = \frac{0{,}60 - 0{,}45}{0{,}06} = 2{,}5$$

5. Zonas acept. y rechazo para prueba bilateral y al nivel de significación del 0,05.

$Z = \pm 1,96$

6. Interpretación: Como el $Z_e > Z_c$ se rechaza la Hipótesis Nula y se acepta la de investigación. Existe pues diferencia significativa en el porcentaje de jóvenes y de adultos respecto a la opinión sobre el tema y podemos afirmarlo al 95% de confianza con una probabilidad de equivocarnos del 5%.

si hiciésemos un contraste unilateral del tipo $H_1: \ p_1 > p_2$ serie

$$Zc \begin{cases} \text{unilateral} \\ ns = 0,05 \end{cases} +1,645$$

$Ze > Zc$ se rechaza $H_0$

$2,5 > 1,645$

$0 + Z\sigma_{dif_p} = 0 + 1,645 \cdot 0,06 = 0,098$

$0,60 - 0,45 = 0,15$ $\quad 0,15 > 0,098$ $\quad$ se rechaza $H_0$

159. *Se toman dos muestras aleatorias en dos ciudades. En la primera se toman 620 personas como muestra, y en la segunda 64. De ellas el 6% y el 4% se encontraban próximas al Partido de Extrema Izquierda.*

*¿Podemos decir al 99% de confianza que es diferente el porcentaje de personas simpatizantes con el partido de extrema izquierda en las dos ciudades?*

C-1. $n = 620$

$p = 0,06$

C-2. $n = 64$

$p = 0,04$

1. $H_0 = p_1 = p_2$

   $H_1 = p_1 \neq p_2$

2. Bilateral

3. ns = 0,01

4. Cálculo prueba

$$Z = \frac{p_1 - p_2}{\sigma_{dif_p}}$$

$$p = \frac{n_1 p_1 + n_2 p_2}{n_1 + n_2} = \frac{620 \cdot 0{,}06 + 64 \cdot 0{,}04}{620 + 64} =$$

$$= \frac{37{,}2 + 2{,}56}{684} = \frac{39{,}76}{684} = 0{,}058$$

$$p = 0{,}058$$

$$q = 1 - 0{,}058 = 0{,}942$$

$$\sigma_{dif_p} = \sqrt{p \cdot q \left(\frac{1}{n_1} + \frac{1}{n_2}\right)} =$$

$$= \sqrt{0{,}058 \cdot 0{,}942 \left(\frac{1}{620} + \frac{1}{64}\right)} = 0{,}029$$

$$Z = \frac{0{,}06 - 0{,}04}{0{,}029} = \frac{0{,}02}{0{,}029} = 0{,}68$$

5. $Z \begin{cases} \text{bilateral} \\ n_s = 0{,}01 \end{cases} 2{,}58$

6. Ze < Zc

0,68 < 2,58

Se acepta $H_0$

Se rechaza $H_1$

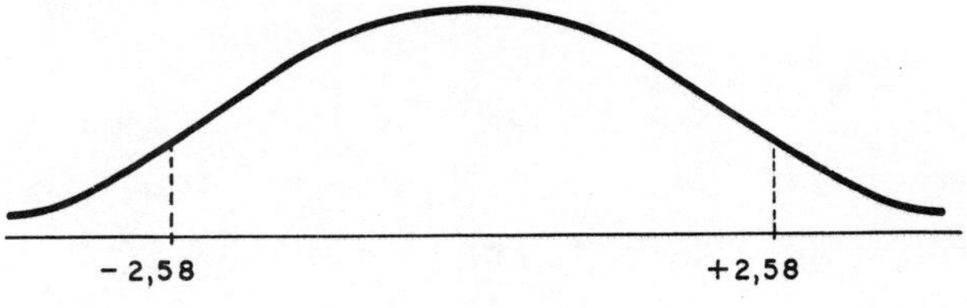

Al nivel de significación 0,01, o sea, al nivel de confianza del 99% podemos afirmar que no existe diferencia significativa entre las dos ciudades.

Otros modos de realizar el contraste

$$0 \pm Z\sigma_{\text{dif}_p} = 0 \pm 2{,}58 \cdot 0{,}029 \rightarrow \pm 0{,}074$$

$$0{,}06 - 0{,}04 = 0{,}02$$

$$0{,}02 < 0{,}074 \quad \text{se acepta } H_0$$

$$P\,(Z = 0{,}68) = 0{,}2518$$

$$1 - (0{,}2518 + 0{,}2518) = 0{,}4964$$

$$49{,}64\% > 5\% \quad \text{se acepta } H_0$$

# 15

# Chi-cuadrado $x^2$ y medidas asociación nominal

160. *Un investigador llevó a cabo un experimento para determinar el efecto de la edad de un conferenciante sobre la disposición estudiantil para escuchar sus conferencias. En una situación normal, dentro del salón de clases, se dijo a 130 estudiantes que la administración deseaba conocer sus preferencias respecto a una próxima serie de conferenciantes visitantes. Específicamente, se les pidió evaluar a un profesor que "podría venir de visita a la universidad". El profesor fue descrito igualmente para todos, a no ser porque: a la mitad de los estudiantes se le dijo que el profesor tenía 65 años de edad y a la otra mitad se le dijo que el profesor tenía sólo 25. Más tarde se pidió a todos los estudiantes que indicaran su disposición para asistir a la conferencia del profesor y se obtuvieron los siguientes resultados: de los estudiantes a quienes se dijo que el profesor tenía 65 años, 22 manifestaron su disposición para asistir a las conferencias y 43 expresaron su disconformidad; de los estudiantes a quienes se dijo que el profesor tenía 25 años, 38 manifestaron su disposición de asistir a las conferencias y 27 expresaron su disconformidad.*

    *¿Qué procedimiento estadístico se podría aplicar para determinar si existe una diferencia significativa entre estos grupos de estudiantes con respecto a su disposición para asistir a la conferencia del profesor?*

    La situación de investigación representa una comparación de las frecuencias (disposición contra disconformidad en dos grupos de estudiantes (aquéllos a quienes se dijo que el profesor tenía 65 años contra aquéllos a quienes se dijo que tenía 25). La prueba de significación chi cuadrada se usa para hacer comparaciones entre dos o más muestras cuando se han obtenido datos nominales o de frecuencia. Los presentes resultados pueden colocarse en forma de la siguiente tabla 2 X 2, que representen 2 filas y 2 columnas.

| Disposición para asistir | Condición experimental | | |
|---|---|---|---|
| | Estudiantes a quienes se dijo que el profesor tenía 65 años f | Estudiantes a quienes se dijo que el profesor tenía 25 años f | |
| Dispuesto | 22 | 38 | 60 |
| Disconforme | 43 | 27 | 70 |
| | 65 | 65 | N = 130 |

161. *¿Cuántos grados de libertad tiene una tabla de contingencia de 8 columnas por 6 filas?*

$$gl = (f - 1)(c - 1) = (6 - 1)(8 - 1) = \underline{35}$$

162. *De una muestra de 522 personas interesa conocer el grado de relación entre el sexo y delincuencia.*

*Realizar el test de independencia $n_s = 0{,}05$ y calcular el grado mediante $\phi$, c y v.*

| | Hombre | Mujer | TOTAL |
|---|---|---|---|
| Delincuente | 122 | 112 | 234 |
| No delincuente | 210 | 78 | 288 |
| TOTAL | 332 | 190 | 522 |

Cálculo de $\chi^2$ mediante

$$\chi^2 = \frac{\Sigma (f_0 - f_e)^2}{f_e}$$

$$f_{e11} = \frac{234 \cdot 332}{522} = 148{,}8$$

$$f_{e12} = \frac{234 \cdot 190}{522} = 85,17$$

$$f_{e21} = \frac{288 \cdot 332}{522} = 183,17$$

$$f_{e22} = \frac{188 \cdot 190}{522} = 104,8$$

$$\chi^2 = \frac{(122 - 148,8)^2}{148,8} + \frac{(112 - 85,17)^2}{85,17} +$$

$$+ \frac{(210 - 183,17)^2}{183,17} + \frac{(78 - 104,8)^2}{104,8} =$$

$$= \frac{718,24}{148,8} + \frac{719,8}{85,17} + \frac{719,8}{183,17} + \frac{718,24}{104,8} =$$

$$= 4,82 + 8,45 + 3,92 + 6,85 = 24,04$$

$$\phi = \sqrt{\frac{\chi^2}{N}} = \sqrt{\frac{27}{522}} = 0,21$$

la prueba de significación de $\phi$ es el test de $\chi^2$.

$$C = \sqrt{\frac{\chi^2}{\chi^2 + N}} = \sqrt{\frac{24,04}{24,04 + 522}} = \sqrt{\frac{24,04}{546,04}} = 0,20$$

$$C_{\text{máximo}} = \sqrt{\frac{k-1}{k}} = \sqrt{\frac{2-1}{2}} = \sqrt{\frac{1}{2}} = 0,70$$

la prueba de significación de C es el test de $\chi^2$.

Los pasos en la ejecución de los test serían los mismos que en el contraste. En este primer ejemplo vamos a indicar los pasos pero después se contrastará la $\chi^2$ empírica y $\chi^2$ crítica directamente.

Pasos:

1. Planteamiento hipótesis: $H_0$; no hay relación

$H_1$; sí hay relación

2. Prueba unilateral: la $\chi^2$ es de tipo unilateral.

3. $n_s \rightarrow$ el indicado.

4. Cálculo prueba $\chi^2$ mediante

$$\chi^2 = \frac{\Sigma \, (fo - fe)^2}{fe}$$

válido para todo tipo de fila y columna sin tener en cuenta su número.

5. Cálculo de la $\chi^2$ crítica teniendo en cuenta:

$gl = (f - 1)\,(C - 1)$ y el nivel de significación

6. Interpretación

si $\chi^2_e > \chi^2_c$ se rechaza $H_0$

si $\chi^2_e < \chi^2_c$ se rechaza $H_0$

$$\chi^2 \begin{cases} n_s = 0{,}05 \\ gl = (f - 1)\,(c - 1) = (2 - 1)\,(2 - 1) = 1 \end{cases} \rightarrow 3{,}841$$

$24{,}04 > 3{,}841$

Se rechaza $H_0$ y se acepta $H_1$. Hay asociación entre sexo y delincuencia.

$$V = \sqrt{\frac{\chi^2}{N\,(k - 1)}} = \sqrt{\frac{24{,}04}{522\,(2 - 1)}} = \sqrt{\frac{24{,}04}{522}} = \underline{0{,}21}$$

$$\chi^2 = N\,(k - 1) = 522\,(2 - 1) = 522$$

la prueba de significación de v es el test $\chi^2$.

Coeficiente mejor normalizado, cuantía de 0 a 1.

No hay por tanto mucha asociación entre sexo y delincuencia, según nuestros datos.

163. *Tabla correspondiente a estudiantes según su afición al cine y su orientación o no a la universidad. Test al $N_c = 95\%$ y cálculo de $\phi$.*

| | Aficionado | No aficionado | n |
|---|---|---|---|
| Orientado a la Universidad | 15 | 6 | 21 |
| No orientado a la Universidad | 5 | 10 | 15 |
| n | 20 | 16 | n = 36 |

Cálculo de frecuencias esperadas.

$$\frac{f_{11}}{36} = \frac{21}{36} \cdot \frac{20}{36} \Rightarrow f_{11} = \frac{21 \cdot 20}{36} = 11{,}6$$

$$\frac{f_{12}}{36} = \frac{21}{36} \cdot \frac{16}{36} \Rightarrow f_{12} = \frac{21 \cdot 16}{36} = 9{,}3$$

$$\frac{f_{21}}{36} = \frac{15}{36} \cdot \frac{20}{36} \Rightarrow f_{21} = \frac{15 \cdot 20}{36} = 8{,}3$$

$$\frac{f_{22}}{36} = \frac{15}{36} \cdot \frac{16}{36} \Rightarrow f_{22} = \frac{15 \cdot 16}{36} = 6{,}6$$

$$\chi^2 = \frac{\Sigma\,(|\,fo - fe\,| - 0{,}5)^2}{fe}$$ corrección de Yates

$$\chi^2 = \frac{(|\,15 - 11{,}6\,| - 0{,}5)^2}{11{,}6} + \frac{(|\,6 - 9{,}3\,| - 0{,}5)^2}{9{,}3} +$$

$$+ \frac{(|\,5 - 8{,}3\,| - 0{,}5)^2}{8{,}3} + \frac{(|\,10 - 6{,}6\,| - 0{,}5)^2}{6{,}6} =$$

$$= 0{,}725 + 0{,}84 + 0{,}94 + 1{,}27 = 3{,}775$$

$$\chi^2_e = 3{,}775$$

Grado de asociación

$$\phi = \sqrt{\frac{\chi^2}{N}} = \sqrt{\frac{3{,}775}{36}} = 0{,}32$$

la prueba de significación de $\phi$ se realiza mediante el test $\chi^2$

$$gl = (c - 1)(f - 1) = (2 - 1)(2 - 1) =$$

$$\chi^2 \begin{matrix} \nearrow n_s = 0{,}05 \searrow \\ \searrow gl = 1 \nearrow \end{matrix} 3{,}845$$

$$\chi^2_e < \chi^2_c$$

Se acepta $H_0$ y se rechaza $H_1$ al nivel de significación del 0,01. Se acepta también $H_0$ y se rechaza $H_1$ puesto que $\chi^2 = 6{,}635$.

164. *Realizar el test de $\chi^2$ entre la educación de los niños según la orientación política de los padres. Calcular C. $n_s = 0{,}05$.*

| | Conservador | Moderado | Liberal | n |
|---|---|---|---|---|
| No rígido | 7 | 9 | 14 | 30 |
| Moderado | 10 | 10 | 8 | 28 |
| Autoritario | 15 | 11 | 5 | 31 |
| n | 32 | 30 | 27 | 89 |

$$C = \sqrt{\frac{\chi^2}{N + \chi^2}}$$

$$\chi^2 = \frac{\Sigma\, d^2}{f_e} \longrightarrow \chi^2 = \frac{\Sigma\,(f_0 - f_e)^2}{f_e}$$

$$\frac{f_{11}}{89} = \frac{30}{89} \cdot \frac{32}{89} = 10{,}7$$

$$\frac{f_{12}}{89} = \frac{30}{89} \cdot \frac{30}{89} = 10{,}1$$

$$\frac{f_{13}}{89} = \frac{30}{89} \cdot \frac{27}{89} = 9{,}10$$

$$\frac{f_{22}}{89} = \frac{28}{89} \cdot \frac{30}{89} = 9{,}4$$

$$\frac{f_{21}}{89} = \frac{28}{89} \cdot \frac{32}{89} = 10{,}06$$

$$\frac{f_{23}}{89} = \frac{28}{89} \cdot \frac{27}{89} = 8{,}49$$

$$\frac{f_{31}}{89} = \frac{31}{89} \cdot \frac{32}{89} = 11{,}14$$

$$\frac{f_{32}}{89} = \frac{31}{89} \cdot \frac{30}{89} = 10{,}44$$

$$\frac{f_{33}}{89} = \frac{31}{89} \cdot \frac{27}{89} = 9{,}40$$

$$\chi^2 = \frac{(7 - 10{,}7)^2}{10{,}7} + \frac{(9 - 10{,}1)^2}{10{,}1} + \frac{(14 - 9{,}10)^2}{9{,}10} +$$

$$+ \frac{(10 - 10{,}06)^2}{10{,}06} + \frac{(10 - 9{,}4)^2}{9{,}4} + \frac{(8 - 8{,}49)}{8{,}49} +$$

$$+ \frac{(15 - 11{,}14)^2}{11{,}14} + \frac{(11 - 10{,}4)^2}{10{,}4} + \frac{(5 - 9{,}40)^2}{9{,}40} =$$

$$= 1{,}27 + 0{,}11 + 2{,}63 + 0{,}00035 + 0{,}03 + 0{,}02 +$$

$$+ 1{,}3 + 0{,}03 + 2{,}05 = 7{,}44$$

$$C = \sqrt{\frac{\chi^2}{N + \chi^2}} = \sqrt{\frac{7{,}44}{89 + 7{,}44}} = \sqrt{\frac{7{,}44}{96{,}44}} = 0{,}27$$

Aunque hay que verlo con respecto al coeficiente de contingencia máximo

$$C = \sqrt{\frac{K - 1}{K}} = \sqrt{\frac{3 - 1}{3}} = 0{,}8$$

valor máximo que alcanzaría C en esta tabla.

Test de independencia

$\chi^2_e$ obtenido = 7,44

$$n_s = 0{,}05 \quad gl = (f-1)(c-1) = (3-1)(3-1) = 2 \cdot 2 = 4 \quad \chi^2 = 9{,}48$$

$$\chi_e^2 < \chi_c^2$$

Se acepta $H_0$ de no asociación en la población.

Luego la correlación no es significativa más que a nivel de la muestra no a nivel de la población.

$$V = \sqrt{\frac{\chi^2}{N(K-1)}} = \sqrt{\frac{7{,}44}{89(3-1)}} = \sqrt{\frac{7{,}44}{178}}$$

$V = \boxed{0{,}20}$ V de CRAMER con respecto a 1

165. *Se desea saber el grado de correlación entre la clase social del padre y el tipo de estudios para sus hijos, conociendo $\chi^2 = 69{,}2$ calcular el V de CRAMER. Test al $n_s = 0{,}01$.*

Clase social

| Tipo de estudios | Baja | Media baja | Media alta | Alta | |
|---|---|---|---|---|---|
| Formación profesional | 7,3<br>23 | 30,3<br>40 | 38<br>16 | 5,4<br>2 | 81 |
| Peritajes | 9,1<br>1 | 38,2<br>31 | 47,8<br>60 | 6,8<br>10 | 102 |
| Bachiller | 18,6<br>11 | 77,5<br>75 | 97,1<br>107 | 13,8<br>14 | 207 |
| | 35 | 146 | 183 | 26 | 390 |

$$\chi^2 = 69{,}2$$

$$V = \sqrt{\frac{\chi^2}{N(K-1)}} = \sqrt{\frac{69{,}2}{780}} = \boxed{0{,}29}$$

No hay demasiada asociación teniendo en cuenta que oscila de 0 a 1.

$$\chi^2_c \begin{cases} n_s = 0{,}01 \\ gl = (3-1)(3-1) = 4 \end{cases} 13{,}277$$

$\chi^2_e > \chi^2_c$ se rechaza $H_0$ y se acepta $H_1$

166. *Se desea conocer el grado de correlación entre las diferentes nacionalidades y su actitud a favor o en contra del federalismo.*

*Calcúlese mediante el coeficiente de contingencia. Test al nivel sig 0,05.*

| | Galicia | P. Vasco | Cataluña | Antadulía | TOTAL |
|---|---|---|---|---|---|
| A favor | 10 | 20 | 22 | 8 | 60 |
| En contra | 6 | 10 | 8 | 6 | 30 |
| TOTAL | 16 | 30 | 30 | 14 | 90 |

$$\text{fe } 1.1 = \frac{60 \cdot 16}{90} = 10{,}66 \qquad \text{fe } 2.1 = \frac{16 \cdot 30}{90} = 5{,}33$$

$$\text{fe } 1.2 = \frac{60 \cdot 30}{90} = 20 \qquad \text{fe } 2.2 = \frac{30 \cdot 30}{90} = 10$$

$$\text{fe } 1.3 = \frac{60 \cdot 30}{90} = 20 \qquad \text{fe } 2.3 = \frac{30 \cdot 30}{90} = 10$$

$$\text{fe } 1.4 = \frac{14 \cdot 60}{90} = 9{,}33 \qquad \text{fe } 2.4 = \frac{14 \cdot 30}{90} = 4{,}66$$

$$\chi^2 = \frac{(10 - 10{,}66)^2}{10{,}66} + \frac{(20 - 20)^2}{20} + \frac{(22 - 20)^2}{20} +$$

$$+ \frac{(8 - 9{,}33)^2}{9{,}33} + \frac{(6 - 5{,}33)^2}{5{,}33} + \frac{(10 - 10)^2}{10} +$$

$$+ \frac{(8 - 10)^2}{10} + \frac{(6 - 4{,}66)^2}{4{,}66} = 1{,}2990$$

$$C = \sqrt{\frac{\chi^2}{N + \chi^2}}$$

$$C = \sqrt{\frac{1{,}2990}{90 + 1{,}2990}} = 0{,}11$$

$$C = \sqrt{\frac{K - 1}{K}} = \sqrt{\frac{2 - 1}{2}} = 0{,}70$$

$n_s = 0{,}05$
$gl = (4 - 1)(2 - 1) = 3$ — $\chi^2$ tablas 7,815

$\chi^2_e < \chi^2_c$

Se acepta $H_0$

No hay asociación entre las diferentes nacionalidades y la actitud a favor o en contra del federalismo, sólo se da en la muestra y con unos coeficiente muy bajos.

$$V = \sqrt{\frac{\chi^2}{N(K - 1)}} = \sqrt{\frac{1{,}2990}{90}} = 0{,}12$$

167. *Ver si existe relación entre actividad social y calificación como líder.* $\chi^2 N_s = 0{,}05$.

| | Actividad Social | | |
|---|---|---|---|
| Calificación como líder | Alta | Baja | |
| Favorable | 86 | 41 | 127 |
| Desfavorable | 62 | 71 | 133 |
| | 148 | 112 | N = 260 |

$$f_e^{11} = \frac{127 \cdot 148}{260} = 72{,}29$$

$$f_e^{12} = \frac{127 \cdot 112}{260} = 54,70$$

$$f_e^{21} = \frac{148 \cdot 133}{260} = 75,70$$

$$f_e^{22} = \frac{133 \cdot 112}{260} = 57,29$$

$$\chi^2 = \frac{(86 - 72,29)^2}{72,29} + \frac{(41 - 54,7)^2}{54,7} + \frac{(62 - 75,70)^2}{75,70} +$$

$$+ \frac{(71 - 57,29)}{57,29} = 2,6 + 3,43 + 2,47 + 3,28 = 11,78$$

$$\chi^2 \text{ tabla} \begin{cases} N_s = 0,05 \\ gl = (2-1)(2-1) = 1 \end{cases} 3,845$$

$\chi_e^2 > \chi_c^2$ Se rechaza $H_0$

Aceptamos $H_1$, es decir, existe relación entre Actividad Social y la calificación como líder.

168. **La tabla siguiente muesta la relación entre el color del pelo y los ojos de una muestra de 200 estudiantes. Hallar $\chi^2$ y coeficiente de contingencia C. Test al 0,05 de significación y al 0,01.*

| | Color pelo / Color ojos | 1 Rubio | 2 No rubio | TOTAL |
|---|---|---|---|---|
| 1 | Azules | 49 | 25 | 74 |
| 2 | No azules | 30 | 96 | 126 |
| | | 79 | 121 | 200 |

$$\frac{f_{11}}{200} = \frac{74}{200} \cdot \frac{79}{200} \Rightarrow \frac{5.846}{200} = 29,23 \simeq 29$$

---

* Datos tomados de MURRAY R. SPIEGEL Ph. D. Estadística. Edit. Mc. Graw-Hill. Marzo 1970, pág. 216.

$$\frac{f_{12}}{200} = \frac{74}{200} \cdot \frac{121}{200} \Rightarrow \frac{8.954}{200} = 44,77 \simeq 45$$

$$\frac{f_{21}}{200} = \frac{126}{200} \cdot \frac{79}{200} \Rightarrow \frac{9.954}{200} = 49,77 \simeq 50$$

$$\frac{f_{22}}{200} = \frac{126}{200} \cdot \frac{121}{200} \Rightarrow \frac{15.246}{200} = 76,23 \simeq 76$$

$$d_{11} = n_{11} - f_{11} = 49 - 29 = 20$$

$$d_{12} = n_{12} - f_{12} = 25 - 45 = -20$$

$$d_{21} = n_{21} - f_{21} = 30 - 50 = -20$$

$$d_{22} = n_{22} - f_{22} = 96 - 76 = +20$$

$$\chi^2 = \frac{\Sigma\,(f_0 - f_e)^2}{f_e}$$

$$\chi^2 = \frac{\Sigma\, d^2}{f_e}$$

$$\chi^2 = \frac{(d_{11})^2}{f_{11}} + \frac{(d_{12})^2}{f_{12}} + \frac{(d_{21})^2}{f_{21}} + \frac{(d_{22})^2}{f_{22}}$$

$$\chi^2 = \frac{20^2}{29} + \frac{(-20)^2}{45} + \frac{(-20)^2}{50} + \frac{20^2}{76} =$$

$$= \frac{400}{29} + \frac{400}{45} + \frac{400}{50} + \frac{400}{76} =$$

$$= 13,7 + 8,8 + 8 + 5,2 = 35,7$$

$\chi^2$ es diferente de 0, luego hay un cierto grado de dependencia.

Los valores de $\chi^2$ son elevados, con lo cual indica que son mayores las discrepancias entre los valores observados y los teóricos.

los grados de libertad serán:

$$gl = (f - 1)\,(c - 1) = (2 - 1)\,(2 - 1) = 1$$

$$gl = \upsilon = 1$$

Significación 5 %

con $n_s$ 0,05 y gl = 1 nos da un valor de 3,841

$\chi^2_\epsilon > \chi^2_c$ Se rechaza $H_0$

$\chi^2_\epsilon < \chi^2_c$ Se acepta $H_0$

35,7 > 3,845 $\chi^2_e > \chi^2_c$ Se rechaza $H_0$ por tanto se acepta $H_1$

Puede decirse que con un 95% de probabilidad no hay independencia entre los datos dados.

$n_s$ 0,01 y gl = 1 nos da un valor de 6,635. Ocurre lo mismo que en el caso anterior. Se rechaza $H_0$ y se acepta $H_1$.

Coeficiente de contingencia

$$C = \sqrt{\frac{\chi^2}{\chi^2 + n}} = \sqrt{\frac{\varphi^2}{\varphi^2 + 1}}$$

$$\varphi^2 = \frac{\chi^2}{n} \quad \text{Cuadrado de contingencia}$$

$$\varphi^2 = \frac{35,7}{200} = 0,17$$

$$\varphi^2 = \sqrt{\frac{0,17}{0,17 + 1}} = \sqrt{\frac{0,17}{1,17}} = 0,38$$

Cuanto mayor significativo sea $\chi^2$ más significativo es C.

C tiene el límite en $\sqrt{(K - 1)/K}$ = para una tabla cuadrada. Si es rectangular se toma la fila o columna menor.

$$C_{max} = \sqrt{\frac{2-1}{2}} = \sqrt{\frac{1}{2}} = 0,70$$

$$V = \sqrt{\frac{\chi^2}{N(K-1)}}$$

Siguiendo las tablas Cxf, el coeficiente V de CRAMER r = de 0 a 1

$$V = \sqrt{\frac{35,7}{200(2-1)}} = \sqrt{\frac{35,7}{200}} = 0,42$$

Para paliar los inconvenientes de que C no alcanza nunca el valor 1 y su dependencia del número de filas o de columnas, suele utilizarse el V de CRAMER.

169. **Se ha obtenido una muestra de 1.440 casos registrados de 3 enfermedades inofensivas a través de todo el año 1973 y se han clasificado por enfermedades y estaciones del año, según nos especifica la tabla adjunta. Analizar la posible independencia o asociación entre los atributos, enfermedad inofensiva y estación del año a partir de nuestra información estadística al $n_s = 0{,}05$. Calcular C.*

| Estación / Enfermedad | Invierno | Primavera | Verano | Otoño | Total |
|---|---|---|---|---|---|
| Gripe | 893 −85<br>978 | 192 43<br>149 | 72 36<br>36 | 102 6<br>96 | 1.259 |
| Sarampión | 93 61<br>32 | 20 −30<br>50 | 7 −26<br>33 | 11 −5<br>16 | 131 |
| Varicela | 35 24<br>11 | 8 −13<br>21 | 3 −10<br>13 | 4 −1<br>5 | 50 |
| TOTAL | 1.021 | 220 | 82 | 117 | 1.440 |

$$\frac{f_{11}}{1.440} = \frac{1.259}{1.440} \cdot \frac{1.021}{1.440} = 893$$

$$\frac{f_{12}}{1.440} = \frac{1.259}{1.440} \cdot \frac{220}{1.440} = 192$$

$$\frac{f_{13}}{1.440} = \frac{1.259}{1.440} \cdot \frac{82}{1.440} = 72$$

$$\frac{f_{14}}{1.440} = \frac{1.259}{1.440} \cdot \frac{117}{1.440} = 102$$

$$\frac{f_{21}}{1.440} = \frac{131}{1.440} \cdot \frac{1.021}{1.440} = 93$$

* Datos tomados de Alcaide I. A. Estadística aplicada a las Ciencias Sociales. Editorial Pirámide. Madrid 1976, pág. 356. Elaboración mía.

$$\frac{f_{22}}{1.440} = \frac{131}{1.440} \cdot \frac{220}{1.440} = 30$$

$$\frac{f_{23}}{1.440} = \frac{131}{1.440} \cdot \frac{82}{1.440} = 7$$

$$\frac{f_{24}}{1.440} = \frac{131}{1.440} \cdot \frac{117}{1.440} = 11$$

$$\frac{f_{31}}{1.440} = \frac{50}{1.440} \cdot \frac{1.821}{1.440} = 35$$

$$\frac{f_{32}}{1.440} = \frac{50}{1.440} \cdot \frac{220}{1.440} = 8$$

$$\frac{f_{33}}{1.440} = \frac{50}{1.440} \cdot \frac{82}{1.440} = 3$$

$$\frac{f_{34}}{1.440} = \frac{50}{1.440} \cdot \frac{117}{1.440} = 4$$

A simple vista puede verse la asociación existente entre los atributos, así la gripe supone en inverno más casos (978) de los que hubieran producido si estuvieran en situación de independencia (893), es decir, estación del año y enfermedad. Lo contrario ocurre con la varicela y el sarampión que registran en invierno menos casos que si fueran independientes. Ahora vamos a ver el grado de asociación entre ambos atributos. Calculamos el coeficiente de contingencia de Pearson.

$$\chi^2 = \frac{\Sigma\,(fo - fe)^2}{fe} \qquad \chi^2 = \frac{\Sigma\, d^2}{fe}$$

$$\chi^2 = \frac{d_{11}{}^2}{f_{11}} + \frac{d_{12}{}^2}{f_{12}} + \frac{d_{13}{}^2}{f_{13}} + \frac{d_{14}{}^2}{f_{14}} + \frac{d_{21}{}^2}{f_{21}} + \frac{d_{22}{}^2}{f_{22}} +$$

$$+ \frac{d_{23}{}^2}{f_{23}} + \frac{d_{24}{}^2}{f_{24}} + \frac{d_{31}{}^2}{f_{31}} + \frac{d_{32}{}^2}{f_{32}} + \frac{d_{33}{}^2}{f_{33}} + \frac{d_{34}{}^2}{f_{34}} =$$

$$= \frac{(-85)^2}{893} + \frac{(43)^2}{192} + \frac{(36)^2}{72} + \frac{6^2}{102} + \frac{(61)^2}{93} +$$

$$+\frac{(-30)^2}{20}+\frac{(-26)^2}{7}+\frac{(-5)^2}{11}+\frac{(24)^2}{35}+$$

$$+\frac{(-13)^2}{8}+\frac{(-10)^2}{3}+\frac{(-1)^2}{4}=8{,}09+9{,}63+18+$$

$$+0{,}35+40{,}01+45+96{,}57+2{,}27+16{,}46+$$

$$+21{,}12+33{,}33+0{,}25=\underline{291{,}08}$$

$\chi^2_e = 291{,}08$

$\chi^2_c$ $\quad gl = 6 \quad n_s = 0{,}05 \quad$ 12,59

$\chi^2_e > \chi^2_c$ Se rechaza $H_0$. Se acepta $H_1$.

El coeficiente de contingencia de Pearson viene dado por:

$$C=\sqrt{\frac{\chi^2}{\chi^2+n}}=\sqrt{\frac{291{,}08}{291{,}08+1.440}}=\sqrt{0{,}168149}=0{,}41$$

$$C_{max}=\sqrt{\frac{K-1}{K}}=\sqrt{\frac{3-1}{3}}=\sqrt{\frac{2}{3}}=0{,}81 \text{ Valor máximo.}$$

indica una asociación media entre estación y enfermedad.

# Lambda λ

170. SEXO

| Delincuencia | Varón | Hembra | TM |
|---|---|---|---|
| Delincuentes | 122 | 112 | 234 |
| No delincuentes | 210 | 78 | 288 |
| TM | 332 | 190 | 522 = N |

*Dados los siguientes datos, ¿cuánto puede reducirse el error de predicción sobre la categoría modal de la delincuencia, conociendo el sexo?*

$$\lambda_{yx} = \frac{\Sigma \text{ my} - \text{My}}{\text{N} - \text{My}}$$

$$\lambda_{yx} = \frac{(210 + 112) - 288}{522 - 288} = \frac{322 - 288}{234} = 0{,}14$$

En un 14%

171. *Calcular el coeficiente lambda entre la práctica religiosa y la identificación con grupos pacifistas.*

PRACTICA RELIGIOSA

| Grupos pacifistas | Nunca | Varias año | Alguna mes | Sólo domingos | Domingos y festivos | Varias veces semana | n |
|---|---|---|---|---|---|---|---|
| Muy cercano | 77 | 31 | 18 | 16 | 25 | 4 | 171 |
| Cercano | 161 | 119 | 57 | 67 | 62 | 3 | 469 |
| Distante | 42 | 26 | 36 | 34 | 21 | 2 | 161 |
| Muy distante | 14 | 18 | 6 | 13 | 12 | 0 | 63 |
| | 294 | 194 | 117 | 130 | 120 | 9 | 864 |

$$\lambda_{yx} = \frac{\Sigma\ my - My}{N - My}$$

$$\lambda_{yx} = \frac{(161 + 119 + 57 + 67 + 62 + 4) - 469}{864 - 469} =$$

$$= \frac{470 - 469}{395} = \frac{1}{395} = 0{,}0025$$

El conocimiento de la distribución de la práctica religiosa no puede reducirnos prácticamente el error de predicción (0,2%) sobre la categoría modal de la posición frente a grupos pacifistas.

172. **Calcular mediante el coeficente λ lo que puede influir a la hora evitar el error de predicción de la situación laboral de un grupo de personas el conocimiento del estado civil.*

ESTADO CIVIL

| Situación laboral | Recién casado | Casado | Divorciado | Viudo | TOTAL |
|---|---|---|---|---|---|
| Trabaja | 21 | 60 | 11 | 6 | 98 |
| No trabaja | 14 | 65 | 4 | 19 | 102 |
| TOTAL | 35 | 125 | 15 | 25 | 200 |

$$\lambda_{yx} = \frac{\Sigma\ my - My}{N - My}$$

$$\lambda_{yx} = \frac{(21 + 65 + 11 + 19) - 102}{200 - 102} = 0{,}14$$

En un 14% puede mejorarse la predicción y evitar errores al predecir la categoría modal de la situación laboral conociendo el estado civil.

Aporta francamente poco al conocimiento del estado civil.

---

* Datos tomados de Elifson, C. W., Runyon, R. P., Haber, A. Fundamentals of Social Statistics, Addison-Wesley, 1982, pág. 16.

173. *Qué tanto por ciento puede reducir el error de predicción de la categoría modal ENCONTRAR TRABAJO de un grupo de personas, el conocimiento de los individuos de la perfección de un determinado idioma.*

| Encontrar trabajo | IDIOMA SI | IDIOMA NO | TOTALES |
|---|---|---|---|
| Sí | 11 | 7 | 18 |
| No | 4 | 10 | 14 |
| TOTALES | 15 | 17 | 32 |

$$\lambda_{yx} = \frac{\Sigma\ my - My}{N - My} = \frac{(11 + 10) - 18}{32 - 18} = \frac{3}{14} = 0,21$$

En un 21%.

174. *¿Qué tanto por ciento se puede reducir el error de predicción sobre la categoría modal del nivel educativo conociendo la situación de adaptación con respecto al matrimonio?*

ADAPTACION AL MATRIMONIO

| Nivel educativo | | Muy bajo | Bajo | Alto | Muy alto | Total |
|---|---|---|---|---|---|---|
| | Universitaria | 18 | 29 | 79 | 115 | 241 |
| | Secundaria | 17 | 28 | 30 | 41 | 116 |
| | Primaria | 21 | 10 | 11 | 20 | 62 |
| | TOTAL | 56 | 67 | 120 | 176 | 419 = N |

$$\lambda_{yx} = \frac{\Sigma\ my - My}{N - My}$$

$$\lambda_{yx} = \frac{(21 + 29 + 79 + 115) - 241}{419 - 241} = \frac{244 - 241}{178} = 0,016$$

En un 1,6%.

Sólo puede reducir el error en 1,6%, es decir, prácticamente nada, es mejor elegir otra variable que nos reduzca más el error de predicción sobre el nivel educativo.

175. *¿Cuánto puede reducirnos el error de predicción sobre la categoría modal el conocimiento de la tolerancia a la hora de predecir el nivel de estudio?*

TOLERANCIA

| | | Baja | Media | Alta | + |
|---|---|---|---|---|---|
| Nivel estudios | Universitaria | 5 | 21 | 37 | 63 |
| | Secundaria | 19 | 68 | 49 | 136 |
| | Primaria | 59 | 13 | 13 | 92 |
| | Σ | 41 | 136 | 99 | N = 291 |

$$\lambda_{yx} = \frac{\Sigma \text{ my} - \text{My}}{\text{N} - \text{My}}$$

$$\lambda_{yx} = \frac{(20 + 68 + 49) - 136}{291 - 136} = \frac{137 - 136}{155} = \frac{1}{155} = 0{,}006$$

En un 0,6%.

176. *Calcular λ para la relación entre el nviel de estudios terminados y la ocupación de los padres.*

NIVEL ESTUDIOS

| Ocupación padre | Universitaria | Secundaria | Primaria | Menos de primaria | TOTAL |
|---|---|---|---|---|---|
| Profesional, gerente, directivo | 79 | 36 | 4 | 1 | 120 |
| Empleado, comerciante, funcionario | 16 | 45 | 31 | 12 | 104 |
| Trabajador especializado | 5 | 16 | 24 | 13 | 58 |
| Trabajador no especializado | – | 3 | 41 | 74 | 118 |
| TOTAL | 100 | 100 | 100 | 100 | 400 |

$$\lambda_{yx} = \frac{\Sigma\, my - My}{N - My}$$

$$\lambda = \frac{(79 + 45 + 41 + 74) - 120}{400 - 120} = \frac{119}{280} = 0{,}425$$

en un 42,5 % puede reducirse el error de predicción en la categoría modal sobre la ocupación de los padres el conocimiento del nivel de estudios.

# 16

# Regresión y correlación

177. *Se está estudiando la relación existente entre los años de estudios realizados por los padres y los estudios realizados por los hijos. Para ello se toma una muestra de 7 personas.*

| Entrevistados | Padres X | Hijos Y | $X^2$ | $X \cdot Y$ | $Y^2$ |
|---|---|---|---|---|---|
| A | 12 | 12 | 144 | 144 | 144 |
| B | 10 | 8 | 100 | 80 | 64 |
| C | 6 | 6 | 36 | 36 | 36 |
| D | 16 | 11 | 256 | 176 | 121 |
| E | 8 | 10 | 64 | 80 | 100 |
| F | 9 | 8 | 81 | 72 | 80 |
| G | 12 | 11 | 144 | 132 | 121 |
| | 73 | 66 | 825 | 720 | 666 |

1. *Calcular los coeficiente a y b de la recta de regresión para la predicción de años de estudio de los hijos según los padres.*
2. *Decir la dirección de la relación.*
3. *Tipo de relación.*
4. *Cuánto cambia Y al variar X en una unidad.*
5. *Qué años de estudio le corresponde a un chico cuyo padre tiene 20 años de estudio.*
6. *Años de estudio que le corresponden a un padre cuyo hijo tiene 9 años de estudio.*
7. *Representación gráfica de las 2 rectas y sobre x, y x sobre y.*

1) $\overline{x} = \frac{\Sigma x}{N} = \frac{73}{7} = 10{,}43$

$\overline{y} = \frac{\Sigma y}{N} \qquad \overline{y} = \frac{66}{7} = 9{,}43$

$b = \frac{Sxy}{S_x^2}$

$S_x^2 = \frac{\Sigma x^2}{N} - \overline{x}^2 = \frac{825}{7} - 108{,}78 = 9{,}07$

$\underline{S_x^2 = 9{,}07}$

$Sxy = \frac{\Sigma xy}{N} - \overline{x}\,\overline{y} = \frac{720}{7} - (10{,}43 \cdot 9{,}43) =$

$= 102{,}85 - 98{,}35 = 4{,}5 \qquad Sxy = 4{,}5$

$b = \frac{4{,}5}{9{,}07} = 0{,}49$

2) $\underline{b = 0{,}49}$ → dirección positiva

$y = a + bx \qquad a = \overline{y} - b\overline{x}$

$a = 9{,}43 - 0{,}49 \cdot 10{,}43 = 9{,}43 - 5{,}11 = 4{,}32$

$\underline{a = 4{,}32}$

3) Dependencia causal unilateral.

4) 0,49 unidades.

5) $y = a + bx; \qquad y = 4{,}32 + 0{,}49x$

también puede realizarse así

$y - \overline{y} = b\,(x - \overline{x})$

$y - 9{,}43 = 0{,}49\,(x - 10{,}43)$

$y - 9{,}43 = 0{,}49x - 5{,}11$

$y = 0{,}49x - 5{,}11 + 9{,}43$

$$\underline{y = 4{,}32 + 0{,}49x}$$

$x = 20 \qquad y = 4{,}32 + 0{,}49 \cdot 20$

$y = 14{,}21$ le corresponden de años de estudio al hijo.

6) $x = a + b'y$

$$b' = \frac{Sxy}{S_y^2}$$

$$S_y^2 = \frac{\Sigma y^2}{N} - \overline{y}^2 = \frac{666}{7} - 88{,}9249 = 6{,}21$$

$$b' = \frac{4{,}5}{6{,}21} = 0{,}72$$

$$\underline{b' = 0{,}72}$$

$x = a + b'y$

$a = \overline{x} - b'\overline{y}$

$a = 10{,}43 - 0{,}72 \cdot 9{,}43 = 10{,}43 - 6{,}7896 = 3{,}6404$

$$\underline{a = 3{,}6404}$$

$x - 10{,}43 = 0{,}72y - 0{,}72 \cdot 9{,}43$

$x = 0{,}72y - 6{,}7896 + 10{,}43$

$$\underline{x = 3{,}64 + 0{,}72y}$$

$y = 9.$

$x = 3{,}64 + 0{,}72 \cdot 9$

$x = 10{,}12$ le corresponden de años de estudio a un padre cuyo hijo tiene 9 años de estudio.

7) $y = 4{,}32 + 0{,}49x$

$x = 1 \qquad y = 4{,}89$

$x = 5 \qquad y = 4{,}32 + 0{,}49 \cdot 5$

$\qquad\qquad y = 6{,}77$

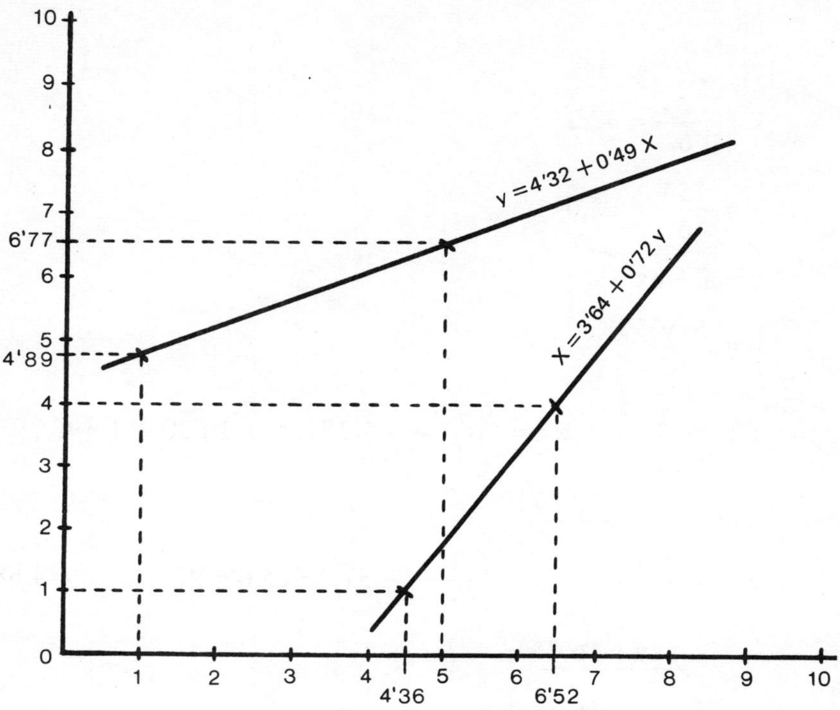


$x = 3{,}64 + 0{,}72y$

$y = 1 \qquad x = 3{,}64 + 0{,}721$

$x = 4{,}36$

$y = 4 \qquad x = 3{,}64 + 0{,}72 \cdot 4$

$x = 6{,}52$

178. *Hallar la recta de regresión Y sobre X y X sobre Y de las edades correspondientes a un grupo de hombres y mujeres respecto a su edad a la hora de contraer matrimonio.*

| Esposo x | Esposa y | $x^2$ | $x \cdot y$ | $y^2$ |
|---|---|---|---|---|
| 40 | 27 | 1.600 | 1.080 | 729 |
| 36 | 25 | 1.296 | 900 | 625 |
| 20 | 17 | 400 | 340 | 289 |
| 18 | 16 | 324 | 288 | 256 |
| 60 | 37 | 3.600 | 2.220 | 1.369 |
| 50 | 32 | 2.500 | 1.600 | 1.024 |
| | | 9.720 | 6.248 | 4.292 |

$$\overline{x} = \frac{224}{6} = 37{,}3$$

$$\overline{y} = \frac{154}{6} = 25{,}6$$

$$y = a + bx$$

$$b = \frac{Sxy}{S_x^2}$$

$$S_x^2 = \frac{\Sigma x^2}{N} - \overline{x}^2 = \frac{9.720}{6} - 1.391{,}29 = 1.620 - 1.392{,}29$$

$$\underline{S_x^2 = 228{,}71}$$

$$Sxy = \frac{\Sigma xy}{N} - \overline{x}\,\overline{y} = \frac{5.828}{6} - 37{,}3 \cdot 25{,}6 = 971{,}33 - 954{,}88$$

$$\underline{Sxy = 16{,}45}$$

$$b = \frac{Sxy}{S_x^2} = \frac{16{,}45}{228{,}71} = 0{,}071 \qquad \underline{b = 0{,}071}$$

$$a = \overline{y} - b\overline{x}$$

$$a = 25{,}6 - 0{,}071 \cdot 37{,}3$$

$$a = 25{,}6 - 2{,}64 \qquad \underline{a = 22{,}96}$$

1) $\underline{y = 22{,}96 + 0{,}071x}$

$$x = a + b'y$$

$$b' = \frac{Sxy}{S_y^2}$$

$$S_y^2 = \frac{\Sigma y^2}{N} - \overline{y}^2 = \frac{4.292}{6} - 655{,}36 = 59{,}97$$

$$\underline{S_y^2 = 59{,}97}$$

$$b' = \frac{16{,}45}{59{,}97} = 0{,}27 \qquad \underline{b' = 0{,}27}$$

$x = a + b'y$

$a = \overline{x} - b'\overline{y}$

$a = 37{,}3 - 0{,}27 \cdot 25{,}6$

$\underline{a = 30{,}38}$

2) $\underline{x = 30{,}38 + 0{,}27y}$

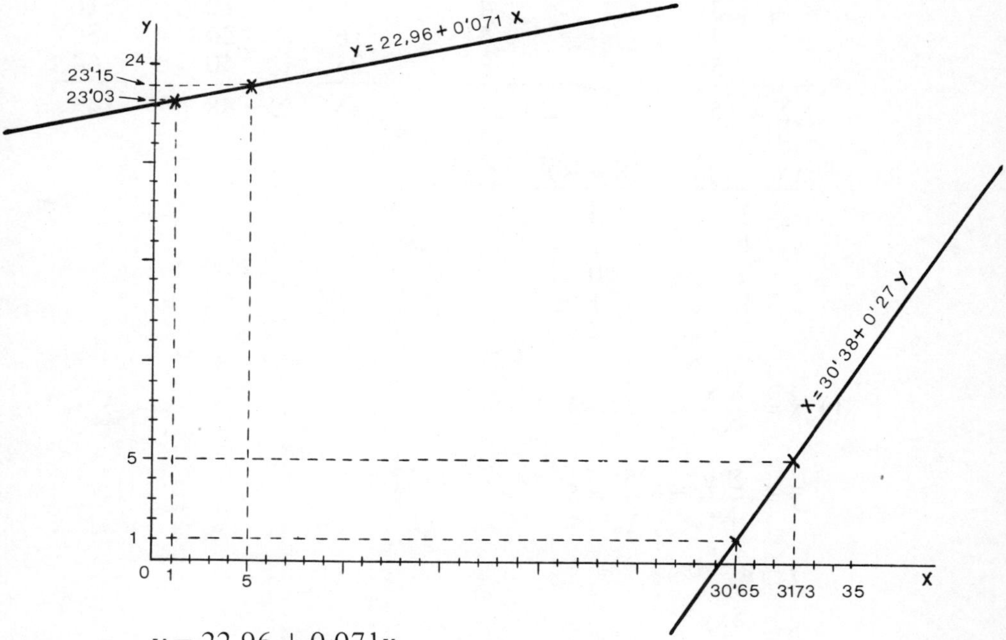


$y = 22{,}96 + 0{,}071x$

$x = 1 \qquad y = 23{,}03$

$x = 5 \qquad y = 22{,}96 + 0{,}071 \cdot 5 = 22{,}96 + 0{,}355$

$y = 23{,}15$

$x = 30{,}38 + 0{,}27y$

$y = 1 \qquad x = 30{,}65$

$y = 5 \qquad x = 30{,}38 + 0{,}27 \cdot 5 = 30{,}38 + 1{,}35$

$x = 31{,}73$

179. *Se está estudiando la relación entre años de estudios universitarios y viajes realizados al extranjero, en una muestra de 5 estudiantes. Hacer un estudio de regresión con su coeficiente de determinación. Realizar el test de coeficiente de regresión para $\beta = 0$; $n_s = 0{,}05$.*

| Estudiantes Universitarios (X) | Viajes (Y) | $X^2$ | $X \cdot Y$ | $Y^2$ |
|---|---|---|---|---|
| 1 | 2 | 1 | 2 | 4 |
| 2 | 5 | 4 | 10 | 25 |
| 3 | 4 | 9 | 12 | 16 |
| 4 | 6 | 16 | 24 | 36 |
| 5 | 8 | 25 | 40 | 64 |
| $\Sigma = 15$ | $\Sigma = 25$ | 55 | $\Sigma = 88$ | 145 |

| $(x - \bar{x})$ | $(x - \bar{x})^2$ |
|---|---|
| −2 | 4 |
| −1 | 1 |
| 0 | 0 |
| 1 | 1 |
| 2 | 4 |

1) $\bar{x} = \dfrac{\Sigma x}{N} = \dfrac{15}{5} = 3$

$\bar{y} = \dfrac{\Sigma y}{N} = \dfrac{25}{5} = 5$

$y = a + bx$

$b = \dfrac{Sxy}{Sx^2}$

$Sxy = \dfrac{\Sigma xy}{N} - \bar{x}\,\bar{y} = \dfrac{88}{5} - 3{,}5 = 2{,}6$

$S_x^2 = \dfrac{\Sigma x^2}{N} - \bar{x}^2 = \dfrac{55}{5} - 9 = 2$

$Sx = \sqrt{2} = 1{,}41$

$b = \dfrac{2{,}6}{2} = 1{,}3$ $\qquad\qquad$ $\underline{b = 1{,}3}$

$a = \overline{y} - b\overline{x}$

$a = 5 - 1{,}3 \cdot 3 = 5 - 3{,}9 = 1{,}1$ $\qquad \underline{a = 1{,}1}$

$\underline{y = 1{,}1 + 1{,}3x}$

2) $S_e^2 = \dfrac{\Sigma (y - y')^2}{N - 2}$

| x | y | y' = 1,1 + 1,3x | y − y' | (y − y')² |
|---|---|---|---|---|
| 1 | 2 | 2,4 | −0,4 | 0,16 |
| 2 | 5 | 3,7 | 1,3 | 1,69 |
| 3 | 4 | 5 | −1 | 1 |
| 4 | 6 | 6,3 | −0,3 | 0,09 |
| 5 | 8 | 7,6 | 0,4 | 0,16 |
| | | | | Σ = 3,1 |

$S_e^2 = \dfrac{3{,}1}{3} = 1{,}03;$ $\qquad Se = 1{,}01$ error típido de estimación

$S_y^2 = \dfrac{\Sigma y^2}{N} - \overline{y}^2 = \dfrac{145}{5} - 25 = 4$

$S_y^2 - S_e^2 = 4 - 1{,}03 = 2{,}97$

$R^2 = \dfrac{\text{variación explicada}}{\text{variación total}} = \dfrac{S_y^2 - S_e^2}{S_y^2} =$

variación explicada = variación total − variación no explicada

$R^2 = \dfrac{4 - 1{,}03}{4} = 0{,}7425$

Este resultado representa la proporción de variación total en una de las variables explicada por la otra; mide que tan bien la recta de regresión de mínimos cuadrados se ajusta a los datos muestrales.

3) Test de b

1) $H_0;\ \beta = 0$

$H_1;\ \beta \neq 0$

2) Prueba bilateral

3) Ns = 0,05

Nc = 0,95; o sea 95% de nivel de confianza

4) Cálculo de la prueba t

$$t = \frac{b - \beta}{Se/Sx} \cdot \sqrt{N-2}$$

$$t = \frac{1,3 - 0}{1,01/1,41} \sqrt{5-2}$$

$$t \simeq 3,19$$

5) t crítico ⟨ gl = N − 2 = 5 − 2 = 3 ; Ns = 0,05 ⟩ 3,181

6) $t_e > t_c$ Se rechaza $H_0$

180. *Se quiere hacer un estudio de regresión lineal con respecto al número de miembros que componen una familia y los ingresos medios por hogar. Asimismo se desea conocer el coeficiente correlación de Pearson. Realizar el test de r y el intervalo para r en la población: $n_s = 0,05$.*

| N.º miembros x | Miles ptas. y | x · y | $x^2$ | $y^2$ |
|---|---|---|---|---|
| 1 | 94 | 94 | 1 | 8.836 |
| 2 | 152 | 304 | 4 | 23.104 |
| 3 | 218 | 654 | 9 | 47.524 |
| 4 | 248 | 992 | 16 | 65.504 |
| 5 | 268 | 1.340 | 25 | 71.824 |
| 6 | 281 | 1.686 | 36 | 78.961 |
| 21 | 1.261 | 5.070 | | 295.753 |

1) $\overline{x} = \frac{\Sigma x}{N} = \frac{21}{6} = 3,5$

$\overline{y} = \frac{\Sigma y}{N}$ $\overline{y} = \frac{1.261}{6} = 210$

$$Sxy = \frac{\Sigma\, xy}{N} - \overline{x}\,\overline{y} = \frac{5.070}{6} - 3{,}5 \cdot 210 = 845 - 735 = 110$$

$$S_x^2 = \frac{\Sigma\, x^2}{N} - \overline{x}^2 = \frac{91}{6} - (3{,}5)^2 = 15{,}16 - 12{,}25 = 2{,}91$$

$$\underline{S_x^2 = 2{,}91}$$

$$\underline{Sx = 1{,}70}$$

$$S_y^2 = \frac{\Sigma\, y^2}{N} - \overline{y}^2 = \frac{295.753}{6} - (210)^2 =$$

$$= 49.292{,}166 - 44.100 = 5.192{,}16$$

$$\underline{S_y^2 = 5.192{,}16}$$

$$\underline{Sy = 72{,}05}$$

$$b = \frac{Sxy}{S_x^2} = \frac{110}{2{,}91} = 37{,}8$$

$$\underline{b = 37{,}8}$$

$$y = a + bx$$

$$a = \overline{y} - b\overline{x}$$

$$a = 210 - 37{,}8 \cdot 3{,}5 = 77{,}7$$

$$\underline{a = 77{,}7}$$

$$b' = \frac{Sxy}{S_y^2} = \frac{110}{5.192{,}16} = 0{,}021$$

$$\underline{b' = 0{,}021}$$

$$y = 77 + 37{,}8x$$

2) r puede calcularse por diversos métodos. Veamos algunos de ellos

$$r = \frac{Sxy}{Sx \cdot Sy} \quad \text{ó} \quad r = \sqrt{b \cdot b'}$$

$$r = \frac{Sxy}{Sx \cdot Sy} = \frac{110}{1,70 \cdot 72,05} \simeq 0,9$$

$$r = \sqrt{b - b'} = \sqrt{37,8 \cdot 0,021} = 0,894$$

indica una fuerte correlación entre número de miembros e ingresos ya que su valor oscila entre 0 y 1.

3)

1) $H_0$ ; $r = 0$

$H_1$ ; $r \neq 0$

2) Bilateral.

3) $ns = 0,05$

4) Cálculo prueba t

$$t = \frac{r}{\sqrt{1 - r^2}} \cdot \sqrt{N - 2}$$

$$t = \frac{0,89}{\sqrt{1 - 0,7921}} \cdot \sqrt{6 - 2} = \frac{0,89}{0;2079} \cdot \sqrt{4} = 8,56$$

5) $t \begin{cases} gl = 6 - 2 = 4 \\ n_s = 0,05 \end{cases} \rightarrow t_c = 2,776$

6) $t_e > t_c$. Se rechaza $H_0$.

tomamos $r = 0,898$

$$z \pm 1,96\,\sigma_z ; \qquad \sigma_z = \frac{1}{\sqrt{N - 3}}$$

$$\sigma_z = \frac{1}{\sqrt{6 - 3}} = \frac{1}{\sqrt{3}} = 0,577$$

$r = 0,898$

$z = 1,4618$

$1,4618 \pm 1,96 \cdot 0,57$

$1,4618 \pm 1,1172$

4. z 0,3446 —— 2,579

   r 0,332 —— 0,988 intervalo al 95,5 % de confianza

181. *Se requiere hallar la correlación entre la evolución de la Renta Nacional (RN) (en miles de millones) y la evolución de alumnos matriculados en la universidad en miles de alumnos. Calcular r según diversos métodos.*

| Años | RN (x) | Univ. (y) | x · y | $x^2$ | $y^2$ |
|---|---|---|---|---|---|
| 1970 | 56 | 53 | 2.968 | 3.136 | 2.809 |
| 1971 | 56 | 58 | 3.248 | 3.136 | 3.364 |
| 1972 | 57 | 63 | 3.591 | 3.249 | 3.969 |
| 1973 | 58 | 68 | 3.944 | 3.364 | 4.624 |
| 1974 | 58 | 72 | 4.176 | 3.364 | 5.184 |
| Total . . . | 285 | 314 | 17.927 | 16.249 | 19.950 |

1) $$r = \frac{N \Sigma xy - (\Sigma x)(\Sigma y)}{\sqrt{[N \Sigma x^2 - (\Sigma x)^2][N \Sigma y^2 - (\Sigma y)^2]}}$$

$$r = \frac{5 \cdot 17.927 - 285.314}{\sqrt{[5 \cdot 16 \cdot 249 - (285)^2][5 \cdot 19.950 - (314)^2]}} =$$

$$= \frac{89.635 - 89.490}{\sqrt{(81.245 - 81.225)(99.750 - 98.596)}} =$$

$$= \frac{145}{\sqrt{23.080}} = \frac{145}{151,92} = \underline{0,95}$$

$r = 0,95$

2) $r = \sqrt{b \cdot b'}$

$$b = \frac{Sxy}{S^2 x}$$

$$Sxy = \frac{\Sigma xy}{N} - \bar{x}\,\bar{y}$$

$$\overline{x} = \frac{\Sigma x}{N} = \frac{285}{5} = 57$$

$$\overline{y} = \frac{\Sigma y}{N} = \frac{314}{5} = 62{,}8$$

$$Sxy = \frac{17.927}{5} - 57 \cdot 62{,}8$$

$$Sxy = 3.585{,}4 - 3.579{,}6 = \underline{5{,}8}$$

$$S^2x = \frac{\Sigma x^2}{N} - \overline{x}^2$$

$$S^2x = \frac{16.249}{5} - (57)^2$$

$$S^2x = 3.249{,}8 - 3.249$$

$$S^2x = \underline{0{,}8}$$

$$b = \frac{5{,}8}{0{,}8} = 7{,}25$$

$$S^2y = \frac{\Sigma y^2}{N} - \overline{y}^2$$

$$S^2y = 46{,}16$$

$$b' = \frac{5{,}8}{46{,}16} = 0{,}12$$

$$r = \sqrt{b \cdot b'} = \sqrt{7{,}25 \cdot 0{,}12} = 0{,}93$$

3) $$r = \frac{Sxy}{Sx \cdot Sy}$$

$$r = \frac{5{,}8}{0{,}89 \cdot 6{,}79} = \frac{5{,}8}{6{,}431} = \underline{0{,}95}$$

indicando por tanto una fuerte correlación entre ambas variables.

182. *Determinar la relación existente entre los años de estudio completados (x) y los prejuicios (y) tal y como se encontró en la siguiente muestra de 10 entrevistados. Restos de y sobre x, y de x sobre y. Ecuaciones, cálculo de r y test de $\beta = 0$ y $\beta = 2$, ns = 0,05.*

| Entrevistado | Años estudio (x) | Prejuicios (y) |
|---|---|---|
| A | 10 | 1 |
| B | 3 | 7 |
| C | 12 | 2 |
| D | 11 | 3 |
| E | 6 | 5 |
| F | 8 | 4 |
| G | 14 | 1 |
| H | 9 | 2 |
| I | 10 | 3 |
| J | 2 | 10 |

Prejuicios: Los datos más altos indican mayores prejuicios. De este modo podemos predecir el grado de prejuicio que existiría en 2 personas cuyos años de estudios completados fueran 5 y 20 por ejemplo.

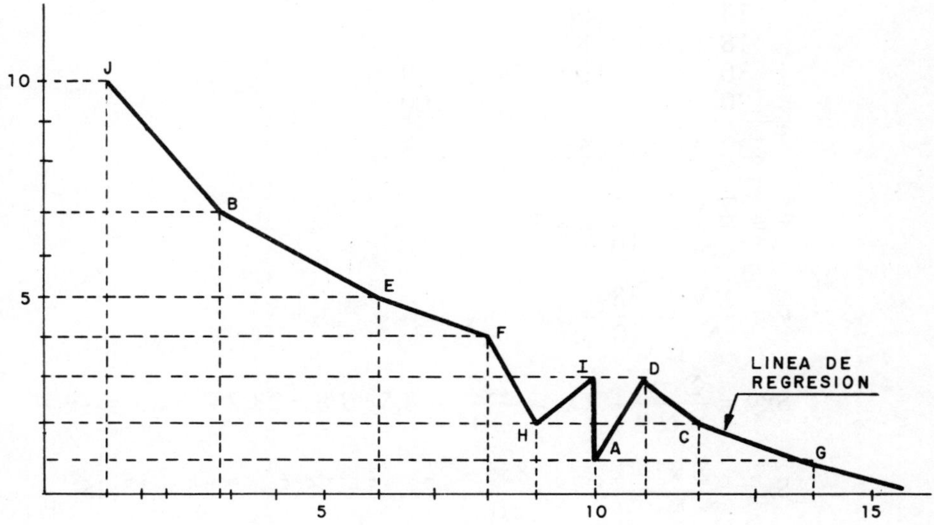

La gráfica nos indica un tipo de dependencia inversa, es decir, que al aumentar x disminuye y. Vamos a calcular ahora la ecuación de regresión que define la relación existente entre x e y.

1) $y = a + bx$ (ecuación de la recta de y sobre x)

$$b = \frac{Sxy}{S^2x}$$

$$Sxy = \frac{\Sigma\, xy}{N} - \overline{x}\,\overline{y}$$

$$S^2x = \frac{\Sigma\, x^2}{N} - \overline{x}^2$$

| $x \cdot y$ | $x^2$ | $y^2$ |
|---|---|---|
| 10 | 100 | 1 |
| 21 | 9 | 49 |
| 24 | 144 | 4 |
| 33 | 121 | 9 |
| 30 | 36 | 25 |
| 32 | 64 | 16 |
| 14 | 196 | 1 |
| 18 | 81 | 4 |
| 30 | 100 | 9 |
| 20 | 4 | 100 |
| 232 | 855 | 218 |

$$\overline{x} = \frac{\Sigma\, x}{N} = \frac{85}{10} = 8{,}5$$

$$\overline{y} = \frac{\Sigma\, y}{N} = \frac{38}{10} = 3{,}8$$

$$Sxy = \frac{\Sigma\, xy}{N} - \overline{x}\,\overline{y} = \frac{232}{10} - 8{,}5 \cdot 3{,}8 = 23{,}2 - 32{,}3 = -9{,}1$$

$$Sx^2 = \frac{\Sigma\, x^2}{N} - \overline{x}^2 = \frac{855}{10} - 72{,}25 = 85{,}5 - 72{,}5 = 13{,}25$$

$$b = \frac{Sxy}{Sx^2} = \frac{-9,1}{13,25} = -0,6$$

El valor negativo de b nos indica un tipo de relación inversa.

$$y = a + bx$$

$$y - \overline{y} = b\,(x - \overline{x})$$

$$a = \overline{y} - b\overline{x}$$

$$y - 3,8 = -0,6\,(x - 8,5) \rightarrow y - 3,8 = -0,6x + 5,1$$

$$a = 3,8 - (-0,6) \cdot 8,5$$

$$a = 3,8 + 5,1 = 8,9$$

$$\underline{y = 8,9 - 0,6x} \quad \text{ecuación de y sobre x}$$

Si $x = 5$

$$y = 8,9 - 0,6 \cdot 5$$

$$y = 8,9 - 3$$

$$y = 5,9$$

Es decir, para una persona que tenga 5 años de estudios puede predecirse un grado de prejuicio de $5,9 \simeq 6$.

Si $x = 20$

$$y = 8,9 - 0,6 \cdot 20$$

$$y = 8,9 - 12 = -3,1$$

Lo mismo que para una persona con 20 años de estudios puede predecirse unos prejuicios de un grado mínimo.

Como comprobante podemos decir que si se sustituye la x de la ecuación por $\overline{x}$, se obtiene $\overline{y}$.

$$y = 8,9 - 0,6x$$

$$y = 8,9 - 0,6 \cdot 8,5 = 8,9 - 5,10 = 3,8$$

$$\underline{y = 3,8}$$

$$x - \overline{x} = b' (y - \overline{y})$$

$$b' = \frac{Sxy}{Sy^2} \quad \rightarrow \quad \underline{Sxy = -9,1}$$

$$Sy^2 = \frac{218}{10} - 14,44 = 21,8 - 14,44 = 7,36$$

$$\underline{Sy^2 = 7,36}$$

$$b' = \frac{-9,1}{7,36} = -1,23 \qquad \underline{b' = -1,23}$$

b y b′ siempre tienen el mismo signo, en este caso negativo.

$$a = \overline{x} - b'\overline{y}$$

$$a = 8,5 - (-1,23 \cdot 3,8)$$

$$a = 13,17$$

$$x = 13,17 - 1,23y$$

$$x - \overline{x} = b' (y - \overline{y})$$

$$x - 8,5 = -1,23 \ (y - 3,8)$$

$$x - 8,5 = -1,23y + 4,674$$

$$x = -1,23y + 4,674 + 8,5 \qquad x = 13,17 - 1,23y$$

$$\underline{x = 13,17 - 1,23y}$$

$$x = 13,17 - 1,23y$$

$$y = 8,9 - 0,6x$$

$(x = 2)$ $\quad y = 8,9 - 0,6 \cdot 2 = 8,9 - 1,2 = 7,7$

$(x = 10)$ $\quad y = 8,9 - 0,6 \cdot 10 = 8,9 - 6 = 2,9$

$$x = 13,17 - 1,23y$$

$(y = 2)$ $\quad x = 13,17 - 1,23 \cdot 2 = 10,71$

$(y = 5)$ $\quad x = 13,17 - 1,23 \cdot 5 = 7,02$

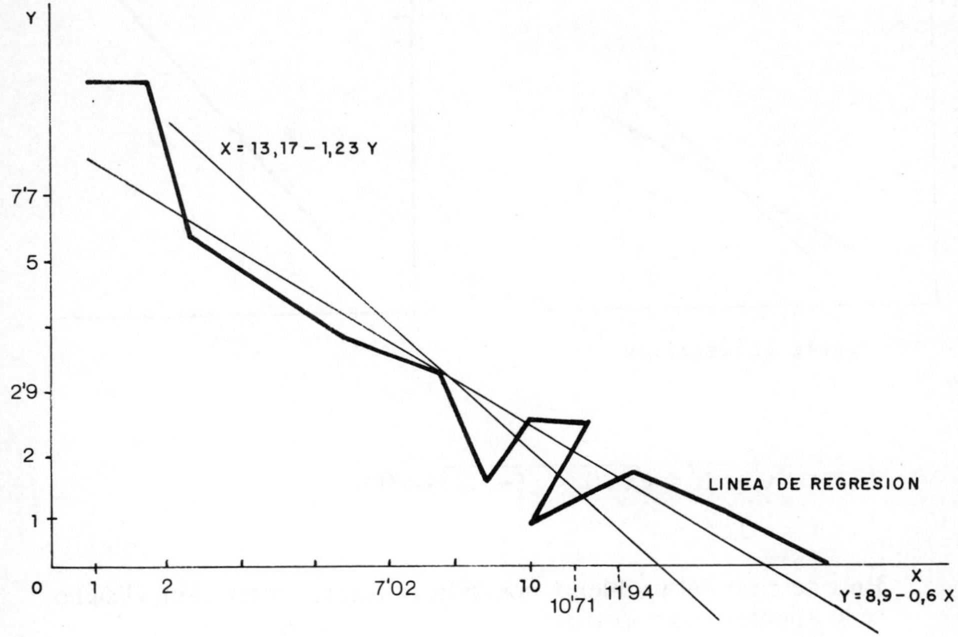


2) $r^2 = b \cdot b'$

$$r^2 = (-0{,}6) \cdot (-1{,}23) = 0{,}7 = 70\%$$

porcentaje de variación total que se explica por la recta de regresión. Si dibujamos gráficamente la recta de y sobre x y de x sobre y tendremos gráficamente una idea de la intensidad de la correlación; veamos

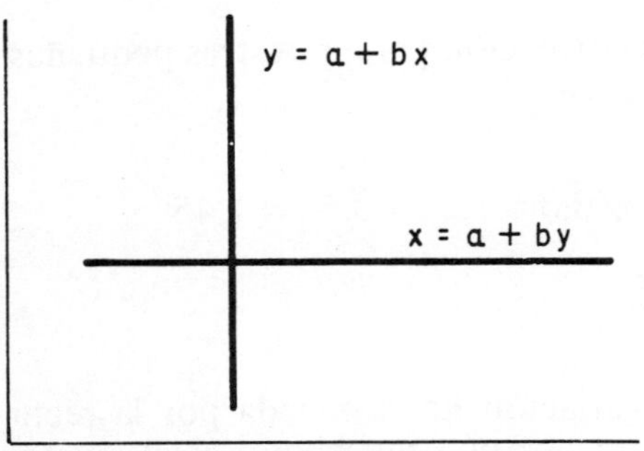


CORRELACION NULA

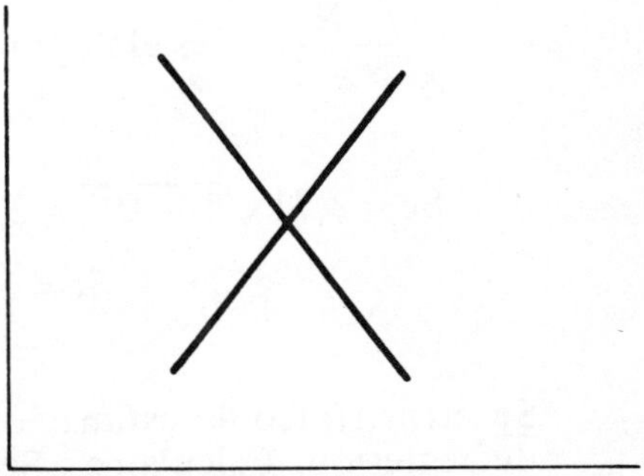

CORRELACION DEBIL

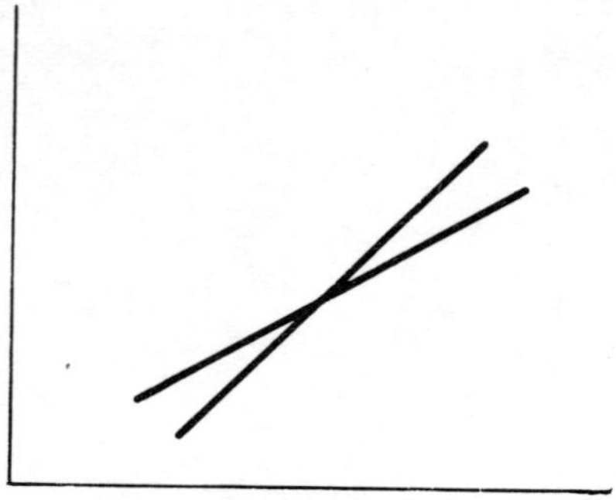

FUERTE CORRELACION

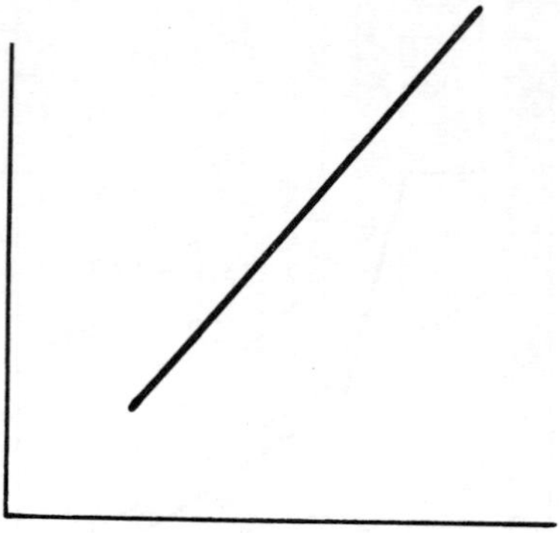

$$r = \sqrt{b \cdot b'} = \sqrt{(-0{,}6) \cdot (-1{,}23)} = 0{,}86$$

$$r = -0{,}86$$

En este caso del problema nos indican fuerte correlación, el signo se lo asignaremos nosotros.

Calculamos ahora Se mediante este otro método:

$$Se = Sy\sqrt{1 - r_{xy}^2} \cdot \sqrt{\frac{N}{N-2}}$$

$\sqrt{\frac{N}{N-2}}$ es el factor de corrección para muestras pequeñas

$$Se = 2{,}71\sqrt{1 - 0{,}7} = 2{,}71\sqrt{0{,}3} = 2{,}71 \cdot 0{,}54 = 1{,}48$$

$$\underline{Se = 1{,}48}$$

<u>Se</u> error típico de estimación, variación no explicada por la recta de regresión. Calculamos <u>Se</u> para ver qué tan bueno es el ajuste.

$S_y^2 = 7,36$

$Sy = 2,71$

$y' \pm 1Se \simeq 68,26\%$

$y' \pm 2Se \simeq 95,45\%$

$y' \pm 3Se \simeq 99,73\%$

$b = -0,6$

$b' = -1,23$

} en estos intervalos se encuentra los valores reales de y

$y = 8,9 - 0,6x$

$x = 3 \qquad y = 8,9 - 0,6 \cdot 3 = 7,1$

$x = 2 \qquad y = 8,9 - 0,6 \cdot 2 = 8,9 - 1,2 = 7,7$

$7,1 \pm 1 \cdot 1,48 \simeq 68,26\% \rightarrow 5,62 - 8,58 \simeq 68,26\%$

$7,1 \pm 2 \cdot 1,48 \simeq 95,45\% \rightarrow 4,14 - 10,06 \simeq 95,95,45\%$

$7,1 \pm 3 \cdot 1,48 \simeq 99,73\% \rightarrow 2,66 - 11,54 \simeq 99,73\%$

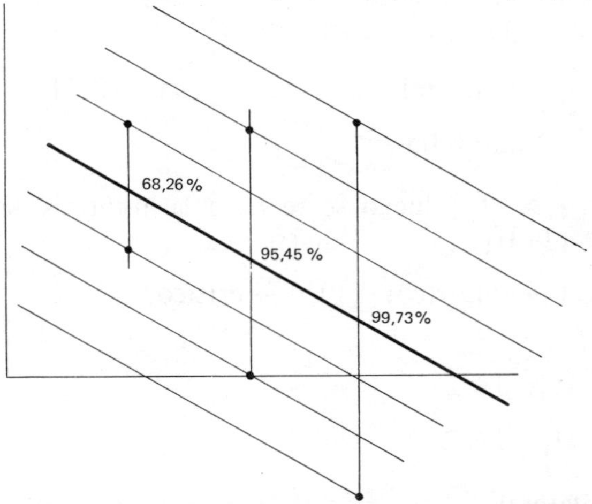


3) Test de significación del coeficiente de regresión; puede realizarse también mediante esta otra fórmula:

$$t = \frac{b - \beta}{\sqrt{1 - r^2}} \sqrt{N - 2}$$

1) $H_0 ; \beta = 0$

$H_1 ; \beta \neq 0$

2) Bilateral

3) ns = 0,05

nc = 95%

4) Cálculo prueba.

$$t = \frac{b - \beta}{\sqrt{1 - r^2}} \cdot \sqrt{N - 2}$$

$$t = \frac{-0,6 - 0}{\sqrt{1 - 0,7}} \cdot \sqrt{10 - 2}$$

$$t = \frac{-0,6}{\sqrt{0,3}} \cdot \sqrt{8} = \frac{-0,6}{0,54} \cdot 2,82 = -3,13$$

$$\underline{t = -3,13}$$

5) $t_c$ — gl = N − 2 = 10 − 2 = 8; unilateral; ns = 0,05 → $t_c = 2,31$

6) $|t_e| > |t_c|$ luego se rechaza la hipótesis de que $\beta = 0$ y se acepta $H_1$.

$|t_e| \rightarrow$ empírico; $|t_c| \rightarrow$ crítico

1) $H_0 ; \beta = 2$

$H_1 ; \beta \neq 2$

2) Bilateral.

3) ns = 0,05

nc = 95%

4) Cálculo prueba

$$t = \frac{-0{,}6 - 2}{\sqrt{1 - 0{,}7}} \cdot \sqrt{8} = \frac{-2{,}6}{0{,}54} \cdot 2{,}82 = 13{,}57$$

5) $t_c$
- $gl = N - 2 = 10 - 2 = 8$
- unilateral → 2,31
- $ns = 0{,}05$

$t_e = -13{,}57$

$t_c = 2{,}31$

$| t_e | > | t_c |$

6) Se rechaza $H_0$ y se acepta $H_1$.

183. *Los siguientes valores corresponden a las edades de un grupo de personas que realizan un determinado deporte y al peso en kg de los mismos. Hacer un estudio de regresión y correlación.*

| $x$ | $y$ | $x \cdot y$ | $x^2$ | $y^2$ |
|---|---|---|---|---|
| 18 | 54 | 972 | 324 | 2.916 |
| 26 | 64 | 1.664 | 676 | 4.096 |
| 28 | 54 | 1.512 | 784 | 4.104 |
| 34 | 62 | 2.108 | 1.156 | 3.844 |
| 36 | 68 | 2.448 | 1.296 | 4.624 |
| 42 | 70 | 2.940 | 1.764 | 4.900 |
| 48 | 76 | 3.648 | 2.304 | 5.776 |
| 52 | 66 | 3.432 | 2.704 | 4.356 |
| 54 | 76 | 4.104 | 2.916 | 5.776 |
| 60 | 74 | 4.440 | 3.600 | 5.476 |
| 416 | 664 | 27.268 | 17.524 | 45.868 |

1) $\bar{x} = \frac{398}{10} = 39{,}8$

$\bar{y} = \frac{664}{10} = 66{,}4$

$b = \frac{Sxy}{S_x^2}$

$$Sxy = \frac{\Sigma\, xy}{n} - \overline{x}\,\overline{y} = \frac{27.268}{10} - 39{,}8 \cdot 66{,}4 = 84{,}08$$

$$S_x^2 = \frac{\Sigma\, x^2}{n} - \overline{x}^2 = \frac{17.524}{10} - 1.584{,}04 = 168{,}36$$

$$S_y^2 = \frac{\Sigma\, y^2}{n} - \overline{y}^2 = \frac{45.868}{10} - 4.408{,}96 = 177{,}84$$

$$b = \frac{84{,}08}{168{,}36} = 0{,}49 \qquad \underline{b = 0{,}49}$$

$$y = a + bx$$

$$a = \overline{y} - b\overline{x}$$

$$a = 66{,}4 - 0{,}49 \cdot 39{,}8$$

$$a = 66{,}4 - 19{,}502 \qquad \underline{a = 46{,}898}$$

$$y = 46{,}89 + 0{,}49x$$

$$Se = Sy\sqrt{1 - r_{xy}^2} \qquad \sqrt{\frac{N}{N-2}}$$

$$S_y^2 = \frac{\Sigma\, y^2}{n} - \overline{y}^2 = \frac{45.868}{10} - (64{,}4)^2 =$$

$$= 4.586{,}8 - 4.147{,}36 = 439{,}44$$

$$Sy = \sqrt{439{,}44} = 20{,}96$$

$$Se = 20{,}96\sqrt{1 - 0{,}0931} = 19{,}95$$

$$\underline{Se = 19{,}95}$$

variación de y no explicada por la recta de regresión, con la ecuación calculada, teniendo en cuenta que se oscila entre 0 y Sy en la mayoría de los casos, puede decirse que la predicción será muy mala.

2) $b = 0{,}49$

$$b' = \frac{Sxy}{S^2y} = \frac{84{,}04}{439{,}44} = 0{,}19$$

$$r^2 = b \cdot b' = 0{,}49 \cdot 0{,}19 = 0{,}0931$$

el 9% de la variación de y quedará explicado por la variable independiente x, es mínimo.

184. *Dadas las siguientes series de valores de las variables x e y, calcular las rectas de regresión y hallar el coeficiente de correlación de Pearson y el coeficiente de determinación.*

| $x$ | $y$ | $x \cdot y$ | $x^2$ | $y^2$ | $y_{os} - yt$ | $(y_{os} - yt)^2$ |
|---|---|---|---|---|---|---|
| 2 | 3 | 6 | 4 | 9 | −0,3 | 0,09 |
| 3 | 5 | 15 | 9 | 25 | −0,9 | 0,81 |
| 4 | 4 | 16 | 16 | 16 | −0,9 | 0,81 |
| 5 | 6 | 30 | 25 | 36 | 0,3 | 0,09 |
| 14 | 18 | 67 | 54 | 86 | | 0,78 |

1) $\overline{x} = \dfrac{14}{4} = 3{,}5$

$$\overline{y} = \frac{18}{4} = 4{,}5$$

$$b = \frac{Sxy}{S_x^2}$$

$$Sxy = \frac{\Sigma\, xy}{n} - \overline{x}\,\overline{y} = \frac{67}{4} - 3{,}5 \cdot 4{,}5 = 16{,}75 - 15{,}75 = 1$$

$$S_x^2 = \frac{\Sigma\, x^2}{n} - \overline{x}^2 = \frac{54}{4} - 12{,}25 = 13{,}5 - 12{,}25 = 1{,}25$$

$$b = \frac{1}{1{,}25} = 0{,}8$$

$$\underline{b = 0{,}8}$$

$$a = \overline{y} - bx$$

$$a = 4{,}5 - 0{,}8 \cdot 3{,}5 = 4{,}5 - 2{,}8 = 1{,}7$$

$$\underline{a = 1{,}7}$$

$$\underline{y = 1{,}7 + 0{,}8x}$$

$$b' = \frac{Sxy}{S_y^2}$$

$$S_y^2 = \frac{\Sigma y^2}{n} - \overline{y}^2 = \frac{86}{4} - 4{,}5^2 = 21{,}5 - 20{,}25 = 1{,}25$$

$$b' = \frac{1}{1{,}25} = 0{,}8$$

$$\underline{b' = 0{,}8}$$

$$a = \overline{x} - b\overline{y}$$

$$a = 3{,}5 - 0{,}8 \cdot 0{,}5 = -0{,}1$$

$$\underline{a = -0{,}1}$$

$$\underline{x = -0{,}1 + 0{,}8y}$$

existe una fuerte correlación positiva

2) $r = \sqrt{b \cdot b'} = \sqrt{0{,}8 \cdot 0{,}8} = 0{,}8$

existe una fuerte correlación positiva.

3) $r^2 = b \cdot b' = 0{,}8 \cdot 0{,}8 = 0{,}64$

proporción de variación total de una variable que quede explicada por la otra variable.

185. *Dos jueces x e y de un tribunal asignaron separadamente a los 10 finalistas de un concurso las siguientes puntuaciones.*

| x | y |
|---|---|
| 3 | 3 |
| 10 | 8 |
| 9 | 10 |
| 1 | 4 |
| 2 | 1 |
| 4 | 2 |
| 6 | 5 |
| 5 | 6 |
| 8 | 7 |
| 7 | 9 |
| 55 | 55 |

*1. Hallar la covarianza dada por los jueces bajo el supuesto de que emitieran su juicio con absoluta indepencencia indicando así el signo de la dependencia.*

*2. Hallar el grado de dependencia.*

| $x \cdot y$ | $x^2$ | $y^2$ | $y - y_t$ | $(y - y_t)^2$ |
|---|---|---|---|---|
| 9 | 9 | 9 | $3 - 3{,}5 = -0{,}5$ | 0,25 |
| 80 | 100 | 64 | $8 - 9{,}1 = -1{,}1$ | 1,21 |
| 90 | 81 | 100 | $10 - 8{,}3 = 1{,}7$ | 2,89 |
| 4 | 1 | 16 | $4 - 1{,}9 = 2{,}1$ | 4,41 |
| 2 | 4 | 1 | $1 - 2{,}7 = -1{,}7$ | 2,89 |
| 8 | 16 | 4 | $2 - 4{,}3 = -2{,}3$ | 4,29 |
| 30 | 36 | 25 | $5 - 5{,}9 = -0{,}9$ | 34,81 |
| 30 | 25 | 36 | $6 - 5{,}1 = 0{,}9$ | 0,81 |
| 56 | 64 | 49 | $7 - 7{,}5 = -0{,}5$ | 0,25 |
| 63 | 49 | 81 | $9 - 6{,}7 = 2{,}3$ | 5,29 |
| 372 | 385 | 385 | | 58,1 |

1) $\bar{x} = \dfrac{55}{10} = 5{,}5$

$$\bar{y} = \frac{55}{10} = 5{,}5$$

$$b = \frac{Sxy}{S_x^2}$$

$$Sxy = \frac{\Sigma\, xy}{n} - \bar{x}\,\bar{y} = \frac{372}{10} - 30{,}25 =$$

$$= 37{,}2 - 30{,}25 = 6{,}95 \rightarrow$$

dependencia positiva directa ya que la covarianza nos da también el signo de la relación

$$S_x^2 = \frac{\Sigma\, x^2}{n} - x^2 = \frac{385}{10} - 30{,}25 = 38{,}5 - 30{,}25 = 8{,}25$$

$$b = \frac{6{,}95}{8{,}25} = 0{,}8$$

$$y - \bar{y} = b\,(x - \bar{x})$$

$a = \overline{y} - b\overline{x}$

$a = 5{,}5 - 0{,}8 \cdot 5{,}5$

$a = 5{,}5 - 4{,}4 = 1{,}1$

$$\underline{y = 1{,}1 + 0{,}8x}$$

$y - 5{,}5 = 0{,}8\,(x - 5{,}5)$

$y - 5{,}5 = 0{,}8x - 5{,}5 \cdot 0{,}8$

$y = 0{,}8x - 5{,}5 \cdot 0{,}8 + 5{,}5$

$$\underline{y = 1{,}1 + 0{,}8x}$$

Ecuación de la recta de regresión mínimo cuadrática.

$x = 1 \qquad y = 1{,}1 + 0{,}8x$

$\qquad\qquad y = 1{,}9$

$x = 3 \qquad y = 1{,}1 + 0{,}8 \cdot 3$

$\qquad\qquad y = 3{,}5$

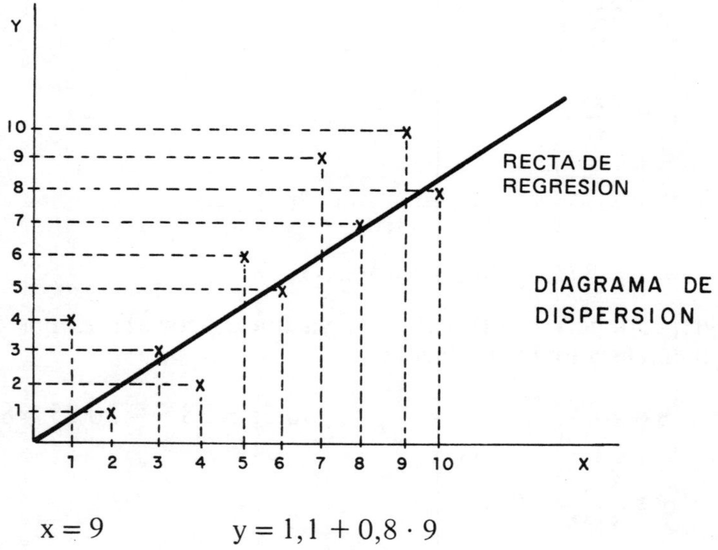


$x = 9 \qquad y = 1{,}1 + 0{,}8 \cdot 9$

$\qquad\qquad y = 8{,}3$

$x = 10 \qquad y = 1{,}1 + 0{,}8 \cdot 10$

$y = 9{,}1$

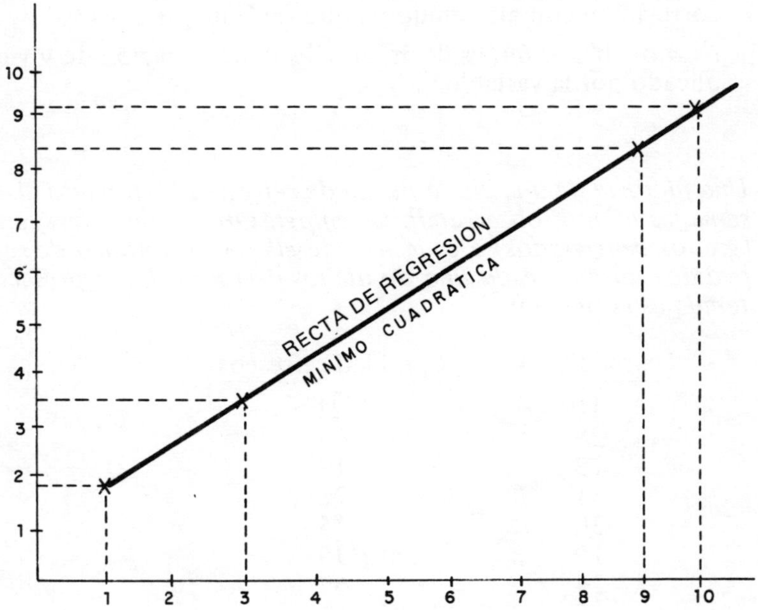


$$b' = \frac{Sxy}{Sy^2}$$

$$S_y^2 = \frac{\Sigma y^2}{n} - y^2 = \frac{385}{10} - 30{,}25 = 8{,}25$$

$$b' = \frac{6{,}95}{8{,}25} = 0{,}8$$

$a = \overline{x} - b\overline{y}$

$a = 5{,}5 - 0{,}8 \cdot 5{,}5$

$a = 1{,}1$

$x = a + by$

$$\underline{x = 1,1 + 0,8\ y}$$

2) $r = \sqrt{b \cdot b'} = \sqrt{0,8 \cdot 0,8} = \sqrt{0,64} = 0,8$

correlación con alto grado ya que varía de $-1$ a $+1$.

$r^2 = b \cdot b' = 0,64$, es decir, en 64% de la variación de y viene explicado por la variable x.

186. *Una factoría de una cierta marca de refrescos ha tomado al azar 10 semanas al año, observando la temperatura media correspondiente (grados centígrados) a cada una de ellas y la cantidad de refrescos pedidos durante cada uno de dichos períodos. La información obtenida es la siguiente:*

| 1.ª media (°C) | Cantidad refrescos |
|---|---|
| 10 | 21 |
| 28 | 65 |
| 12 | 19 |
| 31 | 72 |
| 30 | 75 |
| 19 | 39 |
| 24 | 67 |
| 5 | 11 |
| 9 | 12 |
| 15 | 24 |

*Calcular el tipo de dependencia, recta de ajuste, grado de dependencia de la temperatura (x) sobre la cantidad de refrescos. Calcular el coeficiente de determinación y el coeficiente de correlación de Pearson. ¿Con este coeficiente podría planificarse la producción?*

1) $\overline{x} = \dfrac{183}{10} = 18,3$

$$\overline{y} = \frac{405}{10} = 40,5$$

$$b = \frac{\Sigma (x - \overline{x})(y - \overline{y})}{\Sigma (x - \overline{x})^2}$$

otra forma de calcular b; anteriormente lo hemos hecho mediante:

$$b = \frac{Sxy}{S_x^2}$$

| $(x - \bar{x})$ | $(y - \bar{y})$ | $(x - \bar{x})^2$ | $(y - \bar{y})^2$ | $x \cdot y$ |
|---|---|---|---|---|
| −8,3 | −19,5 | 68,8 | 380,25 | 161,85 |
| 9,7 | 24,5 | 94,09 | 600,25 | 237,65 |
| −6,3 | −21,5 | 39,69 | 462,25 | 135,45 |
| 12,7 | 31,5 | 164,29 | 992,25 | 400,05 |
| 11,7 | 34,5 | 136,89 | 1.190,25 | 403,65 |
| 0,6 | −11,5 | 0,36 | 2,25 | −0,9 |
| 5,7 | −34,5 | 32,49 | 870,25 | −196,65 |
| −3,3 | −29,5 | 10,89 | 812,25 | 97,35 |
| −9,3 | −28,5 | 86,49 | 272,25 | 265,05 |
| −3,3 | −16,5 | 10,89 | | 54,45 |
| 9,9 | −89,25 | 641,88 | 6.772,5 | 1.557,95 |

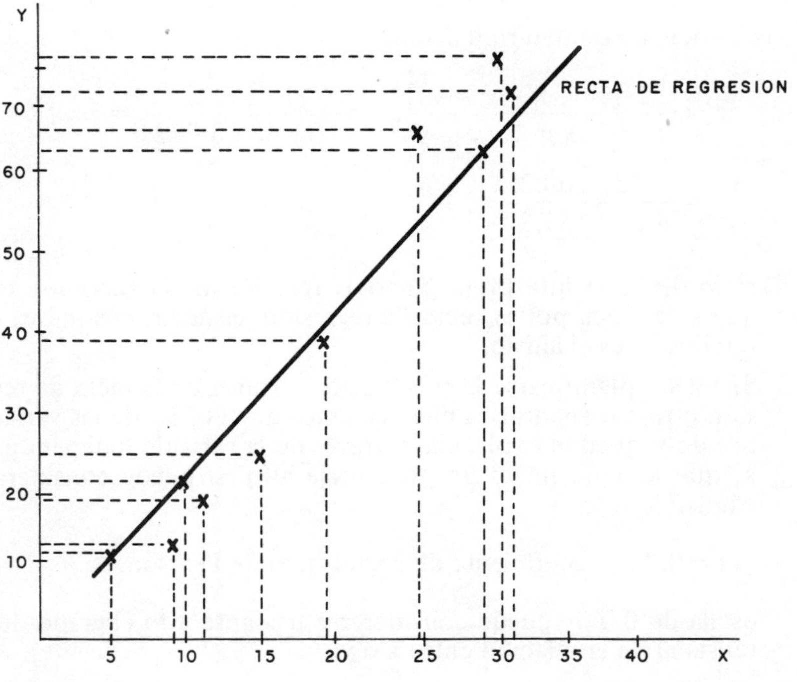

$$b = \frac{1.557,95}{641,88} = 2,42$$

$$\underline{b = 2,42}$$

signo positivo → dependencia directa

$(y - \overline{y}) = b\,(x - \overline{x})$

$y - 40,5 = 2,42\,(x - 18,3)$

$y - 40,5 = 2,42x - 44,2$

2) $y = 2,42x - 44,2 + 40,5$

$$\underline{y = -3,7 + 2,42x}$$

| | |
|---|---|
| $x = 1$ | $y = -1,28$ |
| $x = 2$ | $y = 1,14$ |
| $x = 3$ | $y = 3,56$ |

3) Coeficiente de determinación.

$$r^2 = \frac{\Sigma\,[(x - \overline{x})(y - \overline{y})]^2}{\Sigma\,(x - \overline{x})^2\;\Sigma\,(y - \overline{y})^2} = \frac{(1.557,95)^2}{641,88 \cdot 6.772,5} =$$

$$= \frac{2.427.208,2}{4.347.132,3}$$

4) $r^2 = 0,55$; se interpreta como la fracción de la variación total que se explica por la recta de regresión, es decir, nos indica qué tan bueno es el ajuste.

Sí puede planificarse la producción a través de la recta de regresión mínimo cuadrática pues sabemos que el 55% de las variaciones de y quedan explicadas a través de la variable independiente x, que aunque no es un porcentaje alto, sí puede considerarse admisible.

$r = 0,74$ coeficiente de correlación de Pearson

oscila de 0 a 1, puede considerarse bastante alto el grado de intensidad en la relación entre x e y.

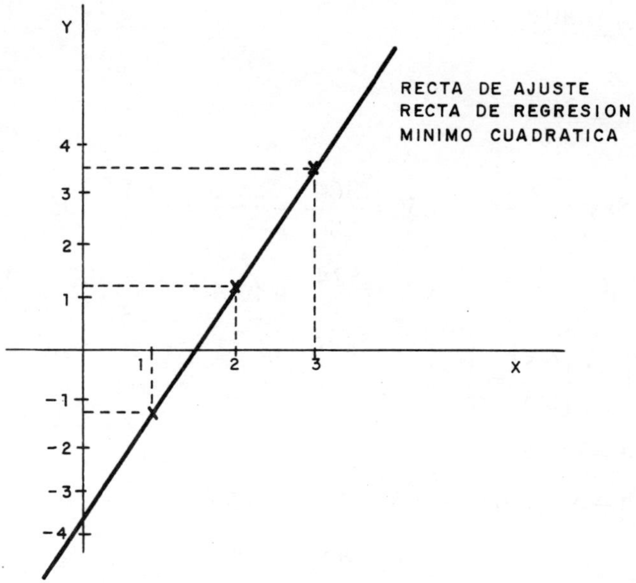


187. *Dados los siguientes datos, ajustar una recta por el método de los mínimos cuadráticos:*

*1. Calcular la recta y sobre x.*

*2. Calcular la recta x sobre y.*

| x | y | x · y | $x^2$ | $y^2$ |
|---|---|---|---|---|
| 1 | 1 | 1 | 1 | 1 |
| 3 | 2 | 6 | 9 | 4 |
| 4 | 4 | 16 | 16 | 16 |
| 6 | 4 | 24 | 36 | 16 |
| 8 | 5 | 40 | 64 | 25 |
| 9 | 7 | 63 | 81 | 49 |
| 11 | 8 | 88 | 121 | 64 |
| 14 | 9 | 126 | 196 | 81 |
| 56 | 40 | 364 | 524 | 256 |

1) $\overline{x} = \frac{\Sigma x}{n} = \frac{56}{8} = 7$

$$\overline{y} = \frac{40}{8} = 5$$

$$b = \frac{Sxy}{S_x^2}$$

$$Sxy = \frac{\Sigma\, xy}{n} - \overline{x}\,\overline{y} = \frac{364}{8} - 7 \cdot 5 = \frac{364}{8} - 35 = 10{,}5$$

$$S_x^2 = \frac{\Sigma\, x^2}{n} - \overline{x}^2 = \frac{524}{8} - 49 = \frac{524 - 392}{8} = \frac{132}{8} = 16{,}5$$

$$b = \frac{10{,}5}{16{,}5} = 0{,}63$$

$$a = \overline{y} - b\overline{x}$$

$$a = 5 - 0{,}63 \cdot 7 = 5 - 4{,}41 = 0{,}59$$

$$\underline{y = 0{,}59 + 0{,}63x}$$

2) Se trata ahora de calcular la recta de ajuste de x sobre y

$$x = a + by$$

$$b' = \frac{Sxy}{S_y^2}$$

$$S_y^2 = \frac{\Sigma\, y^2}{n} - \overline{y}^2 = \frac{256}{8} - 25 = 7$$

$$b' = \frac{10{,}5}{7} = 1{,}5$$

$$x = -0{,}5 + 1{,}5y$$

$$y = 0{,}59 + 0{,}63x$$

$x = 1$ $\qquad y = 0{,}59 + 0{,}63 = 1{,}22$

$x = 5$ $\qquad y = 0{,}59 + 0{,}63 \cdot 5 = 0{,}59 + 3{,}15 = 3{,}74$

$x = 10$ $\qquad y = 0{,}59 + 6{,}3 = 6{,}89$

$$x = -0{,}5 + 1{,}5y$$

$$y = 1 \qquad x = -0{,}5 + 1{,}5 = 1$$

$$y = 5 \qquad x = -0{,}5 + 1{,}5 \cdot 5 = 0{,}5 + 7{,}5 = 7$$

$$y = 10 \qquad x = -0{,}5 + 15 = 14{,}5$$

$$r^2 = b \cdot b' = 0{,}63 \cdot 1{,}5 = 0{,}945$$

$$r = \sqrt{b \cdot b'} = \sqrt{0{,}63 \cdot 1{,}5} = \sqrt{0{,}945} = 0{,}972$$

el 94,5% de la variación total queda explicada por el ajuste de la recta. Es decir, el error de estimación es mínimo.

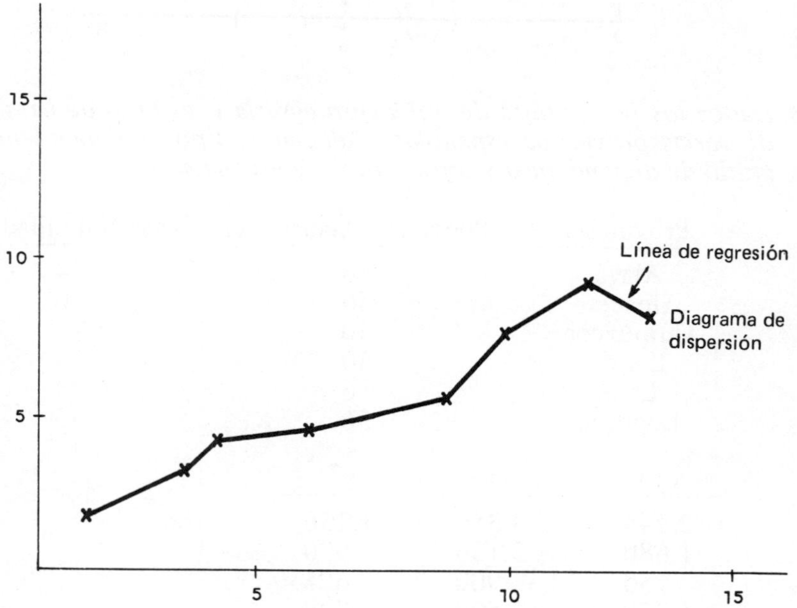


Gráficamente puede verse el tipo de dependencia, también mediante la covarianza y los coeficientes de regresión b ó b′. En este caso b es positivo (ambos, b y b′ deben tener el mismo sigso) luego hay un tipo de dependencia directa.

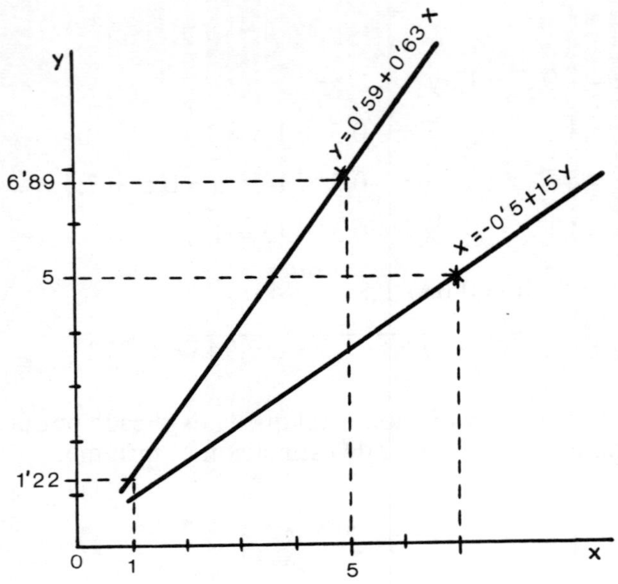


188. *Dados los porcentajes de población agraria y las tasas de natalidad de varias provincias españolas. Calcular el tipo de dependencia y grado de dependencia y error típico de estimación.*

| Provincias | Población Agraria (x) | Tasa Natalidad (y) |
|---|---|---|
| Alava | 66 | 34 |
| Albacete | 56 | 30 |
| Guipúzcoa | 30 | 25 |
| Lérida | 50 | 27 |
| León | 56 | 34 |
| Logroño | 56 | 33 |

| $x \cdot y$ | $x^2$ | $y^2$ |
|---|---|---|
| 2.244 | 4.356 | 1.156 |
| 1.680 | 3.136 | 900 |
| 750 | 900 | 625 |
| 1.350 | 2.500 | 729 |
| 1.904 | 3.136 | 1.156 |
| 1.848 | 136 | 1.089 |
| 9.776 | 17.164 | 5.655 |

1) $\overline{x} = \dfrac{314}{6} = 52,3$

$$\overline{y} = \frac{183}{6} = 30,5$$

$$b = \frac{Sxy}{S_x^2}$$

$$Sxy = \frac{\Sigma\, xy}{n} - \overline{x}\,\overline{y} = \frac{9.776}{6} - 1.595,15 = \frac{205,1}{6} = 34,18$$

$$S_x^2 = \frac{\Sigma\, x^2}{n} - \overline{x}^2 = \frac{17.164}{6} - 2.735,29 = \frac{752,26}{6} = 125,37$$

$$S_y^2 = \frac{\Sigma\, y^2}{n} - \overline{y}^2 = \frac{5.655}{6} - 930,25 = 12,25$$

$$Sy = 3,5$$

$b = \dfrac{34,18}{125,37} = 0,27$ Dependencia directa por ser positiva

$$a = \overline{y} - b\overline{x}$$

$$a = 30,5 - 0,27 \cdot 52,3 = 30,5 - 14,121 = 16,379$$

$$\underline{y = 16,37 + 0,27x}$$

$$r^2 = b \cdot b' = 0,75$$

El 75% de la variación total de y está explicada por la variable independiente x.

2) $r = \dfrac{Sxy}{Sx \cdot Sy} = \dfrac{34,18}{11,19 \cdot 3,5} = \dfrac{34,18}{39,16} = 0,87$

$$Se = Sy\sqrt{1 - r^2}\sqrt{\frac{N}{N-2}}$$

$$Se = 3,5\sqrt{1 - 0,75}\sqrt{\frac{6}{6-2}} = 1,83$$

error típico de estimación.

189. **Determinar si existe dependencia entre la cantidad de lluvia y los grados de temperatura, en base a las siguientes observaciones: realícese gráficamente.*

| Lluvia litros por m² | Temperatura °Centígrados |
|---|---|
| 14,4 | 20,8 |
| 10,2 | 15,6 |
| 8,3 | 24,2 |
| 30,3 | 28 |
| 32,5 | 10,3 |
| 21,4 | 15,2 |
| 34 | 17,2 |
| 18,6 | 20,1 |
| 19 | 15,1 |
| 22,7 | 23,9 |

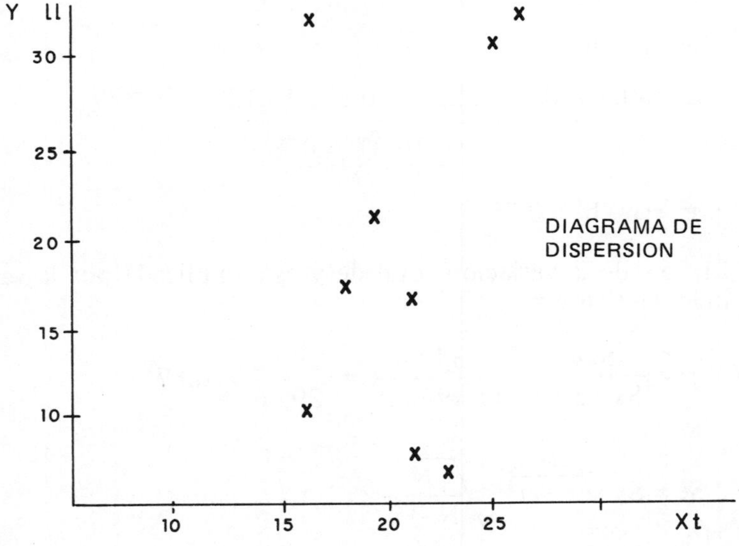


La simple observación de la nube de puntos correspondiente nos permite asegurar sin necesidad de efectuar ningún cálculo, que en

* Casa Aurta, E.: Problemas de Estadística Descriptiva. Editorial Vicens Vives, Barcelona, 1977, pág. 113.

base a esta información, la cantidad de lluvia y los grados de temperatura son independientes. Son variables incorrelacionadas.

190. *Dadas las siguientes series de valores de las variables x e y ajustar la recta de regresión. Indicar qué tipo de dependencia existe, calcular la correlación si queremos medir el grado de interdependencia.*

| $x$ | $y$ | $x-\overline{x}$ | $y-\overline{y}$ | $x \cdot y$ | $(x-\overline{x})^2$ | $(y-\overline{y})^2$ |
|---|---|---|---|---|---|---|
| 2 | 150 | −4,6 | 2,5 | −115 | 21,16 | 625 |
| 3 | 130 | −3,6 | 5 | −18 | 12,96 | 25 |
| 6 | 125 | −0,6 | 0 | 0 | 0,36 | 0 |
| 10 | 120 | 3,4 | −5 | −17 | 11,56 | 25 |
| 12 | 100 | 5,4 | −2,5 | −135 | 29,16 | 625 |
| 33 | 625 | | | −285 | 75,2 | 1.300 |

$$\overline{x} = \frac{33}{5} = 6,6$$

$$\overline{y} = \frac{625}{5} = 125$$

1) Otra forma de calcular b

$$b = \frac{\Sigma (x-\overline{x})(y-\overline{y})}{\Sigma (x-\overline{x})^2} = \frac{-285}{75,2} = -3,78 \text{ negativa, inversa}$$

Para establecer la ecuación de la recta

$$a = \overline{y} - b\overline{x}$$

$$a = 125 - (-3,78 \cdot 6,6) \rightarrow \underline{a = 149,9}$$

$$y - \overline{y} = b(x - \overline{x})$$

$$y - 125 = -3,78(x - 6,6)$$

$$y - 125 = -3,78x + 24,9$$

$$y = 3,78x + 24,9 + 125$$

$$\underline{y = 149,9 - 3,78x} \quad \text{recta de regresión mínimo cuadrática}$$

$$b' = \frac{\Sigma (x - \overline{x})(y - \overline{y})}{\Sigma (y - \overline{y})^2} = \frac{-285}{1.300} = -0{,}21$$

$$\underline{b' = -0{,}21}$$

$$x - \overline{x} = b' (y - \overline{y})$$

$$x - 6{,}6 = -0{,}21 (y - 125)$$

$$x - 6{,}6 = -0{,}21y + 26{,}25$$

$$x = -0{,}21y + 26{,}25 + 6{,}6$$

$$\underline{x = 32{,}85 - 0{,}21y}$$

b y b′ tienen que tener siempre el mismo signo.

| | |
|---|---|
| $y = a + bx$ | $y = 149{,}9 - 3{,}78\ x$ |
| $x = 1$ | $y = 146{,}1$ |
| $x = 2$ | $y = 142{,}3$ |
| $x = 3$ | $y = 138{,}4$ |

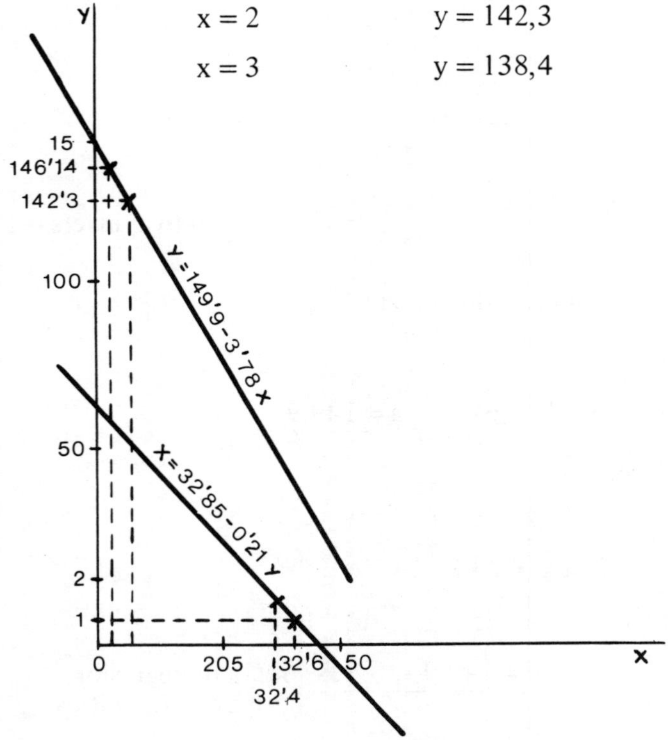

$x = a' + b'y \qquad x = 32{,}85 - 0{,}21\ y$

$y = 1 \qquad x = 32{,}6$

$y = 2 \qquad x = 32{,}4$

$y = 3 \qquad x = 32{,}2$

gráficamente hay correlación fuerte

2) $r = b \cdot b' = \sqrt{(-3{,}78)(-0{,}21)} = \sqrt{0{,}79} \rightarrow \underline{r = 0{,}88}$

el signo $r = -0{,}88$ se lo asignaremos nosotros en función de b.

Cuanto más se acerquen a $-1$ y $+1$ mayor será la correlación bien en sentido inverso o bien en sentido positivo.

191. *Hallar el tipo de dependencia de las siguientes variables estadísticas correspondientes a las edades de 5 niños y sus pesos respectivos, así como sus rectas de regresión mínimo cuadráticas (y sobre x y también x sobre y). Representar gráficamente la recta de y sobre x.*

| Edad (x) | Peso (y) |
|---|---|
| 2 | 15 |
| 4 | 19 |
| 6 | 25 |
| 7 | 33 |
| 8 | 34 |

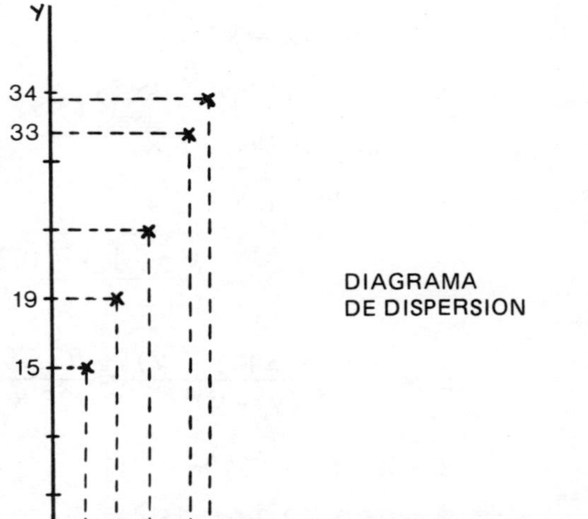


El signo de la dependencia nos lo dará la representación gráfica, la covarianza y b.

1) Dependencia positiva directa.

2)

| $(x - \overline{x})$ | $(y - \overline{y})$ | $(x - \overline{x})^2$ | $(y - \overline{y})^2$ | $x \cdot y$ |
|---|---|---|---|---|
| −10,2 | −3,4 | 104 | 11,5 | 34,6 |
| −6,2 | −1,4 | 38,4 | 2,7 | 8,6 |
| −0,2 | 0,6 | 0,04 | 0,36 | 0,12 |
| 7,8 | 1,6 | 60,8 | 2,56 | 12,48 |
| 8,8 | 2,6 | 77,4 | 6,7 | 22,8 |
| | | 280,6 | 23,8 | 78,36 |

$$\overline{x} = \frac{126}{5} = 25,2 \qquad \overline{y} = \frac{27}{5} = 5,4$$

$$b = \frac{\Sigma\,(x - \overline{x})\,(y - \overline{y})}{\Sigma\,(x - \overline{x})^2} = \frac{78,36}{280,6} = 0,27$$

$$a = \overline{y} - b\overline{x}$$

$$a = 5,4 - (0,27 \cdot 25,2)$$

$$a = 5,4 - 6,8 = -1,4$$

$$\underline{a = -1,4}$$

$$y - \overline{y} = b\,(x - \overline{x})$$

$$y - 5,4 = 0,27\,(x - 25,5)$$

$$y - 5,4 = 0,27x - 6,8$$

$$y = 0,27x - 6,8 + 5,4$$

$\underline{y = -1,4 + 0,27x}$ recta de regresión de y sobre x

$$b' = \frac{\Sigma\,(x - \overline{x})\,(y - \overline{y})}{\Sigma\,(y - \overline{y})^2} = \frac{78,36}{23,8} = 3,2 \qquad b' = 3,2$$

$$x - \overline{x} = b'\,(y - \overline{y})$$

$$x - 25,2 = 3,2\,(y - 5,4)$$

$$x - 25,2 = 3,2y - 17,28$$

$$x = 3,2y - 17,28 + 25,2$$

$\underline{x = 7,9 + 3,2y}$ recta de regresión de x sobre y

x = 0 y = –1,4

x = 3 y = –0,59

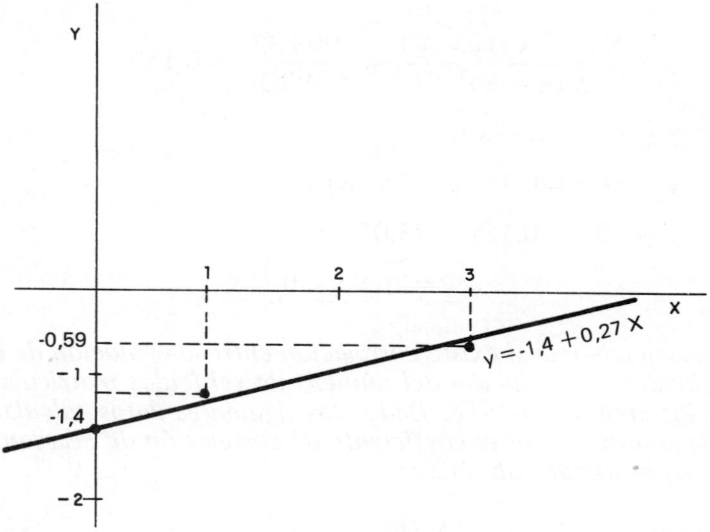


192. *Calcular la recta de regresión mínimo cuadrática de y sobre x de los siguientes pares de valores.*

| x | y | $x - \bar{x}$ | $y - \bar{y}$ | $(x - \bar{x})^2$ | $x \cdot y$ |
|---|---|---|---|---|---|
| 111 | 12 | –42,8 | –38,6 | 1.831,84 | 1.652,08 |
| 123 | 37 | –30,8 | –13,6 | 948,68 | 418,88 |
| 176 | 21 | 22,2 | –29,6 | 492,84 | –657,12 |
| 183 | 43 | 29,2 | –7,6 | 882,64 | –221,92 |
| 191 | 62 | 34,2 | 11,4 | 1.169,64 | 389,88 |
| 145 | 77 | –8,8 | 26,4 | 77,44 | –232,32 |
| 162 | 92 | 8,2 | 41,4 | 67,24 | 339,98 |
| 134 | 80 | –22,8 | 29,4 | 519,84 | –670,32 |
| 160 | 32 | 6,2 | –18,6 | 38,44 | –115,32 |
| 1.385 | 456 | –5,2 | 0,6 | 5.998,56 | 903,32 |

1) $\overline{x} = \frac{1.385}{9} = 153,8$

$\overline{y} = \frac{456}{9} = 50,6$

Vamos a calcular la pendiente de la recta o coeficiente angular de la recta.

$$b = \frac{\Sigma (x - \overline{x})(y - \overline{y})}{\Sigma (x - \overline{x})^2} = \frac{903,32}{5.998,56} = 0,150$$

$$y - \overline{y} = b (x - \overline{x})$$

$$y - 50,6 = 0,15 (x - 153,8)$$

$$y - 50,6 = 0,15x - 23,07$$

$$\underline{y = 26,93 - 0,15x}$$

193. *Se desea conocer si existe correlación entre la evolución de la renta nacional y la evolución del número de vehículos matriculados entre los años 1964-1968. Dados los siguientes datos calcular la correlación mediante el coeficiente de correlación de Pearson. Explicar los resultados obtenidos.*

| Años | RN (x) | V (y) | $x \cdot y$ | $x^2$ | $y^2$ |
|---|---|---|---|---|---|
| 1964 | 45 | 38 | 1.710 | 2.025 | 1.444 |
| 1965 | 46 | 41 | 1.886 | 2.116 | 1.681 |
| 1966 | 51 | 43 | 2.193 | 2.601 | 1.849 |
| 1967 | 48 | 48 | 2.352 | 2.401 | 2.304 |
| 1968 | 52 | 48 | 2.496 | 2.704 | 2.304 |
| | 243 | 218 | 10.637 | 11.847 | 9.582 |

$\overline{x} = \frac{\Sigma x}{N} = \frac{243}{5} = 48,6$

$\overline{y} = \frac{\Sigma x}{N} = \frac{218}{5} = 43,6$

1) $r = \frac{Sxy}{Sx \cdot Sy}$

$$Sxy = \frac{\Sigma\, xy}{N} - \bar{x}\,\bar{y}$$

$$S_x^2 = \frac{\Sigma\, x^2}{N} - \bar{x}^2$$

$$S_y^2 = \frac{\Sigma\, y^2}{N} - \bar{y}^2$$

$$Sxy = \frac{10.637}{5} - 48{,}6 \cdot 43{,}6 = \frac{10.637}{5} - 2.118{,}96 =$$

$$= \frac{10.637 - 10.594{,}8}{5} = 8{,}44 \text{ dependencia positiva, directa}$$

$$S_x^2 = \frac{11.847}{5} - (48{,}6)^2 = \frac{11.847}{5} - 2.361{,}96 =$$

$$= \frac{37{,}2}{5} = 7{,}44$$

$$S_y^2 = \frac{9.582}{5} - (43{,}6)^2 = \frac{9.582}{5} - 1.900{,}96 =$$

$$= \frac{71{,}2}{5} = 15{,}44$$

$$Sx = \sqrt{Sx^2} = \sqrt{7{,}44} = 2{,}72$$

$$Sy = \sqrt{Sy^2} = \sqrt{15{,}44} = 3{,}92$$

$$r = \frac{Sxy}{Sx \cdot Sy} = \frac{8{,}44}{2{,}72 \cdot 3{,}92} = \frac{8{,}44}{10{,}6624} = 0{,}795 \simeq 0{,}8$$

Existe una fuerte correlación entre la evolución de la renta nacional 1964-1968 y los vehículos que se matricularon en dicho período, teniendo en cuenta que r oscila entre −1 y +1. Hay una correlación positiva, es decir al aumentar x aumenta y, al aumentar la renta aumenta el número de vehículos matriculados.

194. *En una muestra de 400 personas se encuentra un coeficiente de correlación de Pearson de 0,342 entre años de estudio y actitud ante*

*la democracia. ¿Entre qué límite se encuentra el verdadero coeficiente de correlación de la población? Nivel de significación 0,01.*

$$Z \pm 2{,}58\sigma z$$

$$\sigma z = \frac{1}{\sqrt{N-3}} = \frac{1}{\sqrt{317}} = \frac{1}{19{,}92} = 0{,}05$$

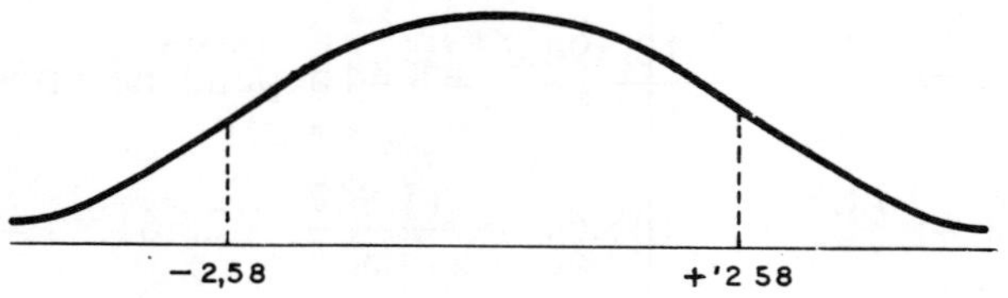


r hay que transformarlo en Z

$r = 0{,}342$ le corresponde un Z de 0,3564

$0{,}3564 \pm 2{,}58 \cdot 0{,}05$

$0{,}2274 - 0{,}4854$ esto se transforma en r de nuevo

$0{,}2245 - 0{,}5295$

con un 99% de confianza el verdadero coeficiente de correlación de la población se encontrará en dicho intervalo.

195. *Hallar la correlación entre la edad de los hombres y mujeres a la hora de contraer matrimonio mediante diversas fórmulas.*

## TABLA DE CORRELACIÓN (MATRIMONIOS, POR EDADES, EN 1971)

| Años de los maridos / Años de las esposas | X / Y | Menos de 20 | De 20 a 24 | De 25 a 29 | De 30 a 34 | De 35 a 39 | De 40 a 49 | De 50 a 59 | De 60 y más | TOTAL |
|---|---|---|---|---|---|---|---|---|---|---|
| | | 18 | 22,5 | 27,5 | 32,5 | 37,5 | 45 | 55 | 68 | |
| Menos de 20 . . . . | 18 | 4.187 | 16.272 | 7.401 | 864 | 175 | 127 | 5 | – | 29.031 |
| De 20 a 24 . . . . . | 22,5 | 1.125 | 55.505 | 69.151 | 8.138 | 1.358 | 354 | 26 | 2 | 135.659 |
| De 25 a 29 . . . . . | 27,5 | 134 | 8.731 | 37.480 | 11.668 | 2.715 | 779 | 64 | 10 | 61.581 |
| De 30 a 34 . . . . . | 32,5 | 16 | 485 | 2.845 | 4.142 | 2.602 | 1.153 | 120 | 21 | 11.384 |
| De 35 a 39 . . . . . | 37,5 | 3 | 104 | 517 | 1.110 | 1.886 | 1.871 | 266 | 57 | 5.814 |
| De 40 a 49 . . . . . | 45 | 5 | 31 | 142 | 327 | 730 | 2.265 | 1.176 | 410 | 5.086 |
| De 50 a 59 . . . . . | 55 | – | 4 | 12 | 32 | 56 | 314 | 867 | 792 | 2.077 |
| De 60 y más . . . . | 70 | – | – | 1 | 2 | 6 | 33 | 151 | 828 | 1.021 |
| TOTAL . . . . . . . | | 5.470 | 81.132 | 117.549 | 26.283 | 9.528 | 6.896 | 2.675 | 2.120 | 251.653 |

| X \ Y | 18 | 22,5 | 27,5 | 32,5 | 37,5 | 45 | 55 | 68 | TOTAL x.y.η | η | yη | y²η |
|---|---|---|---|---|---|---|---|---|---|---|---|---|
| 18 | 324,00<br>4.187<br>1.356.588,00 | 405,00<br>16.272<br>6.590.160,00 | 495,00<br>7.401<br>3.663.495,00 | 585,00<br>864<br>505.440,00 | 675,00<br>175<br>118.870,00 | 810,00<br>127<br>102.870,00 | 990,00<br>5<br>4.950,00 | —<br>—<br>— | 12.341.628,00 | 29.031 | 552.558 | 9.406.044 |
| 22,5 | 405,00<br>1.125<br>455.625,00 | 506,25<br>55.505<br>28.099.406,25 | 618,75<br>69.151<br>42.787.181,25 | 731,25<br>8.138<br>5.950.912,50 | 843,75<br>1.358<br>1.145.812,50 | 1.012,50<br>354<br>358.425,00 | 1.237,50<br>26<br>32.175,00 | 1.530,00<br>2<br>3.060,00 | 78.832.597,50 | 135.659 | 3.052.327,50 | 68.677.368,75 |
| 27,5 | 495,00<br>134<br>66.330,00 | 618,75<br>8.731<br>5.402.306,25 | 756,25<br>37.480<br>28.344.250,00 | 893,75<br>11.668<br>10.428.275,00 | 1.031,25<br>2.715<br>2.799.843,75 | 1.237,50<br>779<br>964.012,50 | 1.512,50<br>64<br>96.800,00 | 1.870,00<br>10<br>18.700,00 | 48.120.517,50 | 61.581 | 1.693.477,50 | 46.570.631,25 |
| 32,5 | 585,00<br>16<br>9.360,00 | 731,25<br>485<br>354.656,25 | 893,75<br>2.845<br>2.542.718,75 | 1.056,25<br>4.142<br>4.374.987,50 | 1.218,75<br>2.602<br>3.171.187,50 | 1.462,50<br>1.153<br>1.686.262,50 | 1.787,50<br>120<br>214.500,00 | 2.210,00<br>21<br>46.410,00 | 12.400.082,50 | 11.184 | 369.980 | 12.024.350 |
| 37,5 | 675,00<br>3<br>2.025,00 | 843,75<br>104<br>87.750,00 | 1.031,25<br>517<br>533.156,25 | 1.218,75<br>1.110<br>1.352.812,50 | 1.406,25<br>1.886<br>2.652,187,50 | 1.687,50<br>1.871<br>3,157.312,50 | 2.062,50<br>266<br>548,625,00 | 2.550,00<br>57<br>145.350,00 | 8.479.218,75 | 5.814 | 218.025 | 8.175.937,50 |
| 45 | 810,00<br>5<br>4.050,00 | 1.012,50<br>31<br>31.387,50 | 1.237,50<br>142<br>175.725,00 | 1.462,50<br>327<br>478.237,50 | 1.687,50<br>730<br>1.231.875,00 | 2.025,00<br>2.265<br>4.586.625,00 | 2.475,00<br>1.176<br>2.910.600,00 | 3.060,00<br>410<br>1.254.600,00 | 10.673.100,00 | 5.086 | 228.870 | 10.299.150 |
| 55 | —<br>—<br>— | 1.237,50<br>4<br>4.950,00 | 1.512,50<br>12<br>18.150,00 | 1.787,50<br>32<br>57,299,00 | 2.062,50<br>56<br>115.500,00 | 2.475,00<br>314<br>777.150,00 | 3.025,00<br>867<br>2.622.675,00 | 3.740,00<br>792<br>2.962.080,00 | 6.557.705,00 | 2.077 | 114.215 | 6.282.925 |
| 70 | —<br>—<br>— | —<br>—<br>— | 1.925,00<br>1<br>1.925,00 | 2.275,00<br>2<br>4.550,00 | 2.625,00<br>6<br>15.750,00 | 3.150,00<br>33<br>103.950,00 | 3.850,00<br>151<br>581.150,00 | 4.760,00<br>828<br>3.941.280,00 | 4.648.805,00 | 1.021 | 71.470 | 5.002.900 |
| TOTAL x.y.η | 1.893.978,00 | 40.570.616,25 | 78.066.601,25 | 23.152.415,00 | 11.250.281,25 | 11.736.607,50 | 7.011.675,00 | 8.371.480,00 | 182.053.654,25 | 251.653 | 6.270.943 | 166.439.306,50 |
| η | 5.470 | 81.132 | 117.549 | 26.283 | 9.528 | 6.896 | 2.675 | 2.120 | 251.650 | ↖ εxyη | εy.η ↑ | ↑ εy²η |
| xη | 98.460 | 1.825.470 | 3.212.597,50 | 854.195,50 | 357.300 | 310.320 | 147.125 | 144.160 | 6.969.630 ← | εxη | | |
| x²η | 1.772.280 | 41.073.075 | 88.896.431,25 | 27.761.418,75 | 13.358.750 | 13.964.400 | 8.091.675 | 9.802.880 | 104.761.110 ← | εx²η | | |

$$Sxy = \frac{\Sigma\, x \cdot y \cdot n}{N} \cdot \overline{x} \cdot \overline{y}$$

$$\overline{X} = \frac{\Sigma\, x \cdot n}{N} = \frac{696 \cdot 9.630}{251.653} = 27{,}69 \simeq 27{,}7$$

$$\overline{Y} = \frac{\Sigma\, y \cdot n}{N} = \frac{6.270.943}{251.653} = 24{,}91 \simeq 24{,}9$$

$$S_x^2 = \frac{\Sigma\, x^2 n}{N} - \overline{X}^2 \qquad S_x^2 = C_x^2 - \overline{X}^2$$

$$S_x^2 = \frac{204.761.110}{251.653} - (27{,}7)^2 = 813{,}66 - 767{,}03 = 46{,}62$$

$$Sx = \sqrt{\frac{\Sigma\, x^2 n}{N} - \overline{X}^2} = \sqrt{46{,}02} = 6{,}83$$

$$S_y^2 = \frac{\Sigma\, y^2 n}{N} - \overline{Y}^2 \qquad Sy^2 = Cy^2 - \overline{Y}^2$$

$$C_y^2 = \frac{\Sigma\, y^2 n}{N} = \frac{166.435.306{,}5}{251.653} = 661{,}38$$

$$S_y^2 = 661{,}38 - 620{,}95 = \underline{40{,}427}$$

$$Sy = \sqrt{40{,}427} = 6{,}36$$

1) $r = \dfrac{Sxy}{Sx \cdot Sy}$

$$r = \frac{33{,}53}{6{,}83 \cdot 6{,}36} = \frac{33{,}53}{43{,}4388} = 0{,}77$$

$$r = \sqrt{b \cdot b'}$$

$$b = \frac{Sxy}{S_x^2} = \frac{33{,}53}{46{,}62} = 0{,}71$$

$$b' = \frac{Sxy}{S_y^2} = \frac{33{,}53}{40{,}427} = 0{,}829$$

2) $r = \sqrt{0{,}71 \cdot 0{,}829} \simeq 0{,}77$

3) $r = \sqrt{1 - \frac{S_e^2}{S_y^2}}$

$S_e^2 = S_y^2 (1 - r^2)$

$r^2 = 0{,}5967$

$S_e^2 = 40{,}42 (1 - 0{,}5967) = 18{,}80$

$$r = \sqrt{1 - \frac{18{,}80}{40{,}42}} \simeq 0{,}74$$

Indicando una considerable correlación positiva entre las edades de ambos cónyuges.

196. **Determinar la recta de regresión y sus coeficientes de determinación y correlación de la variable "número de habitaciones" con respecto a la variable "tipo de alquiler" de la siguiente distribución (Año 1950 - Fuente I.N.E.).*

| Tipo alquiler / N.º habitación | 0 - 50 | 50 - 100 | 100 - 150 | 150 - 200 | TOTAL |
|---|---|---|---|---|---|
| 2 | 20 | 20 | – | – | 40 |
| 3 | 180 | 120 | 60 | – | 360 |
| 4 | 140 | 130 | 80 | 10 | 360 |
| 5 | 10 | 10 | 20 | 20 | 60 |
| n | 350 | 280 | 160 | 30 | 820 |

1. Calculamos las frecuencias marginales.

2. $x \cdot y$

3. $x \cdot n$

4. $y \cdot n$

* Datos tomados de Casa Aruta E. Problemas de Estadística Descriptiva, Editorial Vicens-Vives, Barcelona, 1977, pág. 120.

| y \ x | 25 | 75 | 125 | 175 | TOTALES x · y · n | n | y · n | $y^2n$ |
|---|---|---|---|---|---|---|---|---|
| 2 | 50xy<br>20n<br>1.000xyn | 150<br>20<br>3.000 | — | — | 4.000 | 40 | 80 | 160 |
| 3 | 75<br>180<br>13.500 | 225<br>120<br>27.000 | 375<br>60<br>22.500 | — | 63.000 | 360 | 1.080 | 3.240 |
| 4 | 100<br>140<br>14.000 | 300<br>130<br>39.000 | 500<br>80<br>40.000 | 700<br>10<br>7.000 | 100.000 | 360 | 1.440 | 5.760 |
| 5 | 125<br>10<br>1.250 | 375<br>10<br>3.750 | 625<br>20<br>125.000 | 875<br>20<br>17.500 | 35.000 | 60 | 300 | 1.500 |
| TOTALES x · y · n | 29.750 | 72.750 | 75.000 | 24.500 | 202.000 | 820 | 2.900 | 10.660 |
| n | 350 | 280 | 160 | 30 | 820 | | | |
| x · n | 8.750 | 21.000 | 20.000 | 5.250 | 55.000 | | | |
| $x^2n$ | 218.750 | 1.575.000 | 2.500.000 | 918.750 | 5.212.500 | | | |

5. $x \cdot y \cdot n$ se calculan $\overline{x}$ e $\overline{y}$

6. $x^2 \cdot n$

7. $y^2 \cdot n$

8. Se aplican las fórmulas para calcular b.

9. Se aplica la fórmula de $r^2$ y r.

1) $$b = \frac{Sxy}{S_x^2}$$

$$Sxy = \frac{\Sigma\, x \cdot y \cdot n}{N} - \overline{X} \cdot \overline{Y}$$

$$S_x^2 = C_x^2 - \overline{X}^2$$

$$S_x^2 = \frac{\Sigma\, x^2 \cdot n}{N} - \overline{X}$$

$$Cx = \frac{\Sigma\, x^2 \cdot n}{N} \qquad C_x^2 = \frac{5 \cdot 212 \cdot 500}{820} = 6.355{,}27$$

$$\overline{X} = \frac{\Sigma\, x \cdot n}{N} = \frac{55.000}{820} = 67{,}03$$

$$\overline{Y} = \frac{\Sigma\, y \cdot n}{N} = \frac{2.900}{820} = 3{,}53$$

$$Sxy = \frac{\Sigma\, x \cdot y \cdot n}{N} - \overline{X} \cdot \overline{Y} = \frac{202.000}{820} - 3{,}53 \cdot 67{,}03 = 9{,}74$$

$$S_x^2 = C_x^2 - \overline{X}^2$$

$$S_x^2 = 6.355{,}27 - 4.493{,}02 = 1.863{,}68 \qquad Sx = 43{,}17$$

$$b = \frac{9{,}74}{1.863{,}68} = 0{,}005$$

$$a = \overline{Y} - b\overline{X}$$

$$a = 3{,}53 - 0{,}005 \cdot 67{,}03 = 3{,}19$$

$$\underline{y = 3{,}19 + 0{,}005x}$$ Recta de regresión mínimo cuadrática

$$b' = \frac{Sxy}{S_y^2}$$

$$Sy = \frac{\Sigma\, y^2 \cdot n}{N} - \overline{Y}^2 = \frac{10.660}{820} - 12{,}46 = 13 - 12{,}46 = 0{,}54$$

$$Sy^2 = Cy^2 - \overline{Y}^2$$

$$C_y^2 = \frac{\Sigma\, y^2\, n}{N}$$

$$C_y^2 = 12{,}96 \simeq 13$$

$$Sy^2 = 13 - 12{,}46 = 0{,}54$$

$$b' = \frac{9{,}74}{0{,}54} = 18{,}03$$

$$Sy = 0{,}73$$

La recta de regresión de x sobre y será:

$$a = \overline{X} - b\overline{Y}$$

$$a = 67{,}03 - 18{,}03 \cdot 3{,}53 = 67{,}03 - 63{,}64 = 3{,}39$$

$$\underline{x = 3{,}39 + 18{,}03y}$$

2) $r = \sqrt{b \cdot b'} = \sqrt{0{,}005 \cdot 18{,}03} = \sqrt{0{,}09015} = 0{,}30$

pequeña correlación positiva

$$r = \frac{Sxy}{Sx \cdot Sy} = \frac{9{,}74}{43{,}17 \cdot 0{,}73} = \frac{9{,}74}{31{,}51} = 0{,}30$$

$$r^2 = b \cdot b' = 0{,}005 \cdot 18{,}03 = 0{,}09$$

El 9% de la variación total de y queda explicada por la variable x.

3) Sobre este ejercicio también podemos decir que en este año determinado, 1950, del que hemos tomado los datos, el tipo de alquiler estaría entre 3 y 4 habitaciones y el precio alrededor de 67,03, es decir, estará en el intervalo 50-100.

$\overline{Y} = 3{,}53$ $\qquad$ $Sy = 0{,}73$

$\overline{X} = 67{,}03$ $\qquad$ $Sx = 43{,}17$

$$Cv_x = \frac{43{,}17}{67{,}03} = 0{,}64 \simeq 64\%$$

$$Cv_y = \frac{0{,}73}{3{,}53} = 0{,}206 \simeq 20\%$$

Está más equilibrado en cuanto a habitaciones que en cuanto a precios, ya que la dispersión es menor.

# 17

# Medidas asociación ordinal

197. *Calcular el coeficiente de correlación para datos ordinales $r_s$ de Spearman de un grupo de 8 personas en el que se intenta conocer el grado de asociación entre el status socioeconómico y el tiempo empleado en ver Tv; test según tablas N = 0,05. Ordenados de mayor a menor según status y tiempo en Tv.*

| | status socioe | tiempo Tv | D | D |
|---|---|---|---|---|
| Rosa | 1 | 2 | −1 | 1 |
| Antonia | 2 | 1 | 1 | 1 |
| José | 3 | 3 | 0 | 0 |
| Carmen | 4 | 5 | −1 | 0 |
| Pilar | 5 | 4 | 1 | 1 |
| Manuel | 6 | 8 | −2 | 4 |
| Enrique | 7 | 6 | 1 | 1 |
| Lucía | 8 | 7 | 1 | 1 |
| | | | | $\Sigma = 10$ |

$$r_s = 1 - \frac{6\,\Sigma\,D^2}{N\,(N^2 - 1)} \quad ó \quad 1 - \frac{6\,\Sigma\,D^2}{N^3 - N}$$

$$r_s = 1 - \frac{6 \cdot 10}{8\,(64 - 1)} = 0{,}8809$$

$$r_{tablas} \begin{cases} N_s = 0{,}05 \\ N = 8 \end{cases} 0{,}643$$

$r_e > r_c$ Se rechaza $H_0$. Se acepta $H_1$

198. *Calcular el Rho de Spearman entre la actitud hacia la guerra y el nivel cultural de un grupo de 4 personas. Realizar el test al $N_s$ = = 0,05 (0 a 10).*

| | Actitud guerra | Nivel cultural | Actitud guerra | Nivel cultural | D | $D^2$ |
|---|---|---|---|---|---|---|
| Carlos | 7 | 6 | 2 | 2,5 | −0,5 | 0,25 |
| Joaquín | 3 | 6 | 4 | 2,5 | 1,5 | 2,25 |
| Pepe | 9 | 8 | 1 | 1 | 0 | 0 |
| Carmen | 5 | 4 | 3 | 4 | −1 | 1 |
| | | | | | | 3,5 |

$$r_s = 1 - \frac{6\,\Sigma\,D^2}{N\,(N^2 - 1)}$$

$$\text{empates} \quad \frac{2 + 3}{2} = \frac{5}{2} = 2{,}5$$

$$r_s = 1 - \frac{6 \cdot 3{,}5}{4\,(4^2 - 1)} = 0{,}65$$

Existe una considerable asociación positiva en la muestra.

Test al nivel de significación 0,05.

$$r_s \begin{cases} N_s = 0{,}05 \\ N = 4 \end{cases} \rightarrow r = 1$$

$r_{se} < r_{sc}$

Se acepta $H_0$, no podemos inferir la asociación a la población (la muestra es demasiado pequeña).

199. *Se desea conocer el grado de correlación de Spearman y la prueba de dicho coeficiente al 95% de confianza entre la utilidad social y el prestigio social de una serie de profesiones.*

| | Utilidad social | Prestigio social | Utilidad social | Prestigio social | D | $D^2$ |
|---|---|---|---|---|---|---|
| Médico | 3,46 | 3,55 | 1 | 1 | 0 | 0 |
| Sociólogo | 2,91 | 2,06 | 2 | 5 | −3 | 9 |
| Psicólogo | 2,89 | 2,53 | 3 | 4 | −1 | 1 |
| Periodista | 2,87 | 2,55 | 4 | 3 | 1 | 1 |
| ATS | 2,80 | 1,87 | 5 | 6 | −1 | 1 |
| Sacerdote | 2,38 | 1,72 | 5 | 7,5 | −1,5 | 2,25 |
| Jefe Personal Empresa | 2,33 | 2,75 | 7 | 2 | 5 | 25 |
| Empleado Banco | 1,20 | 1,72 | 8 | 7,5 | 0,5 | 0,25 |
| | | | | | | 39,5 |

puntuación máxima = 4

empates $\dfrac{7 + 8}{2} = 7{,}5$

$$r_s = 1 - \frac{6 \, \Sigma \, D^2}{N\,(N^2 - 1)}$$

$$r_s = 1 - \frac{6 \cdot 39{,}5}{8\,(8^2 - 1)} = 1 - \frac{237}{504} = 0{,}53$$

$r_s = 0{,}53$ existe una considerable asociación

$$r_{sc} \left\langle \begin{array}{l} N = 8 \\ N_s = 0{,}05 \end{array} \right\rangle 0{,}643$$

$r_{se} < r_{sc}$ Se acepta $H_0$ y se rechaza $H_1$ al nivel de confianza del 95%

Puede realizarse el test mediante t para valores pequeños de N

$$t = \frac{r_s}{\sqrt{1 - r_s^2}} \cdot \sqrt{N - 2}$$

$$t_e = \frac{0{,}53}{\sqrt{1 - (0{,}53)^2}} \cdot \sqrt{8 - 2} = 0{,}625 \cdot 2{,}44 = 1{,}525$$

$$t_c \begin{cases} gl = 6 \\ N_s = 0{,}05 \end{cases} 1{,}943$$

$$t_e < t_c$$

Se acepta $H_0$ y se rechaza $H_1$ al 95% de confianza como con el proceso anterior.

200. *La tabla adjunta muestra la altura de un padre y un hijo (en pulgadas). Hallar el coeficiente de correlación gradual y realizar el test al 99% de confianza.*

| x<br>Padre | y<br>Hijo | x | y | D | $D^2$ |
|---|---|---|---|---|---|
| 65 | 68 | 9 | 6,5 | 2,5 | 6,25 |
| 63 | 66 | 11 | 10,5 | 0,5 | 0,25 |
| 67 | 68 | 7,5 | 6,5 | 1 | 1 |
| 64 | 65 | 10 | 12 | –2 | 4 |
| 68 | 69 | 5,5 | 4 | 0,5 | 0,25 |
| 62 | 66 | 12 | 10,5 | 1,5 | 2,25 |
| 70 | 68 | 2 | 6,5 | 4,5 | 20,25 |
| 76 | 75 | 1 | 1 | 0 | 0 |
| 68 | 71 | 5,5 | 2 | 3,5 | 12,25 |
| 67 | 67 | 7,5 | 9 | 1,5 | 2,25 |
| 69 | 68 | 4 | 6,5 | 2,5 | 6,25 |
| 71 | 70 | 3 | 3 | 0 | 0 |
| | | | | | 55 |

empates $\dfrac{5+6}{2} = \dfrac{11}{2} = 5{,}5$

$$\frac{7+8}{2} = \frac{15}{2} = 7{,}5$$

$$\frac{5+6+7+8}{4} = \frac{26}{4} = 6{,}5$$

$$\frac{10+11}{2} = 10{,}5$$

Fórmula simplificada de Spearman

$$r_s = 1 - \frac{6 \Sigma D^2}{N (N^2 - 1)}$$

$$r_s = 1 - \frac{6 \cdot 55}{12 (12^2 - 1)} = 1 - 0{,}1923 = 0{,}80$$

Hay un alto grado de relación y una clara interdependencia.
Test al nivel de significación 1% mediante tablas.

$$r_{sc} \begin{cases} gl = 12 \\ n_s = 1\% \end{cases} 0{,}712$$

$r_{se} > r_{sc}$ Se rechaza $H_0$ y se acepta $H_1$

Para $N \geqslant 10$ la distribución de selección de $r_s$ es aproximadamente normal con una derivación estándar de:

$$\frac{1}{\sqrt{N - 1}}$$

Por lo tanto podemos realizar también el test mediante Z que es además en este caso más adecuado por haber bastantes empates.

$$Z = \frac{r_s - 0}{\sigma_{r_s}}$$

$$Z = \frac{0{,}80 - 0}{0{,}30} = \frac{0{,}80}{0{,}30} = 2{,}66$$

$$\sigma_{r_s} = \frac{1}{\sqrt{12 - 1}} = \frac{1}{\sqrt{11}} = 0{,}30$$

$$Z \begin{cases} N_s - 1\% \\ \text{unilateral} \end{cases} 2{,}33$$

$Z_e > Z_c$ Se rechaza $H_0$ y se acepta $H_1$

201. *Si 5 alumnos de Estadística y Matemáticas son ordenados siguiendo 2 criterios distintos, se desea saber si existe concordancia entre ambas ordenaciones.*

*Se toman como variables x a la extadística e y matemáticas respectivamente.*

| | x<br>estadíst. | y<br>matem. | x – y<br>d | $d^2$ |
|---|---|---|---|---|
| A | 2 | 5 | –3 | 9 |
| B | 4 | 3 | 1 | 1 |
| C | 3 | 2 | 1 | 1 |
| D | 1 | 4 | –3 | 9 |
| E | 5 | 1 | 4 | 16 |
| | | | | $\Sigma = 36$ |

Según la fórmula simplificada de Spearman

$$r_s = 1 - \frac{6\,\Sigma\, d^2}{N^3 - N}$$

$$r_s = 1 - \frac{216}{125 - 5} = 1 - \frac{216}{120} = \frac{120 - 216}{120} = \frac{-96}{120} = -0{,}8$$

hay una concordancia bastante intensa negativa.

202. *La tabla adjunta muestra cómo los estudiantes ordenados alfabéticamente fueron graduados según sus méritos en el laboratorio y en la parte teórica de una asignatura de una determinada carrera. Hallar el coeficiente de correlación gradual.*

| | Laboratorio (x) | teórica (y) | d = x – y | $d^2$ |
|---|---|---|---|---|
| A | 8 | 9 | –1 | 1 |
| B | 3 | 5 | –2 | 4 |
| C | 9 | 10 | –1 | 1 |
| D | 2 | 1 | 1 | 1 |
| E | 7 | 8 | –1 | 1 |
| F | 10 | 7 | 3 | 9 |
| G | 4 | 3 | 1 | 1 |
| H | 6 | 4 | 2 | 4 |
| I | 1 | 2 | –1 | 1 |
| J | 5 | 6 | –1 | 1 |
| | | | | 24 |

$$r_s = 1 - \frac{6 \Sigma D^2}{N^3 - N}$$

$$r_s = 1 - \frac{6 \cdot 24}{10^3 - 10} = 1 - \frac{144}{990} = 1 - 0{,}145 = 0{,}85$$

$r_s$ = 0,8545 indica una marcada relación entre las notas de laboratorio y la parte teórica.

203. *Nos interesa conocer en un grupo de 12 personas la relación entre el interés por los acontecimientos políticos y sociales y la verdadera lucha frente a tales acontecimientos. Se aplican 2 tipos de escalas ordinales. Hallar el grado de correlación de Spearman.*

*Test de significación al $N_s = 0{,}05$.*

| | Interés | Lucha | D | $D^2$ |
|---|---|---|---|---|
| A | 2 | 3 | −1 | 1 |
| B | 6 | 4 | 2 | 4 |
| C | 5 | 2 | 3 | 9 |
| D | 1 | 1 | 0 | 0 |
| E | 10 | 8 | 2 | 4 |
| F | 9 | 11 | −2 | 4 |
| G | 8 | 10 | −2 | 4 |
| H | 3 | 6 | −3 | 9 |
| I | 4 | 7 | −3 | 9 |
| J | 12 | 12 | 0 | 0 |
| K | 7 | 5 | 2 | 4 |
| L | 11 | 9 | 2 | 4 |
| | | | | 52 |

$$r_s = 1 - \frac{6 \Sigma D^2}{N(N^2 - 1)} = 1 - \frac{6 \cdot 52}{12(12^2 - 1)} =$$

$$= 1 - \frac{312}{12 \cdot 143} = 1 - \frac{312}{1.716} = 0{,}8182$$

Existe una fuerte correlación.

$$\text{test significación } Z = \frac{r_s - r_p}{\sigma r_s}$$

$$\sigma r_s = \frac{1}{\sqrt{N-1}} = \frac{1}{\sqrt{12-1}} = \frac{1}{\sqrt{11}} = \frac{1}{3{,}31} = 0{,}302$$

$$Z = \frac{0{,}8182 - 0}{0{,}302} = 2{,}70$$

$$Z_c \begin{cases} N_s = 0{,}05 \\ \text{unilateral} \end{cases} 1{,}645$$

$$2{,}70 > 1{,}645$$

$Z_e > Z_c$ Se rechaza $H_0$ y se acepta $H_1$

204. *Calcular el P de Spearman entre el autoritarismo y la búsqueda de posición social de un grupo de personas, test $N_s = 0{,}05$.*

| | Autor. | Búsq. P.S. | Autor. | Búsq. | D | $D^2$ |
|---|---|---|---|---|---|---|
| A | 82 | 42 | 11 | 10 | 1 | 1 |
| B | 98 | 46 | 7 | 9 | –2 | 4 |
| C | 87 | 39 | 8 | 11 | –3 | 9 |
| D | 40 | 37 | 12 | 12 | 0 | 0 |
| E | 116 | 65 | 3 | 5 | –2 | 4 |
| F | 113 | 88 | 4 | 2 | 2 | 4 |
| G | 111 | 86 | 5 | 3 | 2 | 4 |
| H | 83 | 56 | 10 | 7 | 3 | 9 |
| I | 85 | 62 | 9 | 6 | 3 | 9 |
| J | 126 | 92 | 1 | 1 | 1 | 1 |
| K | 106 | 54 | 6 | 8 | –2 | 4 |
| L | 117 | 81 | 2 | 4 | –2 | 4 |
| | | | | | | 53 |

$$r_s = 1 - \frac{6\,\Sigma\,D^2}{N\,(N^2 - 1)}$$

$$r_s = 1 - \frac{6 \cdot 53}{N\,(N^2 - 1)} = 1 - \frac{318}{12\,(12^2 - 1)} = 0{,}81$$

* Calvo Félix. Estadística Aplicada. Ediciones Deusto, Bilbao, 1978, pág. 159.

$$Z = \frac{r_{sm} - r_s p}{\sigma r_s} = \frac{0,818 - 0}{0,30} = 2,72$$

$$\sigma r_s = \frac{1}{\sqrt{N-1}} = \frac{1}{\sqrt{12-1}} = \frac{1}{\sqrt{11}} = \frac{1}{3,316} = 0,30$$

$H_0$ ; no asociación

$H_1$ ; sí asociación

Z unilateral al 0,05 = 1,645

$Z_e > Z_c$ Se rechaza $H_0$
Se acepta $H_1$

Puede inferirse a la población la asociación calculada para la muestra al 95% de confianza.

205. **Se ha cogido una muestra de las calificaciones de 10 proyectos calificados por un jurado de 5 miembros Interpretación de ω de 0 a 1.*

| Proyectos | Rangos dados por 5 miemb. jurado | | | | | Suma rangos | D | $D^2$ |
|---|---|---|---|---|---|---|---|---|
| | 1 | 2 | 3 | 4 | 5 | | | |
| 1 | 2 | 1 | 2 | 3 | 4 | 12 | 15,5 | 240,25 |
| 2 | 1 | 3 | 1 | 2 | 2 | 9 | 18,5 | 342,25 |
| 3 | 3 | 4 | 4 | 1 | 3 | 15 | 12,5 | 156,25 |
| 4 | 5 | 5 | 5 | 5 | 1 | 21 | 6,5 | 42,25 |
| 5 | 4 | 2 | 6 | 7 | 6 | 25 | 2,5 | 6,25 |
| 6 | 7 | 8 | 3 | 4 | 7 | 29 | 1,5 | 2,25 |
| 7 | 6 | 6 | 8 | 6 | 5 | 31 | 3,5 | 12,25 |
| 8 | 8 | 7 | 7 | 8 | 9 | 39 | 11,5 | 132,25 |
| 9 | 9 | 10 | 10 | 9 | 8 | 46 | 18,5 | 342,25 |
| 10 | 10 | 9 | 9 | 10 | 10 | 48 | 20,5 | 420,25 |
| | | | | | | $\Sigma = 275$ | | 1.696,50 |

$$\text{Suma total} = \frac{m \cdot N\,(N+1)}{2} = \frac{5 \cdot 10 \cdot 11}{2} = 275$$

* DOWNIE, N. M. HEATH, R. W.: Métodos Estadísticos Aplicados. Ediciones del Castillo, Madrid, 1971, pág. 140.

$$\frac{275}{10} = 27,5$$

$$\omega = \frac{12\ \Sigma\ D^2}{m^2 N (N^2 - 1)} = \frac{12\ (1.696,50)}{25 \cdot 10\ (100 - 1)} = 0,82$$

La cuantía indica el acuerdo concordancia entre los 5 miembros del jurado, respecto a la calificación de 10 proyectos

$\omega$ oscila de $\underline{0}$ a $\underline{1}$

# Anexo

## TABLAS ESTADISTICAS

1. Tabla de áreas bajo la curva normal tipificada de 0 a A.
2. Tabla de números aleatorios.
3. Tabla para la determinación del error absoluto al nivel de confianza del 95,5%.
4. Tabla para la determinación del error absoluto al nivel de confianza del 99,7%.
5. Tabla para la determinación del tamaño muestral en una población infinita al nivel de confianza del 95,5%.
6. Tabla para la determinación del tamaño muestral en una población infinita al nivel de confianza del 99,7%.
7. Tabla para la determinación del tamaño muestral en una población finita al nivel de confianza del 95,5%.
8. Tabla para la determinación del tamaño muestral en una población finita al nivel de confianza del 99,7%.
9. Distribución t de Student.
10. Distribución $\chi^2$ chi-cuadrada.
11. Valores R de Pearson a los niveles de significación, 0,05 y 0,01.
12. Valores de Z para valores dados de R (cuadro 1).
13. Valores de Z para valores dados de R (cuadro 2).
14. Valores críticos del coeficiente RHO de Spearman a los niveles de significación de 0,05 y 0,01.

# TABLA 1
## Tabla de áreas bajo la curva normal tipificada de 0 a A

| *z* | 0 | 1 | 2 | 3 | 4 | 5 | 6 | 7 | 8 | 9 |
|---|---|---|---|---|---|---|---|---|---|---|
| 0,0 | 0,0000 | 0,0040 | 0,0080 | 0,0120 | 0,0160 | 0,0199 | 0,0239 | 0,0279 | 0,0319 | 0,0359 |
| 0,1 | 0,0398 | 0,0438 | 0,0478 | 0,0517 | 0,0557 | 0,0596 | 0,0636 | 0,0675 | 0,0714 | 0,0754 |
| 0,2 | 0,0793 | 0,0832 | 0,0871 | 0,0910 | 0,0948 | 0,0987 | 0,1026 | 0,1064 | 0,1103 | 0,1141 |
| 0,3 | 0,1179 | 0,1217 | 0,1255 | 0,1293 | 0,1331 | 0,1368 | 0,1406 | 0,1443 | 0,1480 | 0,1517 |
| 0,4 | 0,1554 | 0,1591 | 0,1628 | 0,1664 | 0,1700 | 0,1736 | 0,1772 | 0,1808 | 0,1844 | 0,1879 |
| 0,5 | 0,1915 | 0,1950 | 0,1985 | 0,2019 | 0,2054 | 0,2088 | 0,2123 | 0,2157 | 0,2190 | 0,2224 |
| 0,6 | 0,2258 | 0,2291 | 0,2324 | 0,2357 | 0,2389 | 0,2422 | 0,2454 | 0,2486 | 0,2518 | 0,2549 |
| 0,7 | 0,2580 | 0,2612 | 0,2642 | 0,2673 | 0,2704 | 0,2734 | 0,2764 | 0,2794 | 0,2823 | 0,2852 |
| 0,8 | 0,2881 | 0,2910 | 0,2939 | 0,2967 | 0,2996 | 0,3023 | 0,3051 | 0,3078 | 0,3106 | 0,3133 |
| 0,9 | 0,3159 | 0,3186 | 0,3212 | 0,3238 | 0,3264 | 0,3289 | 0,3315 | 0,3340 | 0,3365 | 0,3389 |
| 1,0 | 0,3413 | 0,3438 | 0,3461 | 0,3485 | 0,3508 | 0,3531 | 0,3554 | 0,3577 | 0,3599 | 0,3621 |
| 1,1 | 0,3643 | 0,3665 | 0,3686 | 0,3708 | 0,3729 | 0,3749 | 0,3770 | 0,3790 | 0,3810 | 0,3830 |
| 1,2 | 0,3849 | 0,3869 | 0,3888 | 0,3907 | 0,3925 | 0,3944 | 0,3962 | 0,3980 | 0,3997 | 0,4015 |
| 1,3 | 0,4032 | 0,4049 | 0,4066 | 0,4082 | 0,4099 | 0,4115 | 0,4131 | 0,4147 | 0,4162 | 0,4177 |
| 1,4 | 0,4192 | 0,4207 | 0,4222 | 0,4236 | 0,4251 | 0,4265 | 0,4279 | 0,4292 | 0,4306 | 0,4319 |
| 1,5 | 0,4332 | 0,4345 | 0,4357 | 0,4370 | 0,4382 | 0,4394 | 0,4406 | 0,4418 | 0,4429 | 0,441 |
| 1,6 | 0,4452 | 0,4463 | 0,4474 | 0,4484 | 0,4495 | 0,4505 | 0,4515 | 0,4525 | 0,4535 | 0,4545 |
| 1,7 | 0,4554 | 0,4564 | 0,4573 | 0,4582 | 0,4591 | 0,4599 | 0,4608 | 0,4616 | 0,4625 | 0,4633 |
| 1,8 | 0,4641 | 0,4649 | 0,4656 | 0,4664 | 0,4671 | 0,4678 | 0,4686 | 0,4693 | 0,4699 | 0,4706 |
| 1,9 | 0,4713 | 0,4719 | 0,4726 | 0,4732 | 0,4738 | 0,4744 | 0,4750 | 0,4756 | 0,4761 | 0,4767 |
| 2,0 | 0,4772 | 0,4778 | 0,4783 | 0,4788 | 0,4793 | 0,4798 | 0,4803 | 0,4808 | 0,4812 | 0,4817 |
| 2,1 | 0,4821 | 0,4826 | 0,4830 | 0,4834 | 0,4838 | 0,4842 | 0,4846 | 0,4850 | 0,4854 | 0,4857 |
| 2,2 | 0,4861 | 0,4864 | 0,4868 | 0,4871 | 0,4875 | 0,4878 | 0,4881 | 0,4884 | 0,4887 | 0,4890 |
| 2,3 | 0,4893 | 0,4896 | 0,4898 | 0,4901 | 0,4904 | 0,4906 | 0,4909 | 0,4911 | 0,4913 | 0,4916 |
| 2,4 | 0,4918 | 0,4920 | 0,4922 | 0,4925 | 0,4927 | 0,4929 | 0,4931 | 0,4932 | 0,4934 | 0,4936 |
| 2,5 | 0,4938 | 0,4940 | 0,4941 | 0,4943 | 0,4945 | 0,4946 | 0,4948 | 0,4949 | 0,4951 | 0,4952 |
| 2,6 | 0,4953 | 0,4955 | 0,4956 | 0,4957 | 0,4959 | 0,4960 | 0,4961 | 0,4962 | 0,4963 | 0,4964 |
| 2,7 | 0,4665 | 0,4966 | 0,4967 | 0,4968 | 0,4969 | 0,4970 | 0,4971 | 0,4972 | 0,4973 | 0,4974 |
| 2,8 | 0,4974 | 0,4975 | 0,4976 | 0,4977 | 0,4977 | 0,4978 | 0,4979 | 0,4979 | 0,4980 | 0,4981 |
| 2,9 | 0,4981 | 0,4982 | 0,4982 | 0,4983 | 0,4984 | 0,4984 | 0,4985 | 0,4985 | 0,4986 | 0,4986 |
| 3,0 | 0,4987 | 0,4987 | 0,4987 | 0,4988 | 0,4988 | 0,4989 | 0,4989 | 0,4989 | 0,4990 | 0,4990 |
| 3,1 | 0,4990 | 0,4991 | 0,4991 | 0,4991 | 0,4992 | 0,4992 | 0,4992 | 0,4992 | 0,4993 | 0,4993 |
| 3,2 | 0,4993 | 0,4993 | 0,4994 | 0,4994 | 0,4994 | 0,4994 | 0,4994 | 0,4995 | 0,4995 | 0,4995 |
| 3,3 | 0,4995 | 0,4995 | 0,4995 | 0,4996 | 0,4996 | 0,4996 | 0,4996 | 0,4996 | 0,4996 | 0,4997 |
| 3,4 | 0,4997 | 0,4997 | 0,4997 | 0,4997 | 0,4997 | 0,4997 | 0,4997 | 0,4997 | 0,4997 | 0,4998 |
| 3,5 | 0,4998 | 0,4998 | 0,4998 | 0,4998 | 0,4998 | 0,4998 | 0,4998 | 0,4998 | 0,4998 | 0,4998 |
| 3,6 | 0,4998 | 0,4998 | 0,4999 | 0,4999 | 0,4999 | 0,4999 | 0,4999 | 0,4999 | 0,4999 | 0,4999 |
| 3,7 | 0,4999 | 0,4999 | 0,4999 | 0,4999 | 0,4999 | 0,4999 | 0,4999 | 0,4999 | 0,4999 | 0,4999 |
| 3,8 | 0,4999 | 0,4999 | 0,4999 | 0,4999 | 0,4999 | 0,4999 | 0,4999 | 0,4999 | 0,4999 | 0,4999 |
| 3,9 | 0,5000 | 0,5000 | 0,5000 | 0,5000 | 0,5000 | 0,5000 | 0,5000 | 0,5000 | 0,5000 | 0,5000 |

# TABLA 2
## Tabla de números aleatorios

| | | | | | | | | | | | | | |
|---|---|---|---|---|---|---|---|---|---|---|---|---|---|
| 54463 | 22662 | 65905 | 70639 | 79365 | 67382 | 29085 | 69831 | 47058 | 08186 | 59391 | 58030 | 52098 | 82718 |
| 15389 | 85205 | 18850 | 39226 | 42249 | 90669 | 96325 | 23248 | 60933 | 26927 | 99567 | 76364 | 77204 | 04615 |
| 85941 | 40756 | 82414 | 02015 | 13858 | 78030 | 16269 | 65978 | 01385 | 15345 | 10363 | 97518 | 51400 | 25670 |
| 61149 | 69440 | 11286 | 88218 | 58925 | 03638 | 52862 | 62733 | 33451 | 77455 | 86859 | 19558 | 64432 | 16706 |
| 05219 | 81619 | 10651 | 67079 | 92511 | 59888 | 84502 | 72095 | 83463 | 75577 | 11258 | 24591 | 36863 | 55368 |

| | | | | | | | | | | | | | |
|---|---|---|---|---|---|---|---|---|---|---|---|---|---|
| 41417 | 98326 | 87719 | 92294 | 46614 | 50908 | 64886 | 20002 | 97365 | 30976 | 95068 | 88628 | 35911 | 14530 |
| 28357 | 94070 | 20652 | 35774 | 16249 | 75019 | 21145 | 05217 | 47286 | 76305 | 54463 | 47237 | 73800 | 01017 |
| 17783 | 00015 | 10806 | 83091 | 91530 | 36466 | 39981 | 62481 | 49177 | 75779 | 16874 | 62677 | 57412 | 13215 |
| 40950 | 84820 | 29881 | 85966 | 62800 | 70326 | 84740 | 62660 | 77379 | 90279 | 92494 | 63157 | 76593 | 91316 |
| 32995 | 64157 | 66164 | 41180 | 10089 | 41757 | 78258 | 96488 | 88629 | 37231 | 15669 | 56689 | 35682 | 40844 |

| | | | | | | | | | | | | | |
|---|---|---|---|---|---|---|---|---|---|---|---|---|---|
| 96754 | 17676 | 55659 | 44105 | 47361 | 34833 | 86679 | 23930 | 52249 | 27083 | 99116 | 75486 | 84989 | 23476 |
| 34357 | 86040 | 53364 | 71726 | 45690 | 66334 | 60332 | 22554 | 90600 | 71113 | 15696 | 10703 | 65178 | 90637 |
| 06318 | 37403 | 49927 | 57715 | 50423 | 67372 | 63116 | 48888 | 21505 | 80182 | 97720 | 15369 | 51269 | 69620 |
| 62111 | 52820 | 07243 | 79931 | 89292 | 84767 | 85693 | 73947 | 22278 | 11551 | 11666 | 13841 | 71861 | 98000 |
| 47534 | 09243 | 67879 | 00544 | 23410 | 12740 | 02540 | 54440 | 32949 | 13491 | 71628 | 73130 | 78783 | 75691 |

| | | | | | | | | | | | | | |
|---|---|---|---|---|---|---|---|---|---|---|---|---|---|
| 98614 | 75993 | 84460 | 62846 | 59844 | 14922 | 48730 | 73443 | 48167 | 34770 | 40501 | 51089 | 99943 | 91843 |
| 24856 | 03648 | 44898 | 09351 | 98795 | 18644 | 39765 | 71058 | 90368 | 44104 | 22518 | 55576 | 98215 | 82068 |
| 96887 | 12479 | 80621 | 66223 | 86085 | 78285 | 02432 | 53342 | 42846 | 94771 | 75112 | 30485 | 62173 | 02132 |
| 90801 | 21472 | 42815 | 77408 | 37390 | 76766 | 52615 | 32141 | 30268 | 18106 | 80327 | 02671 | 98191 | 84342 |
| 55165 | 77312 | 83666 | 36028 | 28420 | 70219 | 81369 | 41943 | 47366 | 41067 | 60251 | 45548 | 02146 | 05597 |

| | | | | | | | | | | | | | |
|---|---|---|---|---|---|---|---|---|---|---|---|---|---|
| 75884 | 12952 | 84318 | 95108 | 72305 | 64620 | 91318 | 89872 | 45375 | 85436 | 57430 | 82270 | 10421 | 05540 |
| 16777 | 37116 | 58550 | 42958 | 21460 | 43910 | 01175 | 87894 | 81378 | 10620 | 73528 | 39559 | 34434 | 88596 |
| 46230 | 43877 | 80207 | 88877 | 89380 | 32992 | 91380 | 03164 | 98656 | 59337 | 25991 | 65959 | 70769 | 64721 |
| 42902 | 66892 | 46134 | 01432 | 94710 | 23474 | 20423 | 60137 | 60609 | 13119 | 78388 | 16638 | 09134 | 59880 |
| 81007 | 00333 | 39693 | 28039 | 10154 | 95425 | 39220 | 19774 | 31782 | 49037 | 12477 | 09965 | 96657 | 57994 |

| | | | | | | | | | | | | | |
|---|---|---|---|---|---|---|---|---|---|---|---|---|---|
| 68089 | 01122 | 51111 | 72373 | 06902 | 74373 | 96199 | 97017 | 41273 | 21546 | 83266 | 32883 | 42451 | 15579 |
| 20411 | 67081 | 89950 | 16944 | 93054 | 87687 | 96693 | 87236 | 77054 | 33848 | 76970 | 80876 | 10237 | 39515 |
| 58212 | 13160 | 06168 | 15718 | 82627 | 76999 | 05999 | 58680 | 96739 | 63700 | 37074 | 65198 | 44785 | 68624 |
| 70577 | 42866 | 24969 | 61210 | 76046 | 67699 | 42054 | 12696 | 93758 | 03283 | 83712 | 06514 | 30101 | 78295 |
| 94522 | 74358 | 71659 | 62038 | 79643 | 79169 | 44741 | 05437 | 39038 | 13163 | 20287 | 56862 | 69727 | 94443 |

| | | | | | | | | | | | | | |
|---|---|---|---|---|---|---|---|---|---|---|---|---|---|
| 42626 | 86819 | 85651 | 88678 | 17401 | 03252 | 99547 | 32404 | 17918 | 62880 | 74261 | 32592 | 86538 | 27041 |
| 16051 | 33763 | 57194 | 16752 | 54450 | 19031 | 58580 | 47629 | 54132 | 60631 | 64081 | 49863 | 08478 | 96001 |
| 08244 | 27647 | 33851 | 44705 | 94211 | 46716 | 11738 | 55784 | 95374 | 72655 | 05617 | 75818 | 47750 | 67814 |
| 59497 | 04392 | 09419 | 89964 | 51211 | 04894 | 72882 | 17805 | 21896 | 83864 | 26793 | 74951 | 95446 | 74307 |
| 87155 | 13428 | 40293 | 09985 | 58434 | 01412 | 69124 | 82171 | 59058 | 82859 | 65988 | 72850 | 48737 | 54719 |

| | | | | | | | | | | | | | |
|---|---|---|---|---|---|---|---|---|---|---|---|---|---|
| 98409 | 66162 | 95763 | 47420 | 20792 | 61527 | 20441 | 39435 | 11859 | 41567 | 27366 | 42271 | 44300 | 73399 |
| 45476 | 84882 | 65109 | 96597 | 25930 | 66790 | 65706 | 61203 | 53634 | 22557 | 56760 | 10909 | 98147 | 34736 |
| 89300 | 69700 | 50741 | 30329 | 11658 | 23166 | 05400 | 66669 | 48708 | 03887 | 72880 | 43338 | 93643 | 58904 |
| 50051 | 93137 | 91631 | 66315 | 91428 | 12275 | 24816 | 68091 | 71710 | 33258 | 77888 | 38100 | 03062 | 58103 |
| 31753 | 85178 | 31310 | 89642 | 98364 | 02306 | 24617 | 09609 | 83942 | 22716 | 28440 | 07819 | 21580 | 51459 |

# TABLA 3

## Tabla para la determinación del error absoluto al nivel de confianza del 95,5 %

| Número de elementos de la muestra | 1/99 | 2/98 | 3/97 | 4/96 | 5/95 | 10/90 | 15/85 | 20/80 | 25/75 | 30/70 | 35/65 | 40/60 | 45/55 | 50/50 |
|---|---|---|---|---|---|---|---|---|---|---|---|---|---|---|
| 25 | 4,0 | 5,6 | 6,8 | 7,8 | 8,7 | 12,0 | 14,3 | 16,0 | 17,3 | 18,3 | 19,1 | 19,6 | 19,8 | 20,0 |
| 50 | 2,8 | 4,0 | 4,9 | 5,6 | 6,2 | 8,5 | 10,1 | 11,4 | 12,3 | 13,0 | 13,5 | 13,9 | 14,1 | 14,2 |
| 75 | 2,3 | 3,2 | 3,9 | 4,5 | 5,0 | 6,9 | 8,2 | 9,2 | 10,0 | 10,5 | 11,0 | 11,3 | 11,4 | 11,5 |
| 100 | 2,0 | 2,8 | 3,4 | 3,9 | 4,4 | 6,0 | 7,1 | 8,0 | 8,7 | 9,2 | 9,5 | 9,8 | 9,9 | 10,0 |
| 150 | 1,6 | 2,3 | 2,8 | 3,2 | 3,6 | 4,9 | 5,9 | 6,6 | 7,1 | 7,5 | 7,8 | 8,0 | 8,1 | 8,2 |
| 200 | 1,4 | 2,0 | 2,4 | 2,8 | 3,1 | 4,3 | 5,1 | 5,7 | 6,1 | 6,5 | 6,8 | 7,0 | 7,0 | 7,1 |
| 250 | 1,2 | 1,8 | 2,2 | 2,5 | 2,7 | 3,8 | 4,5 | 5,0 | 5,5 | 5,8 | 6,0 | 6,2 | 6,2 | 6,3 |
| 300 | 1,1 | 1,6 | 2,0 | 2,3 | 2,5 | 3,5 | 4,1 | 4,6 | 5,0 | 5,3 | 5,5 | 5,7 | 5,8 | 5,8 |
| 400 | 0,99 | 1,4 | 1,7 | 2,0 | 2,2 | 3,0 | 3,6 | 4,0 | 4,3 | 4,6 | 4,8 | 4,9 | 5,0 | 5,0 |
| 500 | 0,89 | 1,3 | 1,5 | 1,8 | 2,0 | 2,7 | 3,2 | 3,6 | 3,9 | 4,1 | 4,3 | 4,4 | 4,5 | 4,5 |
| 600 | 0,81 | 1,1 | 1,4 | 1,6 | 1,8 | 2,5 | 2,9 | 3,3 | 3,6 | 3,8 | 3,9 | 4,0 | 4,1 | 4,1 |
| 800 | 0,69 | 0,98 | 1,2 | 1,4 | 1,5 | 2,1 | 2,5 | 2,8 | 3,0 | 3,3 | 3,3 | 3,4 | 3,5 | 3,5 |
| 1.000 | 0,63 | 0,90 | 1,1 | 1,3 | 1,4 | 1,9 | 2,3 | 2,6 | 2,8 | 2,9 | 3,1 | 3,1 | 3,2 | 3,2 |
| 1.200 | 0,57 | 0,81 | 0,99 | 1,1 | 1,3 | 1,7 | 2,1 | 2,3 | 2,5 | 2,7 | 2,8 | 2,8 | 2,9 | 2,9 |
| 1.500 | 0,51 | 0,73 | 0,89 | 1,0 | 1,1 | 1,6 | 1,9 | 2,1 | 2,3 | 2,4 | 2,5 | 2,5 | 2,6 | 2,6 |
| 2.000 | 0,44 | 0,61 | 0,75 | 0,86 | 0,90 | 1,3 | 1,6 | 1,8 | 1,9 | 2,0 | 2,1 | 2,2 | 2,2 | 2,2 |
| 2.500 | 0,40 | 0,56 | 0,68 | 0,78 | 0,87 | 1,22 | 1,4 | 1,6 | 1,7 | 1,8 | 1,9 | 2,0 | 2,0 | 2,0 |
| 3.000 | 0,36 | 0,51 | 0,62 | 0,71 | 0,79 | 1,1 | 1,3 | 1,5 | 1,6 | 1,7 | 1,7 | 1,8 | 1,8 | 1,8 |
| 4.000 | 0,31 | 0,44 | 0,54 | 0,62 | 0,69 | 0,95 | 1,1 | 1,3 | 1,4 | 1,4 | 1,5 | 1,5 | 1,6 | 1,6 |
| 5.000 | 0,28 | 0,40 | 0,49 | 0,56 | 0,62 | 0,85 | 1,0 | 1,1 | 1,2 | 1,3 | 1,4 | 1,4 | 1,4 | 1,4 |
| 7.500 | 0,23 | 0,32 | 0,39 | 0,45 | 0,50 | 0,69 | 0,82 | 0,92 | 1,0 | 1,1 | 1,1 | 1,1 | 1,1 | 1,2 |
| 10.000 | 0,20 | 0,28 | 0,34 | 0,39 | 0,44 | 0,60 | 0,41 | 0,80 | 0,87 | 0,95 | 0,95 | 0,98 | 0,99 | 1,0 |
| 15.000 | 0,16 | 0,23 | 0,28 | 0,32 | 0,36 | 0,49 | 0,59 | 0,66 | 0,71 | 0,75 | 0,78 | 0,80 | 0,81 | 0,82 |
| 25.000 | 0,12 | 0,18 | 0,22 | 0,25 | 0,27 | 0,38 | 0,45 | 0,50 | 0,65 | 0,58 | 0,60 | 0,62 | 0,62 | 0,63 |
| 50.000 | 0,08 | 0,11 | 0,14 | 0,16 | 0,17 | 0,24 | 0,29 | 0,32 | 0,35 | 0,37 | 0,48 | 0,39 | 0,40 | 0,40 |

# TABLA 4

## Tabla para la determinación del error absoluto al nivel de confianza del 99,7 %

| Número de elementos de la muestra | 1/99 | 2/98 | 3/97 | 4/96 | 5/95 | 10/90 | 15/85 | 20/80 | 25/75 | 30/70 | 35/65 | 40/60 | 45/55 | 50/50 |
|---|---|---|---|---|---|---|---|---|---|---|---|---|---|---|
| 25 | 5,9 | 8,4 | 10,3 | 11,8 | 13,1 | 18,0 | 21,4 | 24,0 | 26,0 | 27,5 | 28,6 | 29,4 | 29,8 | 30,0 |
| 50 | 4,2 | 6,0 | 7,3 | 8,3 | 9,3 | 12,8 | 15,2 | 17,0 | 18,4 | 19,5 | 20,3 | 20,9 | 21,1 | 21,3 |
| 75 | 3,4 | 4,8 | 5,9 | 6,8 | 7,5 | 10,4 | 12,3 | 13,8 | 14,9 | 15,8 | 16,5 | 16,9 | 17,1 | 17,3 |
| 100 | 3,0 | 4,2 | 5,1 | 5,9 | 6,5 | 9,0 | 10,7 | 12,0 | 13,0 | 13,7 | 14,3 | 14,7 | 14,9 | 15,0 |
| 150 | 2,4 | 3,4 | 4,2 | 4,8 | 5,4 | 7,4 | 8,8 | 9,8 | 10,7 | 11,3 | 11,7 | 12,1 | 12,2 | 12,3 |
| 200 | 2,1 | 3,0 | 3,6 | 4,2 | 4,6 | 6,4 | 7,6 | 8,5 | 9,2 | 9,8 | 10,2 | 10,4 | 10,6 | 10,7 |
| 250 | 1,9 | 2,6 | 3,2 | 3,7 | 4,1 | 5,7 | 6,7 | 7,6 | 8,2 | 8,7 | 9,0 | 9,3 | 9,4 | 9,5 |
| 300 | 1,7 | 2,4 | 3,0 | 3,4 | 3,8 | 5,2 | 6,2 | 7,0 | 7,5 | 8,0 | 8,3 | 8,5 | 8,6 | 8,7 |
| 400 | 1,5 | 2,1 | 2,6 | 2,9 | 3,3 | 4,5 | 5,4 | 6,0 | 6,6 | 6,9 | 7,2 | 7,4 | 7,4 | 7,5 |
| 500 | 1,3 | 1,9 | 2,3 | 2,6 | 2,9 | 4,1 | 4,8 | 5,4 | 5,8 | 6,2 | 6,4 | 6,6 | 6,7 | 6,8 |
| 600 | 1,2 | 1,7 | 2,1 | 2,4 | 2,7 | 3,7 | 4,4 | 4,9 | 5,3 | 5,6 | 5,9 | 6,0 | 6,1 | 6,2 |
| 800 | 1,0 | 1,5 | 1,8 | 2,1 | 2,3 | 3,2 | 3,7 | 4,2 | 4,5 | 4,8 | 5,0 | 5,1 | 5,2 | 5,3 |
| 1.000 | 0,95 | 1,3 | 1,6 | 1,9 | 2,1 | 2,9 | 3,4 | 3,8 | 4,2 | 4,4 | 4,6 | 4,7 | 4,8 | 4,8 |
| 1.200 | 0,86 | 1,2 | 1,5 | 1,7 | 1,9 | 2,6 | 3,1 | 3,5 | 3,8 | 4,0 | 4,1 | 4,3 | 4,3 | 4,4 |
| 1.500 | 0,77 | 1,1 | 1,3 | 1,5 | 1,7 | 2,3 | 2,8 | 3,1 | 3,4 | 3,6 | 3,7 | 3,8 | 3,9 | 3,9 |
| 2.000 | 0,65 | 0,92 | 1,1 | 1,3 | 1,4 | 2,0 | 2,4 | 2,6 | 2,9 | 3,0 | 3,1 | 3,2 | 3,3 | 3,3 |
| 2.500 | 0,59 | 0,84 | 1,0 | 1,2 | 1,3 | 1,8 | 2,1 | 2,4 | 2,6 | 2,7 | 2,9 | 2,9 | 3,0 | 3,0 |
| 3.000 | 0,54 | 0,76 | 0,93 | 1,1 | 1,2 | 1,6 | 1,9 | 2,2 | 2,4 | 2,5 | 2,6 | 2,6 | 2,7 | 2,7 |
| 4.000 | 0,47 | 0,66 | 0,81 | 0,92 | 1,0 | 1,4 | 1,7 | 1,9 | 2,1 | 2,2 | 2,3 | 2,3 | 2,4 | 2,4 |
| 5.000 | 0,42 | 0,60 | 0,73 | 0,73 | 0,93 | 1,3 | 1,5 | 1,7 | 1,8 | 2,0 | 2,0 | 2,1 | 2,1 | 2,1 |
| 7.500 | 0,34 | 0,48 | 0,59 | 0,68 | 0,75 | 1,0 | 1,2 | 1,4 | 1,5 | 1,6 | 1,6 | 1,7 | 1,7 | 1,7 |
| 10.000 | 0,30 | 0,42 | 0,51 | 0,59 | 0,65 | 0,90 | 1,1 | 1,2 | 1,3 | 1,4 | 1,4 | 1,5 | 1,5 | 1,5 |
| 15.000 | 0,24 | 0,34 | 0,42 | 0,48 | 0,54 | 0,74 | 0,89 | 0,98 | 1,1 | 1,1 | 1,2 | 1,2 | 1,2 | 1,2 |
| 25.000 | 0,19 | 0,26 | 0,32 | 0,37 | 0,41 | 0,57 | 0,67 | 0,76 | 0,82 | 0,87 | 0,90 | 0,93 | 0,94 | 0,95 |
| 50.000 | 0,12 | 0,17 | 0,21 | 0,24 | 0,26 | 0,36 | 0,43 | 0,48 | 0,51 | 0,56 | 0,57 | 0,59 | 0,60 | 0,60 |

# TABLA 5

## Tabla para la determinación del tamaño muestral en una población infinita al nivel de confianza del 95,5 %

| Límites de error $\pm 2\sigma$ en % *(E)* | VALORES PRESUMIBLES DE $p$ Y DE $q$ en% ($p+q=100$) | | | | | | | | | | | | | |
|---|---|---|---|---|---|---|---|---|---|---|---|---|---|---|
| | 1/99 | 2/98 | 3/97 | 4/96 | 5/95 | 10/90 | 15/85 | 20/80 | 25/75 | 30/70 | 35/65 | 40/60 | 45/55 | 50/50 |
| 0,1 | 39.600 | 78.400 | 116.400 | 153.600 | 190.000 | 360.000 | 510.000 | 640.000 | 750.000 | 840.000 | 910.000 | 960.000 | 990.000 | 1.000.000 |
| 0,2 | 9.900 | 19.600 | 29.100 | 38.400 | 47.500 | 90.000 | 127.500 | 160.000 | 187.500 | 210.000 | 227.500 | 240.000 | 247.500 | 250.000 |
| 0,3 | 4.400 | 8.711 | 12.933 | 17.067 | 21.111 | 40.000 | 56.667 | 71.111 | 83.333 | 93.333 | 101.111 | 106.667 | 110.000 | 111.111 |
| 0,4 | 2.475 | 4.900 | 7.275 | 9.600 | 11.875 | 22.500 | 31.875 | 40.000 | 46.875 | 52.500 | 56.875 | 60.000 | 61.875 | 62.500 |
| 0,5 | 1.584 | 3.136 | 4.656 | 6.144 | 7.600 | 14.400 | 20.400 | 25.600 | 30.000 | 33.600 | 36.400 | 38.400 | 39.600 | 40.000 |
| 0,6 | 1.100 | 2.178 | 3.233 | 4.267 | 5.278 | 10.000 | 14.167 | 17.778 | 20.833 | 23.333 | 25.278 | 26.667 | 27.500 | 27.778 |
| 0,7 | 808 | 1.600 | 2.376 | 3.135 | 3.878 | 7.347 | 10.408 | 13.061 | 15.306 | 17.143 | 18.577 | 19.592 | 20.204 | 20.408 |
| 0,8 | 619 | 1.225 | 1.819 | 2.400 | 2.969 | 5.625 | 7.969 | 10.000 | 11.719 | 13.125 | 14.219 | 15.000 | 15.469 | 15.625 |
| 0,9 | 489 | 968 | 1.437 | 1.896 | 2.346 | 4.444 | 6.296 | 7.901 | 9.259 | 10.370 | 11.235 | 11.852 | 12.222 | 12.346 |
| 1,0 | 396 | 784 | 1.164 | 1.536 | 1.900 | 3.600 | 5.100 | 6.400 | 7.500 | 8.400 | 9.100 | 9.600 | 9.900 | 10.000 |
| 1,5 | 176 | 348 | 517 | 683 | 844 | 1.600 | 2.267 | 2.844 | 3.333 | 3.733 | 4.044 | 4.267 | 4.400 | 4.444 |
| 2,0 | 99 | 196 | 291 | 384 | 475 | 900 | 1.275 | 1.600 | 1.875 | 2.100 | 2.275 | 2.400 | 2.475 | 2.500 |
| 2,5 | 63 | 125 | 186 | 246 | 304 | 576 | 816 | 1.024 | 1.200 | 1.344 | 1.456 | 1.536 | 1.584 | 1.600 |
| 3,0 | 44 | 87 | 129 | 171 | 211 | 400 | 567 | 711 | 833 | 933 | 1.011 | 1.067 | 1.100 | 1.111 |
| 3,5 | 32 | 64 | 95 | 125 | 155 | 294 | 416 | 522 | 612 | 686 | 743 | 784 | 808 | 816 |
| 4,0 | 25 | 49 | 73 | 96 | 119 | 225 | 319 | 400 | 469 | 525 | 569 | 600 | 619 | 625 |
| 4,5 | 20 | 39 | 57 | 76 | 94 | 178 | 252 | 316 | 370 | 415 | 449 | 474 | 489 | 494 |
| 5,0 | 16 | 31 | 47 | 61 | 76 | 144 | 204 | 256 | 300 | 336 | 364 | 384 | 396 | 400 |
| 6,0 | 11 | 22 | 32 | 43 | 53 | 100 | 142 | 178 | 208 | 233 | 253 | 267 | 275 | 278 |
| 7,0 | 8 | 16 | 24 | 31 | 39 | 73 | 104 | 131 | 153 | 171 | 186 | 196 | 202 | 204 |
| 8,0 | 6 | 12 | 18 | 24 | 30 | 56 | 80 | 100 | 117 | 131 | 142 | 150 | 155 | 156 |
| 9,0 | 5 | 10 | 14 | 19 | 23 | 44 | 63 | 79 | 93 | 104 | 112 | 119 | 122 | 123 |
| 10,0 | 4 | 8 | 12 | 15 | 19 | 36 | 51 | 64 | 75 | 83 | 91 | 96 | 99 | 100 |
| 15,0 | 2 | 3 | 5 | 7 | 8 | 16 | 23 | 28 | 33 | 37 | 40 | 43 | 44 | 45 |
| 20,0 | 1 | 2 | 3 | 4 | 5 | 9 | 13 | 16 | 19 | 21 | 23 | 24 | 25 | 25 |
| 25,0 | 0,6 | 1 | 2 | 2 | 3 | 6 | 8 | 12 | 12 | 13 | 15 | 15 | 16 | 16 |

# TABLA 6

## Tabla para la determinación del tamaño muestral en una población infinita al nivel de confianza del 99,7 %

| Límites de error ± 3 σ en % (E) | VALORES PRESUMIBLES DE $p$ Y DE $q$ en% ($p+q=100$) | | | | | | | | | | | | | |
|---|---|---|---|---|---|---|---|---|---|---|---|---|---|---|
| | 1/99 | 2/98 | 3/97 | 4/96 | 5/95 | 10/90 | 15/85 | ● 20/80 | 25/75 | 30/70 | 35/65 | 40/60 | 45/55 | 50/50 |
| 0,1 ....... | 89.100 | 176.400 | 261.900 | 345.600 | 427.500 | 810.000 | 1.147.500 | 1.440.000 | 1.687.500 | 1.890.000 | 2.047.500 | 2.160.000 | 2.227.500 | 2.250.000 |
| 0,2 ....... | 22.275 | 44.100 | 65.475 | 86.400 | 106.875 | 202.500 | 286.875 | 360.000 | 421.875 | 472.500 | 511.875 | 540.000 | 556.875 | 562.500 |
| 0,3 ....... | 9.900 | 19.600 | 29.100 | 38.400 | 47.500 | 90.000 | 127.400 | 160.000 | 187.500 | 210.000 | 227.500 | 240.500 | 247.500 | 250.000 |
| 0,4 ....... | 5.569 | 11.025 | 16.369 | 21.600 | 26.719 | 50.625 | 71.719 | 90.000 | 105.469 | 118.125 | 127.969 | 135.000 | 139.219 | 140.625 |
| 0,5 ....... | 3.564 | 7.056 | 10.476 | 13.824 | 17.100 | 32.400 | 45.000 | 57.600 | 67.500 | 75.600 | 81.900 | 86.400 | 89.100 | 90.000 |
| 0,6 ....... | 2.475 | 4.900 | 7.275 | 9.600 | 11.875 | 22.500 | 31.875 | 40.000 | 46.875 | 52.500 | 56.875 | 60.000 | 61.875 | 62.500 |
| 0,7 ....... | 1.818 | 3.600 | 5.345 | 7.053 | 8.724 | 16.531 | 23.418 | 29.388 | 34.439 | 38.571 | 41.786 | 44.082 | 45.459 | 45.918 |
| 0,8 ....... | 1.392 | 2.756 | 4.092 | 5.400 | 6.680 | 12.656 | 17.930 | 22.500 | 27.367 | 29.531 | 31.992 | 33.750 | 34.805 | 35.156 |
| 0,9 ....... | 1.100 | 2.178 | 3.233 | 4.267 | 5.278 | 10.000 | 14.167 | 17.778 | 20.833 | 25.278 | 26.667 | 26.667 | 27.500 | 27.778 |
| 1,0 ....... | 891 | 1.764 | 2.619 | 3.456 | 4.275 | 8.100 | 11.475 | 14.400 | 16.875 | 18.900 | 20.475 | 21.600 | 22.275 | 22.500 |
| 1,5 ....... | 396 | 784 | 1.164 | 1.356 | 1.900 | 3.600 | 5.100 | 6.400 | 7.500 | 8.400 | 9.100 | 9.600 | 9.900 | 10.000 |
| 2,0 ....... | 223 | 441 | 655 | 864 | 1.069 | 2.025 | 2.869 | 3.600 | 4.219 | 4.725 | 5.119 | 5.400 | 5.569 | 5.627 |
| 2,5 ....... | 143 | 28[illegible] | 419 | 553 | 684 | 1.296 | 1.836 | 2.304 | 2.700 | 3.024 | 3.276 | 3.456 | 3.564 | 3.600 |
| 3,0 ....... | 99 | 1[illegible] | 291 | 384 | 475 | 900 | 1.275 | 1.600 | 1.875 | 2.100 | 2.275 | 2.400 | 2.475 | 2.500 |
| 3,5 ....... | 73 | 144 | 241 | 282 | 349 | 661 | 937 | 1.176 | 1.378 | 1.543 | 1.671 | 1.763 | 1.818 | 1.837 |
| 4,0 ....... | 56 | 110 | 164 | 216 | 267 | 506 | 717 | 900 | 1.055 | 1.181 | 1.280 | 1.350 | 1.392 | 1.406 |
| 4,5 ....... | 44 | 87 | 129 | 171 | 211 | 400 | 567 | 711 | 833 | 933 | 1.011 | 1.067 | 1.100 | 1.111 |
| 5,0 ....... | 36 | 71 | 105 | 138 | 171 | 324 | 459 | 576 | 675 | 756 | 819 | 864 | 891 | 900 |
| 6,0 ....... | 25 | 49 | 73 | 96 | 119 | 225 | 319 | 400 | 469 | 525 | 569 | 600 | 619 | 625 |
| 7,0 ....... | 18 | 36 | 53 | 71 | 87 | 165 | 234 | 294 | 344 | 386 | 418 | 441 | 455 | 459 |
| 8,0 ....... | 14 | 28 | 41 | 54 | 67 | 127 | 179 | 225 | 264 | 295 | 320 | 338 | 348 | 352 |
| 9,0 ....... | 11 | 22 | 32 | 43 | 53 | 100 | 142 | 178 | 208 | 233 | 263 | 267 | 275 | 278 |
| 10,0 ....... | 9 | 18 | 26 | 35 | 43 | 81 | 115 | 144 | 169 | 189 | 205 | 216 | 223 | 225 |
| 15,0 ....... | 4 | 8 | 12 | 15 | 19 | 36 | 51 | 64 | 75 | 84 | 91 | 96 | 99 | 100 |
| 20,0 ....... | 2 | 4 | 7 | 9 | 11 | 20 | 29 | 36 | 42 | 47 | 51 | 54 | 56 | 56 |
| 25,0 ....... | 1 | 3 | 4 | 6 | 7 | 3 | 18 | 23 | 27 | 30 | 33 | 35 | 36 | 36 |
| 30,0 ....... | 1 | 2 | 3 | 4 | 5 | 9 | 13 | 16 | 19 | 21 | 23 | 24 | 25 | 25 |
| 35,0 ....... | 0,7 | 1 | 2 | 3 | 3 | 7 | 9 | 12 | 14 | 15 | 17 | 18 | 18 | 18 |
| 40,0 ....... | 0,6 | 1 | 2 | 2 | 3 | 5 | 7 | 9 | 11 | 12 | 13 | 14 | 14 | 14 |

# TABLA 7
## Tabla para la determinación del tamaño muestral en una población finita al nivel de confianza del 95,5 %

| Amplitud de la población | AMPLITUD DE LA MUESTRA PARA MARGENES DE ERROR ABAJO INDICADOS | | | | |
|---|---|---|---|---|---|
| | ±1% | ±2% | ±3% | ±4% | ±5% |
| 500 | | | | | |
| 1.000 | | | | | 474 |
| 1.500 | | | | 726 | 563 |
| 2.000 | | | | 826 | 621 |
| 2.500 | | | | 900 | 662 |
| 3.000 | | | 1.364 | 958 | 692 |
| 3.500 | | | 1.458 | 1.003 | 716 |
| 4.000 | | | 1.539 | 1.041 | 735 |
| 4.500 | | | 1.607 | 1.071 | 750 |
| 5.000 | | | 1.667 | 1.098 | 763 |
| 6.000 | | 2.903 | 1.765 | 1.139 | 783 |
| 7.000 | | 3.119 | 1.842 | 1.171 | 798 |
| 8.000 | | 3.303 | 1.905 | 1.196 | 809 |
| 9.000 | | 3.462 | 1.957 | 1.216 | 818 |
| 10.000 | | 3.600 | 2.000 | 1.233 | 826 |
| 15.000 | | 4.091 | 2.143 | 1.286 | 849 |
| 20.000 | | 4.390 | 2.222 | 1.314 | 861 |
| 25.000 | 11.842 | 4.592 | 2.273 | 1.331 | 869 |
| 50.000 | 15.517 | 5.056 | 2.381 | 1.368 | 884 |
| 100.000 | 18.367 | 5.325 | 2.439 | 1.387 | 892 |
| ∞ | 22.500 | 5.625 | 2.500 | 1.406 | 900 |

$p$=proporción (en porcentaje) de los elementos portadores del carácter considerado. Si $p$ es <50% la muestra necesaria es más pequeña.

# TABLA 8

Tabla para la determinación del tamaño muestral en una población finita al nivel de confianza del 99,7 %

| Amplitud de la población | AMPLITUD DE LA MUESTRA PARA MARGENES DE ERROR ABAJO INDICADOS | | | | | |
|---|---|---|---|---|---|---|
| | ±1% | ±2% | ±3% | ±4% | ±5% | ±10% |
| 500 | | | | | 222 | 83 |
| 1.000 | | | | 385 | 286 | 91 |
| 1.500 | | | 638 | 441 | 316 | 94 |
| 2.000 | | | 714 | 476 | 333 | 95 |
| 2.500 | | 1.250 | 769 | 500 | 345 | 96 |
| 3.000 | | 1.364 | 811 | 517 | 353 | 97 |
| 3.500 | | 1.458 | 843 | 530 | 359 | 97 |
| 4.000 | | 1.538 | 870 | 541 | 364 | 98 |
| 4.500 | | 1.607 | 891 | 549 | 367 | 98 |
| 5.000 | | 1.667 | 909 | 556 | 370 | 98 |
| 6.000 | | 1.765 | 938 | 566 | 375 | 98 |
| 7.000 | | 1.842 | 949 | 574 | 378 | 99 |
| 8.000 | | 1.905 | 976 | 580 | 381 | 99 |
| 9.000 | | 1.957 | 989 | 584 | 383 | 99 |
| 10.000 | 5.000 | 2.000 | 1.000 | 588 | 385 | 99 |
| 15.000 | 6.000 | 2.143 | 1.034 | 600 | 390 | 99 |
| 20.000 | 6.667 | 2.222 | 1.053 | 606 | 392 | 100 |
| 25.000 | 7.143 | 2.273 | 1.064 | 610 | 394 | 100 |
| 50.000 | 8.333 | 2.381 | 1.087 | 617 | 397 | 100 |
| 100.000 | 9.091 | 2.439 | 1.099 | 621 | 398 | 100 |
| ∞ | 10.000 | 2.500 | 1.111 | 625 | 400 | 100 |

$p$=proporción (en porcentaje) de los elementos portadores del carácter considerado. Si $p$ es $<50\%$ la muestra necesaria es más pequeña.

## TABLA 9
## Distribución t de Student

| df | Nivel de significación para la prueba de una sola cola | | | | | |
|---|---|---|---|---|---|---|
| | .10 | .05 | .025 | .01 | .005 | .0005 |
| | Nivel de significación para la prueba de dos colas | | | | | |
| | .20 | .10 | .05 | .02 | .01 | .001 |
| 1 | 3.078 | 6.314 | 12.706 | 31.821 | 63.657 | 636.619 |
| 2 | 1.886 | 2.920 | 4.303 | 6.965 | 9.925 | 31.598 |
| 3 | 1.638 | 2.353 | 3.182 | 4.541 | 5.841 | 12.941 |
| 4 | 1.533 | 2.132 | 2.776 | 3.747 | 4.604 | 8.610 |
| 5 | 1.476 | 2.015 | 2.571 | 3.365 | 4.032 | 6.859 |
| 6 | 1.440 | 1.943 | 2.447 | 3.143 | 3.707 | 5.959 |
| 7 | 1.415 | 1.895 | 2.365 | 2.998 | 3.499 | 5.405 |
| 8 | 1.397 | 1.860 | 2.306 | 2.896 | 3.355 | 5.041 |
| 9 | 1.383 | 1.833 | 2.262 | 2.821 | 3.250 | 4.781 |
| 10 | 1.372 | 1.812 | 2.228 | 2.764 | 3.169 | 4.587 |
| 11 | 1.363 | 1.796 | 2.201 | 2.718 | 3.106 | 4.437 |
| 12 | 1.356 | 1.782 | 2.179 | 2.681 | 3.055 | 4.318 |
| 13 | 1.350 | 1.771 | 2.160 | 2.650 | 3.012 | 4.221 |
| 14 | 1.345 | 1.761 | 2.145 | 2.624 | 2.977 | 4.140 |
| 15 | 1.341 | 1.753 | 2.131 | 2.602 | 2.947 | 4.073 |
| 16 | 1.337 | 1.746 | 2.120 | 2.583 | 2.921 | 4.015 |
| 17 | 1.333 | 1.740 | 2.110 | 2.567 | 2.898 | 3.965 |
| 18 | 1.330 | 1.734 | 2.101 | 2.552 | 2.878 | 3.922 |
| 19 | 1.328 | 1.729 | 2.093 | 2.539 | 2.861 | 3.883 |
| 20 | 1.325 | 1.725 | 2.086 | 2.528 | 2.845 | 3.850 |
| 21 | 1.323 | 1.721 | 2.080 | 2.518 | 2.831 | 3.819 |
| 22 | 1.321 | 1.717 | 2.074 | 2.508 | 2.819 | 3.792 |
| 23 | 1.319 | 1.714 | 2.069 | 2.500 | 2.807 | 3.767 |
| 24 | 1.318 | 1.711 | 2.064 | 2.492 | 2.797 | 3.745 |
| 25 | 1.316 | 1.708 | 2.060 | 2.485 | 2.787 | 3.725 |
| 26 | 1.315 | 1.706 | 2.056 | 2.479 | 2.779 | 3.707 |
| 27 | 1.314 | 1.703 | 2.052 | 2.473 | 2.771 | 3.690 |
| 28 | 1.313 | 1.701 | 2.048 | 2.467 | 2.763 | 3.674 |
| 29 | 1.311 | 1.699 | 2.045 | 2.462 | 2.756 | 3.659 |
| 30 | 1.310 | 1.697 | 2.042 | 2.457 | 2.750 | 3.646 |
| 40 | 1.303 | 1.684 | 2.021 | 2.423 | 2.704 | 3.551 |
| 60 | 1.296 | 1.671 | 2.000 | 2.390 | 2.660 | 3.460 |
| 120 | 1.289 | 1.658 | 1.980 | 2.358 | 2.617 | 3.373 |
| ∞ | 1.282 | 1.645 | 1.960 | 2.326 | 2.576 | 3.291 |

# TABLA 10
## Distribución $\chi^2$ chi-cuadrada

| Grados de libertad | $P$ = .99 | .98 | .95 | .90 | .80 | .70 | .50 | .30 | .20 | .10 | .05 | .02 | .01 | .001 |
|---|---|---|---|---|---|---|---|---|---|---|---|---|---|---|
| 1 | .000157 | .000628 | .00393 | .0158 | .0642 | .148 | .455 | 1.074 | 1.642 | 2.706 | 3.841 | 5.412 | 6.635 | 10.827 |
| 2 | .0201 | .0404 | .103 | .211 | .446 | .713 | 1.386 | 2.408 | 3.219 | 4.605 | 5.991 | 7.824 | 9.210 | 13.815 |
| 3 | .115 | .185 | .352 | .584 | 1.005 | 1.424 | 2.366 | 3.665 | 4.642 | 6.251 | 7.815 | 9.837 | 11.341 | 16.268 |
| 4 | .297 | .429 | .711 | 1.064 | 1.649 | 2.195 | 3.357 | 4.878 | 5.989 | 7.779 | 9.488 | 11.668 | 13.277 | 18.465 |
| 5 | .554 | .752 | 1.145 | 1.610 | 2.343 | 3.000 | 4.351 | 6.064 | 7.289 | 9.236 | 11.070 | 13.388 | 15.086 | 20.517 |
| 6 | .872 | 1.134 | 1.635 | 2.204 | 3.070 | 3.828 | 5.348 | 7.231 | 8.558 | 10.6645 | 12.592 | 15.033 | 16.812 | 22.457 |
| 7 | 1.239 | 1.564 | 2.167 | 2.833 | 3.822 | 4.671 | 6.346 | 8.383 | 9.803 | 12.017 | 14.067 | 16.622 | 18.475 | 24.322 |
| 8 | 1.645 | 2.032 | 2.733 | 3.490 | 4.594 | 5.527 | 7.344 | 9.524 | 11.030 | 13.362 | 15.507 | 18.168 | 20.090 | 26.125 |
| 9 | 2.088 | 2.532 | 3.325 | 4.168 | 5.380 | 6.393 | 8.343 | 10.656 | 12.242 | 14.684 | 16.919 | 19.679 | 21.666 | 27.877 |
| 10 | 2.558 | 3.059 | 3.940 | 4.865 | 6.179 | 7.267 | 9.342 | 11.781 | 13.442 | 15.987 | 18.307 | 21.161 | 23.209 | 29.588 |
| 11 | 3.053 | 3.609 | 4.575 | 5.578 | 6.989 | 8.148 | 10.341 | 12.899 | 14.631 | 17.275 | 19.675 | 22.618 | 24.725 | 31.264 |
| 12 | 3.571 | 4.178 | 5.226 | 6.304 | 7.807 | 9.034 | 11.340 | 14.011 | 15.812 | 18.549 | 21.026 | 24.054 | 26.217 | 32.909 |
| 13 | 4.107 | 4.765 | 5.892 | 7.042 | 8.634 | 9.926 | 12.340 | 15.119 | 16.985 | 19.812 | 22.362 | 25.472 | 27.688 | 34.528 |
| 14 | 4.660 | 5.368 | 6.571 | 7.790 | 9.467 | 10.821 | 13.339 | 16.222 | 18.151 | 21.064 | 23.685 | 26.873 | 29.141 | 36.123 |
| 15 | 5.229 | 5.985 | 7.261 | 8.547 | 10.307 | 11.721 | 14.339 | 17.322 | 19.311 | 22.307 | 24.996 | 28.259 | 30.578 | 37.697 |
| 16 | 5.812 | 6.614 | 7.962 | 9.312 | 11.152 | 12.624 | 15.338 | 18.418 | 20.465 | 23.542 | 26.296 | 29.633 | 32.000 | 39.252 |
| 17 | 6.408 | 7.255 | 8.672 | 10.085 | 12.002 | 13.531 | 16.338 | 19.511 | 21.615 | 24.769 | 27.587 | 30.995 | 33.409 | 40.790 |
| 18 | 7.015 | 7.906 | 9.390 | 10.865 | 12.857 | 14.440 | 17.338 | 20.601 | 22.760 | 25.989 | 28.869 | 32.346 | 34.805 | 42.312 |
| 19 | 7.633 | 8.567 | 10.117 | 11.651 | 13.716 | 15.352 | 18.338 | 21.689 | 23.900 | 27.204 | 30.144 | 33.687 | 36.191 | 43.820 |
| 20 | 8.260 | 9.237 | 10.851 | 12.443 | 14.578 | 16.266 | 19.337 | 22.775 | 25.038 | 28.412 | 31.410 | 35.020 | 37.566 | 45.315 |
| 21 | 8.897 | 9.915 | 11.591 | 13.240 | 15.445 | 17.182 | 20.337 | 23.858 | 26.171 | 29.615 | 32.671 | 36.343 | 38.932 | 46.797 |
| 22 | 9.542 | 10.600 | 12.338 | 14.041 | 16.314 | 18.101 | 21.337 | 24.939 | 27.301 | 30.813 | 33.924 | 37.659 | 40.289 | 48.268 |
| 23 | 10.196 | 11.293 | 13.091 | 14.848 | 17.187 | 19.021 | 22.337 | 26.018 | 28.429 | 32.007 | 35.172 | 38.968 | 41.638 | 49.728 |
| 24 | 10.856 | 11.992 | 13.848 | 15.659 | 18.062 | 19.943 | 23.337 | 27.096 | 29.553 | 33.196 | 36.415 | 40.270 | 42.980 | 51.179 |
| 25 | 11.524 | 12.697 | 14.611 | 16.473 | 18.940 | 20.867 | 24.337 | 28.172 | 30.675 | 34.382 | 37.652 | 41.566 | 44.314 | 52.620 |
| 26 | 12.198 | 13.409 | 15.379 | 17.292 | 19.820 | 21.792 | 25.336 | 29.246 | 31.795 | 35.563 | 38.885 | 42.856 | 45.642 | 54.052 |
| 27 | 12.879 | 14.125 | 16.151 | 18.114 | 20.703 | 22.719 | 26.336 | 30.319 | 32.912 | 36.741 | 40.113 | 44.140 | 46.963 | 55.476 |
| 28 | 13.565 | 14.847 | 16.928 | 18.939 | 21.588 | 23.647 | 27.336 | 31.391 | 34.027 | 37.916 | 41.337 | 45.419 | 48.278 | 56.893 |
| 29 | 14.256 | 15.574 | 17.708 | 19,768 | 22,475 | 24.577 | 28.336 | 32.461 | 35.139 | 39.087 | 42.557 | 46.693 | 49.588 | 58.302 |
| 30 | 14.953 | 16.306 | 18.493 | 20.599 | 23.364 | 25.508 | 29.336 | 33.530 | 36.250 | 40.256 | 43.773 | 47.962 | 50.892 | 59.703 |

TABLA 11
Valores R de Pearson a los niveles de significación 0,05 y 0,01

| gl | .05 | .01 |
|---|---|---|
| 1 | .99692 | .999877 |
| 2 | .95000 | .990000 |
| 3 | .8783 | .95873 |
| 4 | .8114 | .91720 |
| 5 | .7545 | .8745 |
| 6 | .7067 | .8343 |
| 7 | .6664 | .7977 |
| 8 | .6319 | .7646 |
| 9 | .6021 | .7348 |
| 10 | .5760 | .7079 |
| 11 | .5529 | .6835 |
| 12 | .5324 | .6614 |
| 13 | .5139 | .6411 |
| 14 | .4973 | .6226 |
| 15 | .4821 | .6055 |
| 16 | .4683 | .5897 |
| 17 | .4555 | .5751 |
| 18 | .4438 | .5614 |
| 19 | .4329 | .5487 |
| 20 | .4227 | .5368 |
| 25 | .3809 | .4869 |
| 30 | .3494 | .4487 |
| 35 | .3246 | .4182 |
| 40 | .3044 | .3932 |
| 45 | .2875 | .3721 |
| 50 | .2732 | .3541 |
| 60 | .2500 | .3248 |
| 70 | .2319 | .3017 |
| 80 | .2172 | .2830 |
| 90 | .2050 | .2673 |

# TABLA 12
## Valores de Z para valores dados de R
## (Cuadro 1)

| r | .000 | .001 | .002 | .003 | .004 | .005 | .006 | .007 | .008 | .009 |
|---|---|---|---|---|---|---|---|---|---|---|
| .000 | .0000 | .0010 | .0020 | .0030 | .0040 | .0050 | .0060 | .0070 | .0080 | .0090 |
| .010 | .0100 | .0110 | .0120 | .0130 | .0140 | .0150 | .0160 | .0170 | .0180 | .0190 |
| .020 | .0200 | .0210 | .0220 | .0230 | .0240 | .0250 | .0260 | .0270 | .0280 | .0290 |
| .030 | .0300 | .0310 | .0320 | .0330 | .0340 | .0350 | .0360 | .0370 | .0380 | .0390 |
| .040 | .0400 | .0410 | .0420 | .0430 | .0440 | .0450 | .0460 | .0470 | .0480 | .0490 |
| .050 | .0501 | .0511 | .0521 | .0531 | .0541 | .0551 | .0561 | .0571 | .0581 | .0591 |
| .060 | .0601 | .0611 | .0621 | .0631 | .0641 | .0651 | .0661 | .0671 | .0681 | .0691 |
| .070 | .0701 | .0711 | .0721 | .0731 | .0741 | .0751 | .0761 | .0771 | .0782 | .0792 |
| .080 | .0802 | .0812 | .0822 | .0832 | .0842 | .0852 | .0862 | .0872 | .0882 | .0892 |
| .090 | .0902 | .0912 | .0922 | .0933 | .0943 | .0953 | .0963 | .0973 | .0983 | .0993 |
| .100 | .1003 | .1013 | .1024 | .1034 | .1044 | .1054 | .1064 | .1074 | .1084 | .1094 |
| .110 | .1105 | .1115 | .1125 | .1135 | .1145 | .1155 | 1165 | .1175 | .1185 | .1195 |
| .120 | .1206 | .1216 | .1226 | .1236 | .1246 | .1257 | .1267 | .1277 | .1287 | .1297 |
| .130 | .1308 | .1318 | .1328 | .1338 | .1348 | .1358 | .1368 | .1379 | .1389 | .1399 |
| .140 | .1409 | .1419 | .1430 | .1440 | .1450 | .1460 | .1470 | .1481 | .1491 | .1501 |
| .150 | .1511 | .1522 | .1532 | .1542 | .1552 | .1563 | .1573 | .1583 | .1593 | .1604 |
| .160 | .1614 | .1624 | .1634 | .1644 | .1655 | .1665 | .1676 | .1686 | .1696 | .1706 |
| .170 | .1717 | .1727 | .1737 | .1748 | .1758 | .1768 | .1779 | .1789 | .1799 | .1810 |
| .180 | .1820 | .1830 | .1841 | .1851 | .1861 | .1872 | .1882 | .1892 | .1903 | .1913 |
| .190 | .1923 | .1934 | .1944 | .1954 | .1965 | .1975 | .1986 | .1996 | .2007 | .2017 |
| .200 | .2027 | .2038 | .2048 | .2059 | .2069 | .2079 | .2090 | .2100 | .2111 | .2121 |
| .210 | .2132 | .2142 | .2153 | .2163 | .2174 | .2184 | .2194 | .2205 | .2215 | .2226 |
| .220 | .2237 | .2247 | .2258 | .2268 | .2279 | .2289 | .2300 | .2310 | .2321 | .2331 |
| .230 | .2342 | .2353 | .2363 | .2374 | .2384 | .2395 | .2405 | .2416 | .2427 | .2437 |
| .240 | .2448 | .2458 | .2469 | .2480 | .2490 | .2501 | .2511 | .2522 | .2533 | .2543 |
| .250 | .2554 | .2565 | .2575 | .2586 | .2597 | .2608 | .2618 | .2629 | .2640 | .2650 |
| .260 | .2661 | .2672 | .2682 | .2693 | .2704 | .2715 | .2726 | .2736 | .2747 | .2758 |
| .370 | .2769 | .2779 | .2790 | .2801 | .2812 | .2823 | .2833 | .2844 | .2855 | .2866 |
| .280 | .2877 | .2888 | .2898 | .2909 | .2920 | .2931 | .2942 | .2953 | .2964 | 2975 |
| .290 | .2986 | .2997 | .3008 | .3019 | .3029 | .3040 | .3051 | .3062 | .3073 | .3084 |
| .300 | .3095 | .3106 | .3117 | .3128 | .3139 | .3150 | .3161 | .3172 | .3183 | .3195 |
| .310 | .3206 | .3217 | .3228 | .3239 | .3250 | .3261 | .3272 | .3283 | .3294 | .3305 |
| .320 | .3317 | .3328 | .3339 | .3350 | .3361 | .3372 | .3384 | .3395 | .3406 | .3417 |
| .330 | .3428 | .3439 | .3451 | .3462 | .3473 | .3484 | .3496 | .3507 | .3518 | .3530 |
| .340 | .3541 | .3552 | .3564 | .3575 | .3586 | .3597 | .3609 | .3620 | .3632 | .3643 |
| .350 | .3654 | .3666 | .3677 | .3689 | .3700 | .3712 | .3723 | .3734 | .3746 | .3757 |
| .360 | .3769 | .3780 | .3792 | .3803 | .3815 | .3826 | .3838 | .3850 | .3861 | .3873 |
| .370 | .3884 | .3896 | .3907 | .3919 | .3931 | .3942 | .3954 | .3966 | .3977 | .3989 |
| .380 | .4001 | .4012 | .4024 | .4036 | .4047 | .4059 | .4071 | .4083 | .4094 | .4106 |
| .390 | .4118 | .4130 | .4142 | .4153 | .4165 | .4177 | .4189 | .4201 | .4213 | .4225 |
| .400 | .4236 | .4243 | .4260 | .4272 | .4284 | .4296 | .4308 | .4320 | .4332 | .4344 |
| .410 | .4356 | .4368 | .4380 | .4392 | .4404 | .4416 | .4429 | .4441 | .4453 | .4465 |
| .420 | .4477 | .4489 | .4501 | .4513 | .4526 | .4538 | .4550 | .4562 | .4574 | .4587 |
| .430 | .4599 | .4611 | .4623 | .4636 | .4648 | .4660 | .4673 | .4685 | .4697 | .4710 |
| .440 | .4722 | .4735 | .4747 | .4760 | .4772 | .4784 | .4797 | .4809 | .4822 | .4835 |
| .450 | .4847 | .4860 | .4872 | .4885 | .4897 | .4910 | .4923 | .4935 | .4948 | .4961 |
| .460 | .4973 | .4986 | .4999 | .5011 | .5024 | .5037 | .5049 | .5062 | .5075 | .5088 |
| .470 | .5101 | .5114 | .5126 | .5139 | .5152 | .5165 | .5178 | .5191 | .5204 | .5217 |
| .480 | .5230 | .5243 | .5256 | .5279 | .5282 | .5295 | .5308 | .5321 | .5334 | .5347 |
| .490 | .5361 | .5374 | .5387 | .5400 | .5413 | .5427 | .5440 | .5453 | .5466 | .5480 |

# TABLA 13
## Valores de Z para valores dados de R
## (Cuadro 2)

| *r* | .000 | .001 | .002 | .003 | .004 | .005 | .006 | .007 | .008 | .009 |
|---|---|---|---|---|---|---|---|---|---|---|
| 500 | 5493 | 5506 | 5520 | .5533 | 5547 | .5560 | .5573 | .5587 | .5600 | .5614 |
| .510 | 5627 | 5641 | 5654 | 5668 | .5681 | .5695 | .5709 | .5722 | .5736 | .5750 |
| 520 | 5763 | 5777 | 5791 | 5805 | .5818 | .5832 | .5846 | .5860 | .5874 | .5888 |
| 530 | 5901 | 5915 | .5929 | 5943 | .5957 | .5971 | 5985 | .5999 | .6013 | .6027 |
| 540 | 6042 | 6056 | 6070 | .6084 | .6098 | 6112 | .6127 | .6141 | .6155 | .6170 |
| 550 | 6184 | 6198 | .6213 | .6227 | 6241 | .6256 | .6270 | .6285 | .6299 | .6314 |
| 560 | 6328 | 6343 | .6358 | 6372 | .6387 | .6401 | .6416 | .6431 | .6446 | .6460 |
| 570 | 6475 | 6490 | .6505 | 6520 | .6535 | .6550 | .6565 | .6579 | .6594 | .6610 |
| 580 | 6625 | .6640 | 6655 | 6670 | 6685 | .6700 | .6715 | .6731 | .6746 | .6761 |
| 590 | 6777 | 6792 | 6807 | 6823 | 6838 | .6854 | .6869 | .6885 | .6900 | .6916 |
| 600 | 6931 | .6947 | 6963 | .6978 | .6994 | .7010 | .7026 | .7042 | .7057 | .7073 |
| .610 | 7089 | .7105 | 7121 | 7137 | 7153 | 7169 | .7185 | .7201 | .7218 | .7234 |
| 620 | 7250 | .7266 | 7283 | 7299 | .7315 | .7332 | .7348 | .7364 | .7381 | .7398 |
| 630 | 7414 | .7431 | .7447 | .7464 | .7481 | .7497 | .7514 | .7531 | .7548 | .7565 |
| 640 | 7582 | 7599 | 7616 | 7633 | 7650 | .7667 | .7684 | .7701 | .7718 | .7736 |
| 650 | 7753 | 7770 | 7788 | 7805 | .7823 | .7840 | .7858 | .7875 | .7893 | .7910 |
| 660 | 7928 | 7946 | .7964 | 7981 | .7999 | .8017 | .8035 | 8053 | .8071 | .8089 |
| 670 | .8107 | 8126 | .8144 | 8162 | .8180 | .8199 | .8217 | .8236 | .8254 | .8273 |
| 680 | 8291 | 8310 | 8328 | .8347 | 8366 | .8385 | .8404 | .8423 | .8442 | .8461 |
| 690 | 8480 | 8499 | 8518 | .8537 | .8556 | .8576 | .8595 | .8614 | .8634 | .8653 |
| 700 | 8673 | 8693 | .8712 | .8732 | .8752 | .8772 | .8792 | .8812 | .8832 | .8852 |
| 710 | 8872 | 8892 | .8912 | 8933 | .8953 | .8973 | .8994 | .9014 | .9035 | .9056 |
| 720 | 9076 | 9097 | 9118 | .9139 | 9160 | .9181 | .9202 | .9223 | .9245 | .9266 |
| 730 | 9287 | 9309 | .9330 | 9352 | .9373 | .9395 | .9417 | .9439 | .9461 | .9483 |
| 740 | 9505 | 9527 | 9549 | .9571 | .9594 | .9616 | .9639 | 9661 | .9684 | .9707 |
| 750 | 9730 | .9752 | .9775 | .9799 | .9822 | .9845 | .9868 | .9892 | .9915 | .9939 |
| 760 | 9962 | 9986 | 1.0010 | 1.0034 | 1.0058 | 1.0082 | 1.0106 | 1.0130 | 1.0154 | 1.0179 |
| 770 | 1 0203 | 1 0228 | 1.0253 | 1.0277 | 1.0302 | 1.0327 | 1.0352 | 1.0378 | 1.0403 | 1.0428 |
| 780 | 1 0454 | 1 0479 | 1.0505 | 1 0531 | 1.0557 | 1.0583 | 1.0609 | 1.0635 | 1.0661 | 1.0688 |
| 790 | 1 0714 | 1 0741 | 1.0768 | 1.0795 | 1.0822 | 1.0849 | 1.0876 | 1.0903 | 1.0931 | 1.0958 |
| 800 | 1 0986 | 1.1014 | 1.1041 | 1.1070 | 1.1098 | 1.1127 | 1.1155 | 1.1184 | 1.1212 | 1.1241 |
| 810 | 1 1270 | 1 1299 | 1.1329 | 1 1358 | 1.1388 | 1 1417 | 1.1447 | 1.1477 | 1.1507 | 1.1538 |
| 820 | 1 1568 | 1 1599 | 1 1630 | 1.1660 | 1 1692 | 1.1723 | 1.1754 | 1.1786 | 1.1817 | 1.1849 |
| 830 | 1 1870 | 1 1913 | 1.1946 | 1 1979 | 1.2011 | 1.2044 | 1.2077 | 1.2111 | 1.2144 | 1.2178 |
| 840 | 1.2212 | 1.2246 | 1 2280 | 1.2315 | 1.2349 | 1.2384 | 1.2419 | 1.2454 | 1.2490 | 1.2526 |
| 850 | 1.2561 | 1 2598 | 1.2634 | 1 2670 | 1.2708 | 1.2744 | 1.2782 | 1.2819 | 1.2857 | 1.2895 |
| .860 | 1 2934 | 1.2972 | 1.3011 | 1 3050 | 1.3089 | 1.3129 | 1.3168 | 1.3209 | 1.3249 | 1.3290 |
| .870 | 1 3331 | 1.3372 | 1 3414 | 1.3456 | 1.3498 | 1.3540 | 1.3583 | 1.3626 | 1.3670 | 1.3714 |
| 880 | 1 3758 | 1 3802 | 1 3847 | 1.3892 | 1.3938 | 1.3984 | 1.4030 | 1.4077 | 1.4124 | 1.4171 |
| .890 | 1 4219 | 1.4268 | 1 4316 | 1 4366 | 1.4415 | 1.4465 | 1.4516 | 1.4566 | 1.4618 | 1.4670 |
| .900 | 1 4722 | 1.4775 | 1.4828 | 1.4883 | 1.4937 | 1.4992 | 1.5047 | 1.5103 | 1.5160 | 1.5217 |
| .910 | 1 5275 | 1 5334 | 1.5393 | 1.5453 | 1.5513 | 1.5574 | 1.5636 | 1.5698 | 1.5762 | 1.5825 |
| .920 | 1.5890 | 1.5956 | 1.6022 | 1 6089 | 1.6157 | 1.6226 | 1.6296 | 1.6366 | 1.6438 | 1.6510 |
| .930 | 1.6584 | 1.6659 | 1.6734 | 1.6811 | 1.6888 | 1.6967 | 1.7047 | 1.7129 | 1.7211 | 1.7295 |
| .940 | 1.7380 | 1.7467 | 1.7555 | 1.7645 | 1.7736 | 1.7828 | 1.7923 | 1.8019 | 1.8117 | 1.8216 |
| .950 | 1.8318 | 1.8421 | 1.8527 | 1 8635 | 1.8745 | 1.8857 | 1.8972 | 1.9090 | 1.9210 | 1.9333 |
| .960 | 1.9459 | 1.9588 | 1.9721 | 1.9857 | 1.9996 | 2.0140 | 2.0287 | 2.0439 | 2.0595 | 2.0756 |
| .970 | 2 0923 | 2.1095 | 2.1273 | 2 1457 | 2.1649 | 2.1847 | 2.2054 | 2.2269 | 2.2494 | 2.2729 |
| .980 | 2.2976 | 2.3223 | 2 3507 | 2.3796 | 2.4101 | 2.4426 | 2.4774 | 2.5147 | 2.5550 | 2.5988 |
| .990 | 2.6467 | 2.6996 | 2.7587 | 2.8257 | 2.9031 | 2.9945 | 3.1063 | 3.2504 | 3.4534 | 3.8002 |

| *r* | *z* |
|---|---|
| .9999 | 4.95172 |
| 99999 | 6.10303 |

TABLA 14
Valores críticos del coeficiente RHO de Spearman a los niveles de significación de 0,05 y 0,01

| N | Nivel de significación (prueba de una cola) | |
|---|---|---|
| | .05 | .01 |
| 4 | 1.000 | |
| 5 | .900 | 1.000 |
| 6 | .829 | .943 |
| 7 | .714 | .893 |
| 8 | .643 | .833 |
| 9 | .600 | .783 |
| 10 | .564 | .746 |
| 12 | .506 | .712 |
| 14 | .456 | .645 |
| 16 | .425 | .601 |
| 18 | .399 | .564 |
| 20 | .377 | .534 |
| 22 | .359 | .508 |
| 24 | .343 | .485 |
| 26 | .329 | .465 |
| 28 | .317 | .448 |
| 30 | .306 | .432 |

## ANALISIS ESTADISTICO APLICADO

*Por S. Ríos*

Ideas básicas sobre técnicas estadísticas partiendo en todo momento de situaciones reales ya experimentadas. Constituye una herramienta de trabajo para todos los que, por su trabajo o profesión, deben aplicar la estadística: estadísticos profesionales, ingenieros, economistas, biólogos, químicos o investigadores operativos e, incluso, psicólogos.

## CALCULO DE PROBABILIDADES Y ESTADISTICA MATEMATICA

*Por Smirnov y Dunin-Barkowskij*

Fundamentos de la Teoría de Probabilidades y estadística matemática según los métodos y sistemas más actuales. Destinado a lectores de nivel universitario destaca por la riqueza de ejemplos que incluye, todos ellos tomados de la práctica industrial y de la investigación nacional y extranjera. Las numerosas tablas que incluyen constituyen un material muy útil al lector.